中国社会学
经典文库

双面人

转型乡村中的人生、欲望与社会心态

谭同学 著

生活·讀書·新知 三联书店 生活書店出版有限公司

图书在版编目（CIP）数据

双面人：转型乡村中的人生、欲望与社会心态／谭同学著．—北京：生活书店出版有限公司，2024.2（2025.1 重印）
ISBN 978-7-80768-379-7

Ⅰ．①双…　Ⅱ．①谭…　Ⅲ．①农民问题－研究－中国
Ⅳ．① D422.64

中国版本图书馆 CIP 数据核字（2022）第 068023 号

丛书策划　杨震林
责任编辑　何剑楠
装帧设计　范晔文
责任印制　孙　明
出版发行　生活书店出版有限公司
（北京市东城区美术馆东街 22 号）
邮　　编　100010
经　　销　新华书店
印　　刷　天津睿和印艺科技有限公司
版　　次　2024 年 2 月北京第 1 版
2025 年 1 月北京第 2 次印刷
开　　本　635 毫米 × 965 毫米　1/16　印张 24
印　　数　5,001–7,000 册
字　　数　300 千字
定　　价　69.00 元
（印装查询：010-64052066；邮购查询：010-84010542）

目　录

示意图

初版序言

（吴飞）

2010 年 6 月，在北大举办的一个研讨会上，我身边坐着一个年轻人。看到他胸牌上写着“谭同学”三个字，我以为是一位姓谭的研究生在做会务。等到这位姓谭的“同学”和我说话时，我才逐渐意识到，他的名字就叫谭同学，是当年 3 月由中山大学人类学系博士后出站任教的老师。从此以后，我与谭同学的交往慢慢多了起来，几次到中山大学，都得到他的热情接待，而他每次到北京，也都要和我联系。虽然这位谭老师的学问在不断进步，渐渐已经成为一位颇有名气的年轻学者，但人如其名，他始终像学生一样，谦逊好学，从不懈怠。摆在面前的这本《双面人》，就是他经过了多年田野调查之后，完成的一部“村庄史”的新著。

《双面人》的研究对象，是位于粤西的一个镇及其程村。读着书中的乡村史，我不由得想起了当年读《陈村》的感觉。《陈村》的研究对象同样是广东的一个村庄，是三位研究者尚在很难进入中国大陆进行田野研究时，通过大量采访陈村的香港移民而写成的，属于最早研究大陆当代村庄史的著作之一。20 世纪 90 年代中期，我很费劲地找到赵文词等人合著的《陈村》英文版。那是我读过的第一本村庄史研究专著，当时非常兴奋，如饥似渴地把它读完。当时，在国内还很少能看到这样的著作，能够如此细腻地“还原”一个村庄的当代历程，我觉得它非常了不起，自己以后的田野研究，也受到了《陈村》的巨大影响。但时至今日，二十多年过去了，国内外的类似著作已经非常多了，有大量的博士生在田间地头寻找着他们的研究目标。一部描述性的村庄史已经很难再引起我们的兴趣，我们更期待研究者能够从田野研究中发现更多新的视角，能够有更进一步的理论突破。谭同学的研究，正在朝这个方向努力。

全书分成三部分：文本、阅读、反思[①]。这是一个非常特别的结构，本身就是对人类学村庄研究的一种反省，因为它触及这样一个实质问题：一本民族志的首要任务，是要还原村庄生活的全貌，还是要给它做出理论总结？人类学研究的生命首先在于鲜活的故事，故事的意义，需要理论阐释与分析来点出，但理论又往往会破坏故事的内在丰富性。在微妙的现实生活面前，任何理论总是蹩脚的；但若没有理论的提升，一个村庄的民族志研究，又与一本乡村小说有什么差别呢？如果仅仅把田野中大量鲜活的故事当作理论阐释的论据和例证，现实生活的整体性就会被严重割裂；但我们又总希望研究者在成功地描述了一个故事之后，能够告诉我们一些超出故事之外的东西。相信很多做过田野研究的人都会面临这样的问题。面对这样的两难，应星在他的《大河移民上访的故事》里采取了一个非常聪明的办法，即一方面完整叙述故事本身，另一方面独立进行理论的分析。谭同学的这个三分结构，正是应星研究方式的发展。他的“文本”部分占全书的约一半篇幅，是对“村庄史”的全面描述，“阅读”部分是从若干个角度的理论思考，“反思”部分则是在理论上的进一步提升。这样的写作结构透露出作者的理论野心与洞见，也是使本书区别于时下众多的村庄史研究的根本一点。

但《双面人》中写的乡村人生史故事，既不像应星的研究那样，聚焦于一个矛盾相当集中的抗争性事件，也不像我本人的自杀研究

---

① 因再版修订，全书结构较之于初版序言所析，有较大改变。——本书作者注（本书注释均为作者注）

那样，关注某一个具体问题，而是更像《陈村》，写的是一个村庄的总体历史（并超出了村庄边界而涉及乡镇）。它从1949年一直写到21世纪，跨度有六十多年，涉及各种人物，关注到社会、政治、经济、宗族、宗教等各方面的问题。这一切，都使得这种“村庄史”尤其难写。而作者所做的，是借鉴太史公写《史记》的办法，以人物传记的方式来描述乡村的六十年。面对这样的研究范围，这当然是一种更恰当的方式。

在《双面人》的第一部分，作者集中写了六类人的传记（若细分年轻一辈的故事，也可说是十类人的传记），作为这部乡村史的经；而第二、三部分的理论思考，则是全书的纬。因而，这些传记就非常重要。

传记最先写的是长期掌权、晚年却变得贫困的老派干部程成仁，随后写的是起初积极投身于政治、后来却经商致富的农民老板程守义。这两个人的故事，据说是程村的“本纪”，基本上勾勒出了以程村为中心的乡村历史的主线。两个人的经历，都涵盖了从新中国成立之初到21世纪的各个阶段。两人起初是对头，最终走了完全不同的道路，特别是在21世纪，各自的结局截然不同，但两个人最终却走到了一起，在程成仁寂寞贫穷的晚年中，最关心他的却是当年的对头程守义。

随后的一章“知识分子”，写了程守德和程守智两兄弟，他们“一家人”都被认为是程村的知识分子。两兄弟是读书人，身上具有农村知识分子的很多特点，最终则要么是不由自主地卷入地方政治，要么是积极参与到宗族事务当中，诠释着这个自称是程明道后人的理学之乡的现代命运。

“新式官员”一章写的是程成信的人生故事，在某种意义上它也应该属于程村的“本纪”。但与前面几个人不同，生于1950年的程成信，明显属于完全由新中国培养出来的一种干部。他有过当兵的经历，但转业后回到了村里，靠程成仁带着逐渐进入仕途，而他所面对的已经完全是80年代以后的经济、政治格局，与程成仁一代完全不同了。

最后两章传记写的是一般老百姓："普通农民"和"年轻后生"。

生于1941年的"普通农民"程守宽，从另外一个角度诠释了六十多年的乡村历史。他既参加过60年代政治运动中的武斗，也经历了改革开放以来的挣扎，直至错过了发财的机会，而最终在不公平的现实中，徘徊于各种宗教（场所），与村庄精英们的生活形成一种补充与对照。

"年轻后生"一章则描写了程村的若干个年轻人。与前面几章写的老一辈相比，其人生经验既有相当程度的延续性，也有非常大的不同。程福稻是程守义的儿子，他继续着程守义的传奇，通过经营石材而发家致富。程守义的两个女儿则经营服装生意，也做得规模很大。而程守德的几个子女代表了乡村多数的年轻人，加入到了打工的行列当中。程守智的女儿程敬娴则属于极少数仍然留在乡村里干农活的年轻人之一。

作者通过以上不同类别的人生史，展现出乡村生活的广阔面貌，让我们看到一幅传统与现代错综交织的复杂生活图景。这种写法的最大好处是，由于作者的分析与解释并没有干扰乡村生活史的叙述，第一部分展现出现实生活各个方面的复杂性，为读者留下了相当广阔的解释空间。而作者本人随后给出的解释，只不过是多种可能性解释中的一种。

作者的解释与分析，即第二部分"阅读"和第三部分"反思"。同样是分析，为什么一定要分为两部分？这是《双面人》的又一个特点，既有对具体问题的分析，也有对更高层次问题的反思。

"阅读"部分包括"农工经济""善恶政治""社会分合""信仰有无"四章，分别分析了乡村生活中经济、政治、社会、宗教四个方面的情况，可以说囊括了乡村生活的所有重要内容。在这一部分，作者充分参考和继承了四个方面目前已有的研究成果，文献综述相当全面、细致，观点也富有洞见。这一部分可以看作是对已有研究成果的大综述、大对话。

如果说第二部分是对现有研究的一个继承和发展，第三部分“反思”则是本书非常独特的一部分了。其中分为“生活哲学”“天人之际”“古今之变”三章，试图对乡村故事进行更全面的提升。“生活哲学”一章分别讨论了和乡村生活有关系的各种关于“人”的理解；“天人之际”一章则讨论了生活中的各种“理”；“古今之变”一章，可以看作全书点题性的结论章，揭示出了《双面人》所聚焦的最核心的问题：乡村生活中传统与现代的交融和冲突。

从第三部分章节的命名上看，作者受太史公的影响呼之欲出。在我看来，立足于现实生活，但是由此可以进入对更高层次问题的思考，是人类学田野研究的最高境界。我们所熟悉的欧美人类学大师无不如此。谭同学在这方面的努力，无疑有着相当值得敬佩的地方，而他所抓住的，当然是现代中国乡村人类学研究不可回避的关键问题。究竟如何在扎实的田野资料的基础上来思考这些大问题，应该也与其对写作方式的思考有着莫大的关系。正是因为将乡村人生史的描述与理论阐释分开，全书才获得了更多的空间来在理论上有更自由的展开。而这三章的理论分析又无不紧扣前文的乡村人生史叙述，让人读起来不会有割裂感和生硬感。

作者的这一努力，体现了中国许多年轻人类学家突破固有的民族志描述模式，进行大理论思考的野心。而书中抓住的问题，虽然看似抽象，但并非凭空而来，无不深深扎根于前文的田野经验材料，同时又蕴含着中国文化的内在机理。这一努力对于以后学者的进一步思考，应该会有重要的示范作用。

总之，对于关心当代中国乡村命运的人，《双面人》是一本很好的读物，既能给人揭示出一幅广阔而色彩斑斓的乡村生活画面，也能够给我们以理论上的深层启发。因此，我们也必须恭喜谭同学，在学术道路上又迈出了新的一步。而对于未来的研究，我有一个小小的期望是，或许可以更集中地聚焦于一个专题，相信那会在新的起点上，使经验描述与理论思考都呈现出更大的力量。

2016 年 12 月

于北京大学

前　言

本书主要内容分为两部分、十章。第一部分“文本”，共七章，分别呈现实地调查乡村的时空格局和六类人生史；第二部分“阅读与反思”，共三章，分别从经济、政治、社会和信仰的角度对“文本”中的经验材料进行结构化分析，并给出“文化自觉”的省思。

如此安排，缘由如下。

经验材料是经验研究说理的首要依据。夹叙夹议，有利于让材料紧随观点表述，但过硬的分析框架也可能会将原本具有整体性的材料碎片化。在这点上，本书有重整体经验的旨趣。不过，更重要的是，笔者想保持经验说理的开放性。经验于笔者，就像一本社会的无字之书，故称其为“文本”。后面的分析其实只是笔者的“阅读”心得。对“阅读”心得进行更深层的文化“反思”，同样也是某种自问。面对同样的“文本”，读者完全可能有其他的分析和设问方式。先摆出整体“文本”，或许可以让读者有更多自我“阅读”“反思”的余地。

简要勾勒出时空格局后，以六类人生史呈现经验，乃受《史记》启发所致。太史公著史，笔在人生史，意达之处却既有个人命运、人生哲理，更有深层结构、春秋大义。在当代不同社会研究路数下，结构和行动者关系引发的论争很繁杂。以史为鉴，人生史其实是能动的人与结构互动的轨迹。人受制于结构，同时又在某种程度上改变结构，建构新的结构。以当代社会科学结构化的分析框架驾驭经验材料，固然已有成熟的模式可资参照，甚至像笔者这样的年轻学者实际上也已习惯如此。但以人生史的叙述呈现经验细节，然后附以结构化的解读和文化要义的梳理，应该也是一种有价值的探索。在这点上，跟诸多同人一样，笔者深嵌在当代文化和学术框架里，实在不敢奢谈去接续某种传统，但却痴信，某些特别的文字和表达方式更能让对中国文化感兴趣的读者心灵相通、心有戚戚焉。

先将“文本”以时空格局、人生史为主要内容整体呈现出来，然后再附上结构化的“阅读”和文化“反思”，还有另外一个考虑，那就是期待本书能包容更多普通读者（由此，其文风也力求直白）。笔者希望受过中等以上教育者皆有可能理解说理部分，或至少可阅读书中的“文本”。笔者完全无意否定高深研究，也不认为所有高深研究都可得以通俗化地呈现，但却坚信应有相当一部分研究，既要有专业化水平的思考，又要有普通人可理解的表述。尤其是就人的社会和文化研究（人类学）而言，若只有一副“规范化”的冷面孔，满纸皆是只有少数同行才懂的“行话”“黑话”，乃至作者都不知所云的“胡话”，那它们与其所聚焦的人群之间，将会存在何等隔膜！如此研究，又岂会真够“专业”“规范”？在这个意义上，或许我们还需要些迈向普通人的人类学。当然，笔者无法断定本书在这方面取得了几分成功（这只能交给读者去判断），唯愿作为一种迈向普通人的人类学尝试，它能给人带来些许真正有意义的启示。

程村示意图

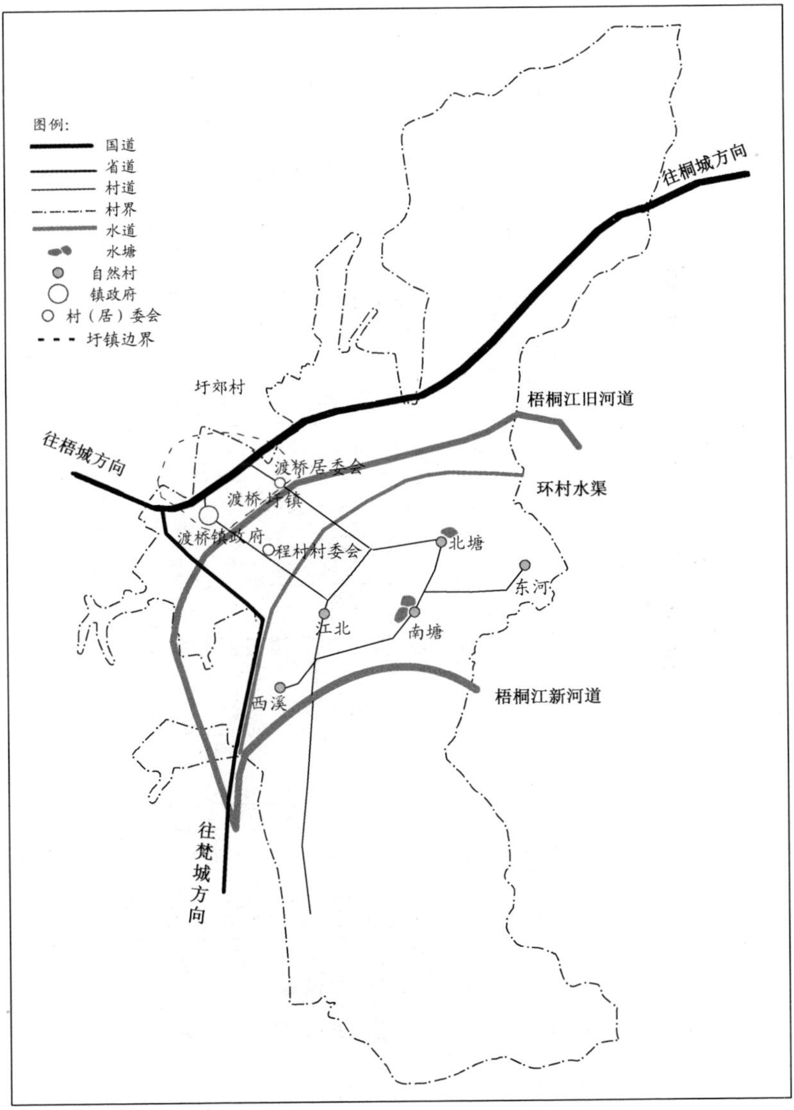
图例:
国道
省道
村道
村界
水道
水塘
自然村
镇政府
村（居）委会
圩镇边界
往桐城方向
圩郊村
梧桐江旧河道
往梧城方向
渡桥居委会
环村水渠
渡桥圩镇
渡桥镇政府
程村村委会
北塘
东河
江北
南塘
西溪
梧桐江新河道
往梵城方向

亲属关系图

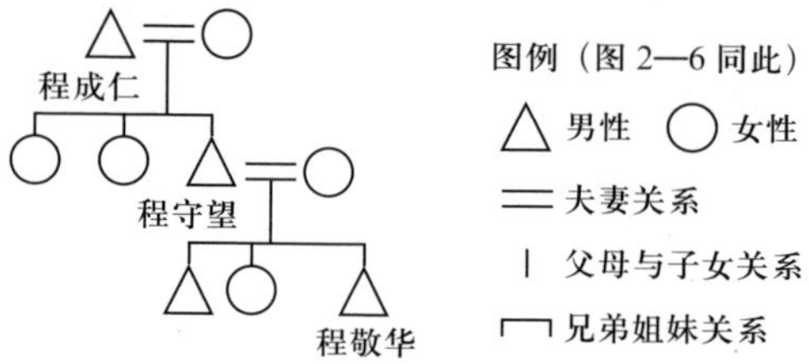

程成仁亲属关系图（主要出现于第二、七章）

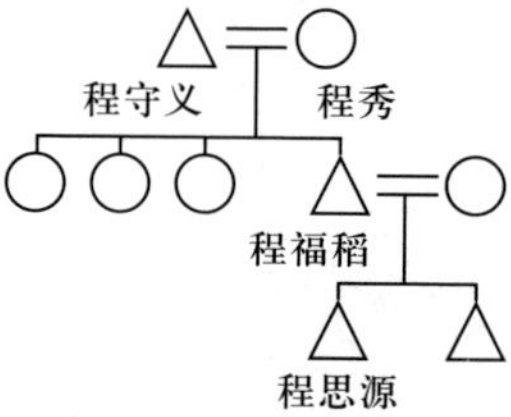

程守义亲属关系图（主要出现于第三、七章）

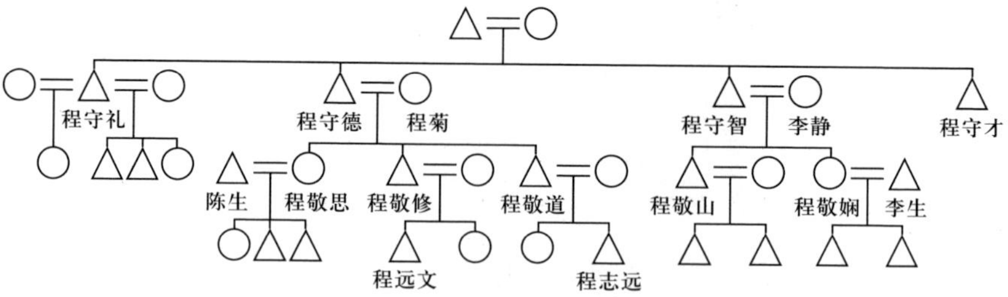

程守德亲属关系图（主要出现于第四、七章）

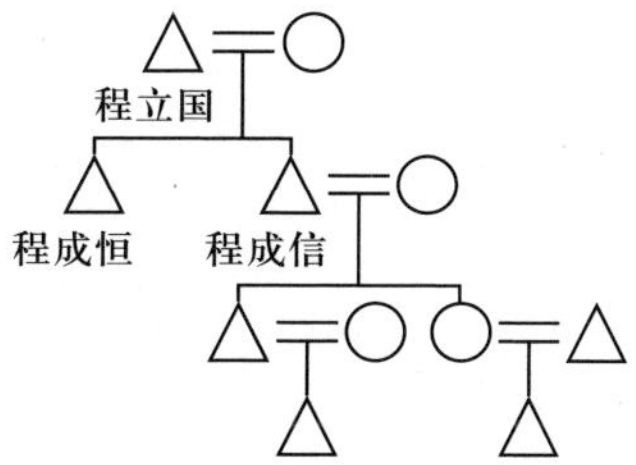

程成信亲属关系图（主要出现于第二、五章）

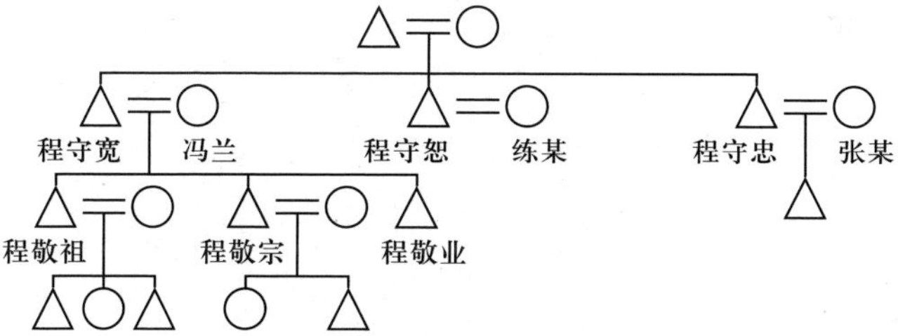

程守宽亲属关系图（主要出现于第六、七章）

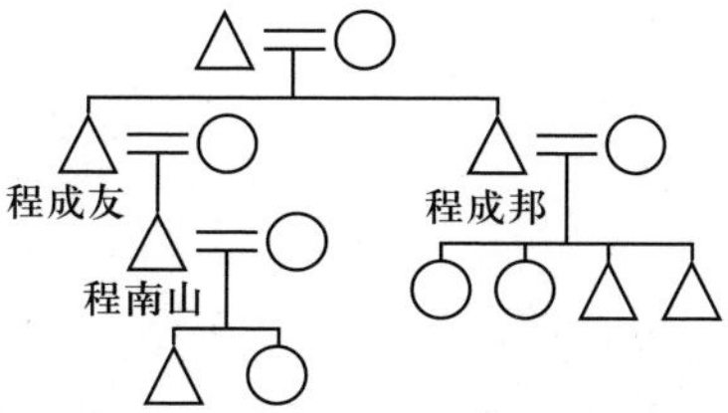

程南山亲属关系图（主要出现于第二、六章）

第一部分

文　本

第一章　理学古村

一、旧村

2007年11月，因为一次偶然的机会，我和几个朋友来到地处粤西的梧县渡桥镇[①]。负责接待我们的镇干部文质彬提起，该镇的圩镇旁边有个叫程村的“古村落”保存得“非常完好”。我问：“保存了些什么？”他说：“祖屋，主要是祖屋。”文质彬就是程村的包村干部[②]，他联系了村委会主任程前进，一同带我们去看程村。

我们到了位于程村北塘自然村的程氏大宗祠，见门口贴着对联：“春风道貌，理学家声。”程前进介绍道：“这就是我们的程氏大宗祠，我们整条（个）村都姓程[③]，你们看这对联，就是说我们是程颢的后代，据说他好有名、好有学问的。”见他再讲不出什么，文质彬接着做介绍，讲述变得系统而有条理。

从介绍中，我们得知，据《程氏族谱》记载，该村始建于明代永乐二年（1404）。现“古建筑”占地面积达4.5万平方米，主要建于明清，但也有少量民国时期的房屋，村民常称之为“祖屋”。祖屋

---

① 为保护被调查者隐私，本书田野点所涉周边地名及人名均已遵照学术惯例做化名处理。

② 渡桥镇每个村（居）委会的党务和社会治理工作都有1—2名镇干部分管。在日常工作中，基层干部称之为“包村”。

③ 实际上程村还有诸多其他姓氏。例如，东河自然村主姓陈，西溪自然村则主姓梁，诸多从外面嫁进程村的妇女也不姓程。

基本上都采用青砖、红瓦为外，木质梁柱为内的结构。整个“古村落”的房子横成排、纵成列，井字形主干道宽约 3 米，房与房相隔约 1.5 米，相连的房屋有锅耳山墙将每座房屋的屋顶隔开。村中道路原本用宽约 40 厘米的青石板铺就，绕村也有石板路。但是，现在已有不少地方石板被撤走、变为土路，绕村石板路更是只剩下不到百米，且断续不连。原本村中的沟渠由石板或青砖砌成，错落有致，成网状通向村外，但现也已多处被堵塞、淤埋。环绕村庄的原本是相连不断的水塘，尤其在三个朝西的祠堂和一个朝东的祠堂门口，是四个面积均在 10 亩以上的大水塘。在朝西的程氏大宗祠门口，还有水塘闸道与梧桐江相连（珠江上游称西江，梧桐江为西江的支流）。但现程氏大宗祠门口的水塘已被填，用于建房（1978 年梧桐江改道工程竣工后，旧河道变成了一片洼地），其他各处的水塘也已被填，用于建房、种菜、种树或修路。只剩下南塘自然村朝西的祠堂门口两侧各有一个水塘①（分别约 3 亩和 1 亩），北塘自然村朝东的祠堂门口左侧有一个约 0.3 亩的水塘。

除规模大小有别外，几座祠堂和普通民居建筑风格大体相同（大祠堂为一层、高约 7 米，普通民居为两层、高约 6 米）。以程氏大宗祠为例，其外墙为青砖，屋顶红色面瓦，密实厚重，两旁外墙是加高的防火墙，向空中呈月牙形朝上面弯曲，屋顶横梁上还装饰有各种陶瓷吉祥动物。整个宗祠为二进结构，进门后即是前厅和一道竖立的屏风（可打开为一扇门）。据说，在“旧社会”只有达官贵人进入时方能打开屏风，以便直入厅堂。在屏风后面是第一个天井，往后是横向中厅，再后是第二个天井，最后是里厅（正厅）和神龛。正厅神龛上有程氏祖先的牌位，置放着烛台和香炉。两侧连接诸厅

---

① 南塘、北塘自然村外部形态上是一个大自然村，但村民内部根据宗族、村民小组等的不同有南北之分。

的则是长廊，廊柱为石材与木材的混合结构。内外屋檐均用石雕、木雕、砖雕、灰塑等装饰，内容主要为各种神兽、民间故事和花草图案。在少数屋檐下的墙壁上，还保留了一些画面内容为花草图案、民间故事的壁画，此外还有少量字迹已然模糊的“大集体”时期的标语、口号及公告栏。其余的大部分内墙只剩下陈旧的灰白色，大部分外墙的青砖也风蚀严重。

村子东南西北分别布有水井，其中南端的水井最大、最深（约10米），也是村里挖的第一口水井，井沿用青石板砌就。如今不少村民家自打了压水井，或从周边山上引来泉水，这几眼井已仅做周边部分村民洗衣、洗澡等生活用水来源。井边常有香烛之蒂，是村民祭拜水神留下的痕迹。

进入“古村”内部，可见少量还有人居住的房门上贴着门神，以及常见的对联。在一些公共堂屋的门口，则也有“春风道貌，理学家声”“渊源宗洛水，枝叶发梧林”“理学文章留万古，光风霁月祝千秋”“理学配尼山，渊源同洛水”等对联，纸张鲜红，显然是张贴上去不久的（此后几年里，我发现对联是周期性更换的，但除办红白喜事外，对联的内容却总是这几句）。除主干道的部分路段之外，其他道路旁均长满了野草，近半人高，房屋外墙的墙脚布满了苔藓，霉味甚浓。除了少量公共堂屋因村委会特意组织打扫过而对外开放之外，其他房屋大门紧闭。有不少房屋可透过窗户见其内部因漏雨已长了不少菖蒲、野芋头，不少叶子甚至已高过人头。此外，还有不少地方已完全是残垣断壁。程前进指着一处已倒塌的房子说：“我们这条（个）村历来很重视读书的。这个就是原来宗族的书院，姓程的子弟都在这里读书的。”文质彬则接着道：“耕读持家是理学家强调的传统文化。这条（个）村子出过文、武举人。”

在“古村”的边缘，也有部分房子属于拆了老房建新房的。尤其是在程氏大宗祠及北塘朝东的祠堂后头，已有好几栋新房是在老地基上盖起来的，与周边的破旧老房子形成鲜明的对比。在北塘程氏大宗祠门前及南塘旧房子的南端，有两个晒谷场。前者为2002年用水泥新铺就（同时也是个篮球场），后者则仍保留了1960年代的石灰地。在南端的晒谷场旁，有两棵大榕树，原本靠水塘，后因填土而距水塘约40米。据说，原来在大榕树靠晒谷场的方向还有一棵很大的龙眼树，1990年代末已被砍伐。

我后来曾拿着渡桥镇为推动程村"古村落"旅游开发而制作的宣传资料，以及我本人拍摄的照片，就程村"古村落"请教过几位对广东历史或古建筑颇有研究的学者。从他们的专业分析中，我得到了一些新的信息。

旧村的总体建设，很显然有十分严谨的规划。虽然这么大的村庄不可能同一时间开工建设，但整个村庄以最老的公共堂屋为中心，西侧所有的房子坐东朝西，东侧所有的房子坐西朝东，而且间隔统一，后建的房屋显然延续了先建的标准。村中的祠堂、公共堂屋、普通住宅建筑规格各不相同，但总体建筑风格相似。村中的沟渠也有整体设计的考虑，中间高、四周低，大小布局合理。

房顶上的锅耳墙带有一点徽派建筑的风味，既有美观效果，又有防火功能。屋顶横梁的砖雕、瓷器、灰塑，以及不少墙面的壁画、青花瓷窗，表明当时的户主应该比较富有，也是文化品位的标志，在寓意上则主要代表吉祥如意、镇妖辟邪。祠堂更是讲究颇多，如屏风即是根据风水知识而做的一个设置，它可使气流变曲，一方面可阻挡外面的"煞气"，另一方面又可避免庭院的"气"外泄，此外还可增添私隐性。

旧村占地与周边的山水协调，也显然受到了风水知识的影响。程村建在梧桐江的大拐弯处，属于东南山地向江边延伸的平地，梧桐江由南经江北自然村折向西，然后再向北，从南塘、北塘自然村的西侧流过，再向东流去。再加上"古村落"四周都设有鱼塘，如此一来，整个村庄就如水中之岛，接近风水知识中象征富贵、吉祥的“莲花地”概念。祠堂门口的大型鱼塘，在风水上也是用来抵挡“煞气”、除妖镇邪的。此外，环村水塘与梧桐江相连，在消防、排水、运输及防范匪患等方面也具有实用功能。

可是，“古村落”与“理学”的关系，却很难说有直接的证据。宗祠、公共堂屋等建筑体现了儒家，尤其是明清儒家倡导的宗族理念，当属毋庸置疑。同时，后建房者不能随意布局，而只能遵照先建之房的风格、布局而建，因此村庄的总体布局能得到有效执行，大体可说明有强大的宗族组织在维持这套建房规则。但村庄布局及建筑本身，则受易学思想影响更明显。而仅凭族谱，很难将程村人认作程颢后裔。在岭南，诸如李姓、朱姓村落依据族谱宣称自己为李世民、朱熹后裔的情况十分常见，但大多无从考证（另有体质人类学学者告诉我，从体质特征上来看，程村人可能是北方人口南迁、与南方土著混合的后裔，但南方特征更明显）。此外，可确定的是，在自称为程颢、朱熹后代的诸多村落当中，程村的规模并不算大。

至于程村“古村落”的保存状况，则更是不算好。有一位专家开玩笑说，“如果不是还有极少数老年人还住在里面的话，都可以叫‘遗址’了”。的确，后来我了解到，长期从事华南乡村研究的吴重庆教授曾以当天可往返广州的距离为限，对这类古村落做过相对系统的调查（2011）。他发现，很多古村落规模都比程村大得多，数量达数十个，而且还不包括保存完好、已开发为旅游景点的“古村落”。我也发现，即使就在程村周边，保存完好程度、建筑规模均与程村大体相当者还有好几个，只是不靠近圩镇，交通不便。如在相邻某镇有一古村落，村民主要姓窦，祖上曾出过巡抚。这个位于西江边的村落，因水运不再兴盛，而在路运系统中地处偏远，已然衰落，但其传统建筑规模比程村“古村落”更大，保存得也更完好（因其经济状况不如程村好，不少村民仍住在旧村中，全村约占半数以上的房屋是旧房）。

从高处远眺北塘与南塘旧村，远处为新居

从南塘晒谷场龙眼树看旧村，左侧为水塘

程氏大宗祠，已几被新居包围

近处为水塘，原与梧桐江相连

江北程氏祠堂大门内的屏风
妇女在为祭祖人员准备晚餐

二、新居

如前所述，程村“古村落”中间及边缘地带，已有少量新建筑。用渡桥镇和程村干部的话来说，它们对“古村落”的建筑风格和整体布局，已经“造成了一定程度的破坏”。但真正的问题似乎还不在此，而是旧村的外围，以及通向旧村的各条道路旁，都已是新房。

在空间布局上，程村村民的新居已没有整体的“村落”特点，而是零散坐落在几条蜿蜒的公路边，以及田间地头开阔处。因为依照道路走势而建，房子的朝向各异。而且，因为有的地基为祖传，有的是后来在自家自留地甚至耕地里建房，房与房之间的距离也就无从规整，有的数百米，有的则不到 5 厘米（两家墙靠墙相邻而建，但不共墙）。在高度上，有的房子高达 6 层、约 18 米，有的则只有 2 层、约 6 米。如最早开始建新房的程守义家，就建有 5 层。因其地基原本就较高，站在他家房顶上，几乎可以俯瞰整个程村。从远处看，其房子像是“古村落”东北角上的“烟囱”（程前进语）。而如果从“古村落”四周甚至更远点的地方看去，像“烟囱”的房子还不止这一家。甚至就在程氏大宗祠大门的对面，隔着篮球场，就是两栋约 18 米高的新房，而在大门口右侧的晒谷场边，也是一栋约 18 米高的新房。

程村的“行政”中心，村党支部和村委会办公室（村民习惯叫“大队部”），原本位于北塘自然村的程氏大宗祠，但现已搬到位于江北自然村通向渡桥圩镇的路边。而这里，已纳入渡桥圩镇的规划，道路笔直、宽约 8 米，两旁的房子也呈直线排列，但房子的大小差别甚大。究其缘由，是在当初划分地基时有 120、150、200 平方米等不同的规格，村民根据不同的财力状况，选择了不同的地基。也由此，房子的高低也就难免有了差别，有建 2 层的，也有建 3 层，甚至5层的。

总之，无论从平面看，还是从立体看，程村的新居都极其凌乱。在一次聊天中，程守义将之形容为“像狗咬过一样”。我问他为什么这样讲，他说：“有个成语不是叫‘犬牙交错’吗？狗咬过的，当然就这么不整齐啦。”

既然新居的布局呈“犬牙”状，统一的排水系统就无从谈起。大部分新居四周都有用水泥和红砖砌好的水沟，但这些水沟却没有更大的沟渠网络相配套。若是房子在田间地头开阔处的，即直接通向菜地或耕地的水渠。而在公路旁的房子，则往往就近随意通向公路旁。由于公路的大部分路段两旁都没有沟渠，在雨天，公路就成了宽阔的“水渠”。再加上，村内并没有统一的垃圾处理系统，未能焚烧的包装纸、塑料袋等垃圾随水漂过菜地、公路，通向渡桥镇的河涌和梧桐江，少量未漂走的则残留在菜地水渠、公路和河涌边，以及水塘里。

不过，就单家独户的房子而言，新居毫无疑问要比旧村中的“祖屋”好很多。

不少村民都告诉我，旧村里的“祖屋”，前后间隔太小，通风条件不好，再加上窗户也很小，房间采光条件也不好。另外，由于左邻右舍都挨着，没有院子，一开门就对着别人家的房子。

除少量建于1970年代的房子仍用青砖之外（其建筑式样已是“现代”），程村新居的设计，一般都是红砖为墙，钢筋混凝土为楼板，屋顶也是水平的钢筋混凝土，不再有红瓦前后斜顶。就外墙而言，大多数为裸露的红砖，但也有不少经济条件较好的村民，用白色瓷砖或者青色、红色大理石板材装饰。另有一些村民因财力有限，则只将新居的正面刷成了白色。在外表上与“祖居”很不一样的还在于，不少新居都设置了阳台，而阳台的栏杆，越来越多地采用白色或绿色的陶瓷葫芦柱。

中间部分为程守义家，左侧为朝向村道的大门，

院中有住宅、凉亭、游泳池、茶室等

从北塘水塘看程氏大宗祠旁的新居，
中间那座正对祠堂大门，高约 18 米

若无熟人介绍，要进入程村村民的新居，已非易事。因为，这些新居都在大门口建有院子。有钱的村民家设有达一两亩的高墙大院，经济条件差或因地基有限制的村民家，至少也有一个十来平方米的小院。在路上可见到村民新居的大门，但若主人不来开院子的大门，就无法直入其厅堂。为什么要建院子？不少村民的回答是，有防盗功能。除此之外，也有些有“学问”的村民说，如果宅基地风水有点缺陷，门口的院子可以挡“煞气”。因现在村民建房只能将就建在路边、自留地甚至自家耕地，要选风水宝地越来越难，建院子也就有必要了。但也有村民认为，主要是为了隐私。如程守义就坚持认为自己是无神论者，但他也建了一个占地约 1 亩的院子，内有小游泳池、假山、凉亭等，其排水则流向旁边稍低于其院子的公共池塘（即北塘自然村朝东祠堂门口左侧的池塘）。其目的，他表示主要是“要有一种家庭别院的感觉，不是随便什么人想来玩就来玩的”。

与程守义有所不同，程村村民建新居，即便没有太多选择地基朝向的余地，大多数还是会请风水先生“计算”一下方位，并从各个角度完善它，以符合风水理论。例如，有村民因院子太小，在门口的院子里面挖一两平方米的小“鱼塘”，或在大门口两侧摆放小石狮，以挡“煞气”。有个名叫程鹏程的、开石材厂的老板，其院子约有 2 亩，大门近处对着梧桐江故道，远处对着国道。为挡住国道的“煞气”，除在大门口建假山、喷泉，以及在门楣上悬挂一面圆形镜子外，他还在院墙内种了一排罗汉松、侧柏和柑橘树（而对之不满的村民则说，这样的房子是“在青松翠柏之间”，暗喻“长眠于此”）。

新居的大门，经济条件较差者仍用木门，而经济条件较好者则往往采用不锈钢防盗门（因市面上普通不锈钢防盗门不够大，此类大门往往属于定做的产品）。如程鹏程等不少富有的村民，还将大门的门框做成了罗马柱的形状。大门口的对联，常见的内容多为：“安居奋发事业兴隆，小舍落成生活富裕”“福到财来千秋富，家和业旺万事兴”等（在很会写对联的村民程守德看来，这些对联都没什么文采，只有粗俗寓意）。另有少数基督徒家的对联则以歌颂“主”的内容为主。与大门一样，新居的窗户也显然有层次高低之分。较普通者用木质窗框，镶嵌普通玻璃；较“现代”者，则采用铝合金窗框，镶嵌加厚的绿色玻璃，外加不锈钢防盗窗网。

至于新居的内部装修，差别更是明显（相同的只是都在追求“现代”）。好的如程鹏程、程守义，以及曾担任过村支书的程成信等人家，一楼为大理石板铺地，二楼以上为瓷砖铺地，墙面采用环保漆刷白。较好者如程前进家，一楼、二楼为瓷砖铺地，三楼以上为水泥地，墙面采用一般涂料刷白。较一般者则多是一楼为瓷砖铺地，二楼以上为水泥地，墙面用石灰刷白。而较差者如程守德的好友程守宽家，虽是新式建筑风格，却是裸露的青砖墙、水泥地，而程守宽的长子程敬祖家的房子，则是裸露的红砖墙、水泥地。

在程村，村民新居客厅内的摆设，大体上与其房子建材和装修档次成正比。如程鹏程、程守义、程成信等人家，客厅里墙上挂的都是液晶彩色电视机、音箱和高档挂钟。座位是真皮沙发，茶几是大型大理石板并刻有精美图案。村中客厅如此摆设者，据程守义估计，不下 100 家。而程守义本人被认为是最懂得享受生活者，除客厅之外，在游泳池旁还建有一层楼的独立茶室。茶室里除了液晶电视、音箱外，格外引人注目的是大型根雕茶几，据他本人说，其价值超 50 万元。

总之，程村的新居，从单家独户来看，除少数外，都已经颇为“现代化”。同时，村民也仍还有风水意识，除了在建材“硬件”上把房子搞得宽敞、明亮和整洁之外，都会力所能及地把风水这一“软件”安排妥当。但是，村庄的整体协调则很显然已经付诸阙如。宽敞、明亮、整洁、富裕的单家独户别院，坐落在脏乱差的道路、排水沟渠和公共池塘边。单家独户别院从每一个细微的布局、装饰

北塘村道边的农户新居，住宅前方一律建有大小不一的院子，

有高大的院墙、院门

普通新居内部“标准”装修，电视机柜左侧为土地公牌位

从“大队部一条街”看江北自然村牌坊

从江北自然村祠堂大门看晒谷场和民居

着手，尽量满足风水标准要求，整个村庄却因凌乱不堪，已毫无与风水相协调的可能。

当然，这并不是说当今的程村人就已经完全不再在乎整个村庄的风水。只不过，面对整体风水被破坏的局势，谁也不愿去改变，唯独剩下一些茶余饭后的议论和抱怨。例如，2008—2012 年，江北自然村出现了一连串非正常死亡事件，很多村民认为这与该自然村的整体风水被破坏有关。他们给出的具体“证据”是：第一，建于江北自然村村口的牌坊，原本隔着马路与对面宽阔的田野及远处的河流、山川相望，风水很好。但在 1997 年，村口马路两边的土地被镇政府征用，卖给农民按照统一规划建房（程村人习惯叫它“大队部一条街”）。这样，江北自然村牌坊的正前方，被隔着马路的房子挡住，变成了一道“死门”，风水也就被破坏了。第二，江北自然村的祠堂大门，原本隔着一个晒谷场（同时也是篮球场）朝向梧桐江（故道），隔江与开阔田野及远处丘陵对望。但是，2007 年两户村民在梧桐江故道边的滩涂地上建了两栋房，且比祠堂高，把祠堂的风水挡住了。第三，祠堂侧面长了一棵高过祠堂的芭蕉，也属破坏祠堂风水、让村庄“死气沉沉”的东西，但芭蕉是一个“粉仔”[①] 家的，他本人已入狱，无人敢砍掉它。

三、镇官

在程村和渡桥镇断断续续做过一年多的调查后，我得知，将程村北塘、南塘自然村的“祖居”作为“古村落”进行旅游开发的想法，源自时任镇委书记方立正。方立正提出计划，得到了镇长何平、

① “粉仔”为程村人对吸毒人员的统称。在指特殊毒品时，则细分为“K 粉仔”“白粉仔”等。

副镇长文质彬等人的支持。

2008年农历岁末之际，文质彬开始愿意比较详细地谈论这个计划出笼的过程，但谈话过程却从意想不到的“官场经”开始。此时，我与文质彬已经非常熟悉。而且，更重要的可能是因为我在他那里已被归类为“无公害产品”。他说道：

兄弟你这个做调查，我看就是闲着没事干，满足读书人的好奇心，还美其名曰“搞文化研究”。你这种（人）都是象牙塔里的，属于无菌产品，或者说无公害产品，不要紧啦。一开始，讲实话，我还有点担心你和记者是一样的。对记者呢，我搞这个（工作）是又爱又恨。一方面，要靠他们宣传程村，另一方面又怕他们报道负面的东西。他们就像随时会爆发的病毒……记者冇可能像兄弟你这样长期待在村子里的啦。[①]

我答道：“我们是朋友，是兄弟嘛。”文质彬却摆手道：

前提是，你要是记者的话，我们就冇可能成为真正的朋友，更冇可能是兄弟。搞我们这个就像江湖，人在江湖，身不由己啊。有利害关系的人，可以寻找共同利益、合作，但不能掺杂太多感情因素啦。用你们“捞仔”[②]的说法就是，太热乎啦，就难以冷静考虑问题、权衡利弊啦。

① 括号中的内容是为解释前文或保持上下文流畅所加（以下同此）。因笔者的粤语不太好，在调查中，除吃力地用粤语外，有时直接说普通话（中年人和年轻人能借此有效沟通），有时请年轻人或中学生做翻译，在做记录时则基本上用普通话，但随机地保留了少量的、当时认为较有地方特色的用词。

② “捞仔”为粤语对北方人的统称，但也常特指北方的或说普通话的男性。

文质彬说这番话，显然是为了证明，他所说的话有很高程度的真实性。但我有意激将他说："那你怎么就知道书记和镇长的真实想法？你们又不是兄弟。"文质彬则申辩道：

> 我们是在同一个棋盘上在玩这个游戏的，都是局中人，当然知道啦，这是最起码啦。如果这都不知道的话，早就该出局，这芝麻官就别当啦……另外，当然也是因为我们三个人没有实质的利益冲突，尤其是我，所以他们对我说话也比较开诚布公一点。方（立正）做完这一届肯定要么往上走，要么就去县局（当局长）啦。何（平）嘛，不出意外肯定就接书记的职位了。我是无党派，我另外有我自己的关系渠道，不会走他们的路。（这一点）他们也知道的。

据文质彬所说，最开始是方立正决定包装、宣传程村"古村落"，主要是要"做出点成绩"（从旁人的角度说也即"政绩"）。一开始，它就是个"一箭双雕"的计划。

方立正在镇班子会议上，强调"古村落"搞旅游开发有一定的物质基础，只要加大招商引资力度，便有望开发成功。他要求全镇干部在招商引资等与外界打交道的场合，要突出宣传程村"古村落"开发的"优势"。他分析出来的"优势"，具有一定的吸引力。

对这一点，笔者也有直接体会。当我和朋友最开始到渡桥镇时，对从省会广州"下"乡的我们来说，此地似乎并没什么特别。若是面对一幅广东地图，在自上而下的眼光中，很难发现它在广阔的西江流域中有什么格外值得注意的地方。但包括方立正在内的镇干部反复说我们从广州"上"来、"辛苦了"，明显说明他们有着跟我们很不一样的空间感。究其缘由，是他们主要以水路为参照系，而广州位居西江下游。

他们在地图上比画着，说渡桥镇和程村是多么重要的位置。例如，西江的重要支流梧桐江由南向北流经程村，渡桥圩镇原本与程村隔江相望，后因河流改道已几乎连成一体。以程村为中心往外看，这里越发像是粤西的一个重要“中心”：往西沿国道约 30 公里，是梧县县城（简称“梧城”），同时也与地级市栖市的市区有重叠之处；往南沿梧桐江或省道约 30 公里，是梵县县城（简称“梵城”），梵县某寺庙较有名，且富有温泉。再往西南延伸可至湛江；往北沿梧桐江或国道约 30 公里，是另一地级市桐市市区（简称“桐城”）。桐市是梧桐江和西江之交汇处，也是广东的旅游景点之一；往东沿经过邻镇的高速公路，约 2 小时可达广州。

方立正认为，“生得好不如生得巧”，程村这个“古村落”难能可贵之处，就在于它处在这么“中心”的位置。他描绘了“优势”转化为现实旅游资源的蓝图：大量游客从桐市旅游结束后再去梵城旅游、拜佛烧香或泡温泉，路过渡桥镇即可看看“古村落”；大量前来梧城购买石材的顾客，路过渡桥镇也可稍作停顿，看看“古村落”；广州人若周末想参加一天可往返的农家乐，程村“古村落”也可作为一个选择。这些蓝图，从技术环节上讲，只需加强与一些旅行社的合作，即可部分实现，但还缺少人投资修复古村古建筑，建设配套娱乐设施、餐饮业，以及打广告。

不过，这只是方立正提出招商引资开发程村“古村落”的目标之一。据文质彬说，在班子会议上，方立正曾提到一个构想：配合“古村落”开发，镇政府将程村与渡桥圩镇之间的洼地，也即梧桐江故道及原河边滩涂地，全部征收过来，发展商业一条街、餐饮住宿一条街。在非正式场合的聊天中，方立正又跟文质彬说，“古村落”开发能成则更好，不能成也无所谓，可以退而求其次，一次性解决好几百亩地的征地问题，政府也是有收益的，而群众也可更好地将这些不太好的土地用起来（现主要用作养鱼或种菜）。

文质彬评价道，不能不说，方立正花了不少心思琢磨这个问题。他也确实有些佩服方立正“很有才，心思缜密，一箭双雕，互为表里、相互支持，进可攻、退可守，稳赚不赔”。我说：“他前面这个（目标）可能只是虚晃一枪吧？应该叫‘虚实结合’或者‘表里不一’。”文质彬并不这么认为。他表示，很难说前面的就彻底是“虚”，如果真能招到商、引到资，也可变成“实”。他说，方立正曾考虑过在征收程村洼地后，出让部分土地开发权，而不是仅仅靠“古村落”本身，换取老板投资。也即，前后两个目标一“虚”一“实”，但通过在“实”的目标上出让一部分利益，则又可让“虚”的目标转化为“实”。这中间，能撬动整个计划的“底牌”，其实就是程村的洼地。

从个人的角度来说，文质彬认为，这个计划的第三个目标，当然就是为了给方立正本人积累“政绩”。

我相信，至少文质彬分析的“虚”“实”之说，是比较真实的。因为在第一次去渡桥镇之前，我曾在广州遇到方立正与何平。当时，广东省正在以县为单位启动土地利用总体规划工作，为 2020 年前土地利用设定法规依据，但对乡镇土地利用总体规划工作尚未提出明确要求（后来规定由县级国土部门统一组织乡镇级别的规划）。方立正与何平想以渡桥镇的名义，主动顺势编制该镇的土地利用总体规划，于是尝试到广州寻找、委托有资质从事土地规划的专家开展规划。他们当时提出，渡桥镇土地利用总体规划首先考虑要解决的问题，便是程村的洼地，要将它规划为建设用地（这意味着将来在农用地转成建设用地时，有规划依据，容易获得批准和办理用地手续）。

提出发展程村“古村落”旅游的计划后，方立正请了《栖市日报》的记者进村考察了一番。记者在该报上连续发表了四篇短文，图文并茂，报道明清建筑群“惊现”渡桥镇，为读者“揭开古村落神秘的面纱”。报道除了以优美的笔调介绍程村“祖居”的建筑、水井及风水之外，还添加了一些风俗习惯、传说故事介绍，以求营造出渡桥镇领导们所希望展现的“神秘色彩”、“乡土气息”和“古朴味道”等“亮点”。

不久后，何平又通过朋友关系，从几所高校找到了4位“搞文化研究”的专家。几位专家到程村“古村落”考察一个上午后，在渡桥镇政府会议室召开了一次简短的“研讨会”。他们指出，程村“古村落”可以称得上“岭南理学第一村”。同时，“古村落”体现了五个“合一”：天人合一，村庄布局有“八卦”之味，建筑与山水相映成趣；理佛合一，村民是程颢后裔，且距梵县某著名寺庙才百余里路程，村民不少人信佛；粤皖合一，建筑（主要是锅耳墙顶）有徽派特征，但糅合了广东特征；耕读合一，村民受理学影响，既重务农，又重教育；根枝合一，有程氏大宗祠，也有各房的小宗祠。此外，古村落的五个“合一”暗合佛教禅宗六祖惠能和尚“花开五叶”的理念，而其外形又暗合莲花状。文质彬后来跟我说：“几个专家简直太‘醒目’[①]啦，他们再清楚不过我们要什么了。”此后，渡桥镇政府在各类宣传中，直接采用了“岭南理学第一村”“五个合一”“两个暗合”等说法。

为吸引投资，镇政府还利用新农村建设等专项资金，将程村所有公路铺成了水泥路。可是，由于程村洼地的价值仍太低，它终究没有能够撬动够分量的老板，前往程村投资“古村落”旅游开发。作为分管干部，文质彬陪同方立正、何平跑了不少地方，但几乎没有任何实质性结果，“一时间，大家都有一种挫败感”。

2008年春节后，广东省开始实施“腾笼换鸟”[②]的发展战略，一

---

① 在粤语中，“醒目”有会察言观色、聪明、懂事等含义。

② 广东省的产业和劳动力“双转移”政策，旨在引导劳动密集型产业从珠三角向东西两翼、粤北山区及内地转移，推动珠三角地区产业结构升级。

些高耗能、高污染的产业开始从珠三角地区外迁。渡桥镇顺势从位于珠三角的佛山市引进了两家投资数亿元的陶瓷厂，程村“古村落”招商引资之事随之迅速“凉”了下来。2010 年，方立正“升迁”到梧县某局任局长，何平接任渡桥镇书记，文质彬不久后也调往栖市某办任科长。2011 年，何平还是努力准备材料、积极争取，让程村列入了广东省某部门认定的“古村落”清单。问及用意，他答道：有牌总比没有牌好，先拿着，或许以后有用。文质彬认为，其目的一是名气，二是将来或许可用“古村落”反过来“撬动”程村的洼地开发。

四、村干

关于推进程村“古村落”旅游开发的事情，文质彬多次表示对村干部“有点恨铁不成钢”。在村干部当中，一个高中毕业生都没有。村支书梁胜利属西溪自然村村民，对程姓村民的“祖居”不太熟悉，而且其口才本来也很一般。至于村委会主任程前进，倒是北塘自然村的“正宗”程姓子孙，无奈其口才（尤其是普通话）实在太差，更是难以与外界交流。甚至于，他对程姓宗族的历史也知之甚少。更让文质彬失望的是，即使镇政府的“笔杆子”将“古村落”的故事整理好了，程前进也始终背诵不下来，一旦脱稿就讲不清楚。不得已，一旦有外人来访，文质彬自己经常得充当“古村落”的介绍人。至于其他村干部，交际能力也大体如此。

可既然如此，为什么不另选贤能进入村干部队伍呢？文质彬给出的答案是：一方面，有能力的人往往愿意自己外出做生意，赚大钱，愿意长期待在村里“搞政治”的能人并不多；另一方面，农村的事情也很复杂，尤其是支书和主任这两个位置，不是随便谁都能干的，而且，从总体上来说，在最近几年里，梁胜利和程前进用起来还是比较顺手的。

如此一来，我常见到，凡有外人到程村“古村落”前来视察、参观时，都是程前进忙前忙后地带路、打开祠堂的大门，他介绍程姓祖先故事的开场白是：“我们太公是程颢的后代，因为战乱从河南迁过来的，在这里娶的太婆……”[①] 之后则需要镇干部“补充”讲述程姓祖先的故事。有好几次，等视察或参观的人离开后，我都曾见到文质彬教导程前进，下次该如何说。但问题是，“下次”真正来临时，程前进的表现终究难如文质彬之意。在2010年8月一次聊天中，文质彬“盖棺定论”道：

> （程前进）这个可能只能是这样了。现在，我终于明白了，这不仅是口才的问题。更重要的可能是水平和眼界的问题，水平就摆在那里，想提高很难，见领导就有点紧张。眼界（问题）也是，没出去见过大世面，说话总是不会察言观色，不知道外面的人想听什么话，尽说些无关紧要的，抓不住要点……这并不是因为他傻，搞村子里熟悉的事情，他还是比较“醒目”的。

文质彬说程前进比较“醒目”是有所指的。概而言之，文质彬表示，这表现在两个方面：其一，比较懂得“领会”镇领导的意图，并会努力“配合”工作，“跑腿”比较积极；其二，在完成工作的同时，也很懂得“顺势”为自己争取一些“好处”。

2007年上半年，文质彬第一次跟梁胜利、程前进说起程村“古村落”旅游开发的设想时，梁胜利的反应是：“镇领导非常有眼光，我们一定积极配合。不过这主要牵涉北塘和南塘（自然村），可能要

---

① 在粤语中，“太公”“太婆”属对高祖及以上男性祖先和其妻子的统称，但在特定上下文中也可特指某一代祖先。

（程）前进老弟多跑一跑。”而程前进则与文质彬非常详细地讨论起旅游开发的细节，其中即提到同时开发程村洼地的设想。此后，他又提出希望镇里在开展新农村建设的时候优先考虑程村，至少先把马路修成水泥路。同时，他让文质彬“私底下”给予照顾，将他家门口至马路100余米的路段也纳入水泥路规划。他的理由是，土路不方便领导到他家做客，也有损程村的面子，而他自己则经济能力有限。文质彬后来忆及此事时说，冲着程前进能如此准确地“领会”镇领导关于程村洼地的想法，以及愿意主动为之“跑腿”的表现，怎么都不能拒绝他在修路的问题上“顺势”得点“好处”。

梁胜利见“古村落”“开发”确实能带来“好处”后，也开始热心起来。2007年12月，他主动跟程前进商量（同时请示了文质彬），一起组织了一次“古村落”大扫除，参加人员主要有村干部、程村小学高年级师生，共约300人。他们清扫了“古村落”内的部分垃圾，洗刷了一些墙壁和电线杆上的“牛皮癣”。在总结该活动时，梁胜利、程前进商量后将之算作了镇里的工作成绩。最后，镇党委、政府办公室工作人员在活动总结报告中写道：

> 镇党委政府高度重视古村落的保护和推介工作。为改变古村落内各村环境卫生较差的落后面貌，真正体现“岭南理学第一村”的特点，镇党委政府在古村落内开展了一次以“扮靓理学古村、争做文明村民”为主题，以全面整治村容村貌、清理垃圾积水和除“四害”为主要内容的爱国卫生活动……共清理了3拖拉机的各类垃圾，消灭了卫生死角16个。

至2007年底，程村“古村落”招商引资仍未有任何进展。但用当地镇、村干部常用的词语来说，它确实“撬动”了一些东西。虽然单就“古村落”本身而言，干部们还没做出什么实质性的“成绩”，但“办法总比困难多”，“种豆得瓜”“东边不亮西边亮”。以“古村落”开发为“契机”，渡桥镇党委、政府与程村党支部、村委会达成了几桩重要“买卖”。

正是这年冬，颇感诸事有些不顺的方立正，重提了一个在渡桥镇干部中曾讨论过的老话题（方立正曾在渡桥镇任副书记兼副镇长，于1999年调往某镇任镇长，2005年再调至渡桥镇任书记）：渡桥镇党委、政府大院风水不够好，大院门口的马路比办公楼地基高，从大门至办公楼的院落也是由高到低的坡面，象征着“下坡路”，干部们天天上班都在“走下坡路”，当然干不出好成绩。尽管事实上渡桥镇不乏干部，包括方立正本人，曾得到升迁，但班子会议还是同意了方立正的看法。方立正还一再责怪前任干部道：“这件事，我在这里做副镇长的时候，就说了很多年了，可就是没有行动。‘老大’[①]们魄力不够。”2010年8月，文质彬跟我说起此事时，笑道：“兄弟你以为班子会议是多么严肃的事情吗？乡镇就这样山寨（不正规）的啦，不比你们城里……当时的班子会议真的就在讨论风水问题的。”

经方立正提议，“班子”成员一致认为，镇中心小学的位置比较适合新建党政大院。可是，按照梧县教育资源布局的规划，渡桥镇中心小学不可能被撤销。而且，渡桥圩镇那么多适龄儿童也确实需要有一所小学。

这次，不只是由文质彬一个人出面，而是方立正、何平、文质彬一起出面请梁胜利、程前进吃饭，名义是私人朋友过节聚会。在这次“私人”聚会上，方立正再次分析了程村“古村落”的旅游开发前景。这番分析在“乐观”中隐含着“悲观”，与其在公开场合为招商引资所做的极其乐观的分析完全不同。然后，他建议通过把程村小学变为镇中心小学，吸引学生家长来程村洼地上盖房或买房。

---

① “老大”是当地干部对单位“一把手”的统称，这里指渡桥镇党委书记。

对此，程前进回忆道：

> 先是方书记说的。他说，古村落旅游开发可以带动餐饮、旅店，但是在开发初期，不见得会有什么效果。我们这个位置离梵城、桐城和梧城都不算远，一方面是一个优势，另一方面也是一个劣势。因为，游客可能只是来这里看看，然后可以随便去哪个城里吃饭、住宿。所以，刚刚开发的时候，可能还是要立足本地，吸引本地的农民来这里买地基、盖房子。这个呢，现在，靠小孩子读书是个办法。把我村里的小学改成镇中心小学，反正离街上（圩镇）也不远，做（镇）中心小学也说得过去。然后，不少外村的人要让小孩子来读书，就有可能来这个边上租房子或者建房子。何镇长、文镇长也在旁边帮着说话，我和老梁（梁胜利）觉得还可以，就同意了。

程村小学变为镇中心小学，意味着原本已有些空闲的学位变得不够用。镇里答应出资在程村小学校园里加盖一座新的教学楼。梁胜利、程前进则提出，可以“祖屋开发”“兴教助学”的名义找一些程村老板及侨胞“化缘”，用于建教学楼，而镇政府的钱，则希望可以匀出一部分用于程村党支部、村委会办公室装修。镇里同意了梁胜利、程前进的方案。2008 年春节后，程村花费约 10 万元将已破旧不堪的两层办公楼（上下各 1 间大会议室，另有 4 间小办公室）进行了装修。镇政府还将广州某单位捐赠的一套远程教育设备（1 台电脑、1 台彩电、1 套卫星信号接收设备），送给了程村。一时间，程村“大队部”焕然一新。程前进常在人前表示，新办公楼和村小学教学楼只是“古村落”开发的前奏，他一定能为程村做更多的事情，“绝对对得起（每月）800 块工资”。

对程前进此类说法，不少村民不以为然。他们指出，承建小学教学楼的老板是某领导的“关系户”，承接“大队部”装修的两个老板则是程前进和梁胜利的亲戚或朋友。所以，他们认为，没看到村干部真正靠着“祖居”为村里办成什么事，倒是他们自己“顺势”得了“好处”。如程守义就认为，程前进是典型的“吃窝边草”：“在村里很懂得为自己争小利，但真正有外面的大领导来时，又紧张得说不出话来，更别说抓住机会为村里争取利益。”

在接下来的几年里，我发现，梁胜利对村民的评价从不作声，被村民认为很“低调”，因此也少有人议论他。程前进引起不满的意见较多，但他一方面常在人前辩解说自己很“委屈”，另一方面并不真正在乎。至于“古村落”，在2011年国庆节期间与我聊天时，程前进表示：

> 我也知道，真的开发旅游，不是这么容易的。但总归是人家镇领导对我们的“祖屋”有兴趣，我当然要表现热情啦。再说，作为一个村干部，镇领导决定了的事情，干也得干，不干也得干，不管有冇“好处”。何况，这个对我们程村多少还是有点好处的啦。

至于办公楼装修的事情，他表示是因为“工程要求质量、价格，没什么钱赚，问了几个老板，没人愿意做”，所以才找了自己亲戚来做的。他感叹道：“虽然说大家都是从古村落出来的，现在人心杂了，口也杂。你为古村落做贡献，他们（是）不（会）看的，一（旦）有一点小利，就眼红。”

五、族老

关于“古村落”的历史，我一直认为程前进讲得不太清楚，文质彬这样的镇干部讲得又太有“包装”的痕迹。于是，我曾让程前进帮忙介绍一个对村庄历史比较熟悉的老人，然后我可以住到农户家里去。一开始，程前进表示，“基本上就这些了，也没有什么比我了解得更多的老人了”。他带我在北塘和南塘自然村找了两个老人，他们在喜庆时负责给祠堂写对联，但谈起宗族事务来也并不清晰。至于住宿问题，虽然我一再强调“我们做农村调查的就是要和农民‘同吃同住’的”，程前进却以广东人的风俗习惯为由，推脱“不方便”。他与文质彬都曾劝我住渡桥镇政府大院，里面卫生条件好、方便，夏天还有空调。见我坚持要住村里后，程前进把我安排在“大队部”二楼的一间办公室里，用木板和板凳架了一张简易床，[①] 吃饭的问题则让我自己到“街上”解决。

从北塘、南塘自然村的两位老人那里，我得知江北自然村的程守德才是“文化水平最高的人……（他）是族老”。考虑到他们也被程前进称为“族老”，他们所指的人显然是相对了解宗族事务的。事实上，户籍仍在程村的中专生不下10位，而程守德只是高中生。在我点名道姓提出要求的情况下，程前进终于将我介绍给程守德认识。

从“大队部”走路到镇政府大院，只需过一座梧桐江故道边河涌上的桥，然后横穿一条老街和两条新街，步行10分钟即足够。程守德有两处房子，一处为在江北自然村的青砖房，另一处是老街上的老铺头。他常住在老街上，经营着一个几乎再无多少人光顾生意的钟表修理店。但若论及喝茶，他的老铺头里却总是比较热闹，常有中老年人三五成群地喝茶、聊天。在此之前，其实我几乎每天三餐吃饭都路过程守德的家门口，而且他也早已知道我在程村调查

---

① 我后来发现，对待陌生人，程村人确实不太愿意接纳“同吃同住”。2008年底，也即进入该村做调查一年多后，我才终于住进了程守德的弟弟程守智家。不过，不少村民认为，如果一开始就有村干部介绍、安排的话，肯定有村民家愿意接纳。

“古村落”的事情。

程守德原来当过老师，所以大家习惯叫他“程老师”。程前进介绍我们认识，并夸赞了一番“程老师很有学问”之类的便离开了。

从程守德和在他那儿喝茶、聊天的人那里，我才知道坚持住在“大队部”是对的，或者说至少比镇政府大院好。“大队部”虽然距离镇政府大院并不远，但给他们的“感觉很不一样”。程守德直截了当地说，“那个（大院）围墙里是官，我们是民，难打交道的”。

程守德后来谈起，在镇政府和村委会最开始提出开发“古村落”旅游之后，程前进曾来找过他，同时还有南塘、北塘自然村的两位“族老”。他们三个人，刚好也是三个程姓自然村的代表，对宗族事务操心多一点，有时候也就被认为是“族老”了。程前进找他们的目的，是让他们多整理一些关于“太公”的故事。程守德就翻阅相关书籍，撰写了一些对联给程前进。但不久后，程守德就发现，“古村落”开发的方案与他的期望相差甚远，便不再参与此事。加之，“古村落”真正的开发工作一直都没有进展，程前进也便再没有请程守德参加。当“古村落”的祠堂和公共堂屋需要更换对联时，程前进即请南塘或北塘自然村的“族老”书写，但这两位“族老”只是毛笔书法尚可以，却并不太会撰写对联。于是，他们反复书写程守德所撰写的那几副对联，或者从公开的对联书籍上抄录一些（后者是大众化的对联，难以体现程村的“理学”特点和寓意）。久而久之，他们也认为，所谓的“古村落”旅游开发，行政色彩浓于宗族色彩，其中所涉宗族事务并不多，故而也少再参加此类活动。

程守德对“古村落”开发计划很不满的地方在于，它从整体上把他所在的江北自然村排除在外了。他表示：

> 古村落，顾名思义，它的特点就在于古。他们宣传说，程村古村落的人是程颢的后代，是后来移居到这里来的。那首先

是住在哪里——首先住在江北啦。我们的太公从河南迁到了南海（佛山市所辖区），后来在南海发展壮大、人口多了，又有太公沿西江上来，住在桐城。在桐城又发展壮大、人口多了，才又有一个太公沿着梧桐江上来，住在江北。后来，江北的人口多了，住不下了，分了几个弟兄到北塘和南塘。

如果说程村古村落的话，首先当然要从江北讲起啊，江北的祠堂也是最早的祠堂啦，那些老房子也比他们的早啦。结果他们现在讲起来，好像太公迁到程村来直接就到了北塘、南塘，他们把那间“明徽祠”当成了最早的祠堂。可是，明徽祠根本就不是最早的祠堂，它充其量不过就是个普通的堂屋。那时，大的祭祀，他们过我们这里来拜祖宗，但小的祭祀就自己在北塘，因此也就叫成了“祠”，但严格来说，明徽祠不是祠堂的。把明徽祠当成最早的祠堂，那不是乱说的嘛？说得严重点，就是为了赚钱连祖宗都不要了。还说是理学古村落，你说说看，这连父子、长幼都不分了，还能算理学吗？

程守德曾明确提出要求，如果程村搞“古村落”开发，要把江北自然村包括进来，否则，如果“古村落”开发仅仅是北塘、南塘自然村的事情，他不会为北塘、南塘再出力。他认为，那样不仅于理不合，反而也容易费力不讨好，“毕竟是在掺和别人村子里的事情”。程守德的弟弟程守智，以及其他几个村民，也出面响应他的提议，并在方立正、何平和文质彬“下乡”到程村时，当面向他们提出过类似的要求。

程守德等人的要求，并没有得到满足。一则因为北塘、南塘“古村落”的开发，本身也是“镜中花”。二则即使有人投资，将江北自然村与南塘、北塘自然村一起开发，也不太现实，因为两处旧村均被新居包围着，中间隔了约1公里的路程。用文质彬的话说：

“要是想一起开发的话，两个古村落中间要拆掉的新房，面积比古村落还大。那哪承受得起？”

由此，渡桥镇政府不仅在对外宣传中没有提到江北自然村的古建筑，在利用新农村建设专项资金为程村硬化道路时，也只考虑了南塘、北塘自然村。江北自然村原本比南塘、北塘自然村富裕，已于1993年自筹资金将“大队部”至该自然村祠堂门口约500米的公路硬化。2008年，该路已有部分破损。于是，有村民向村干部提出，在镇政府资助南塘、北塘自然村硬化道路时，也给江北自然村一点资金，用于修补其道路的破损部分。但是，这一要求也未得到满足。

为了说明程村首先源于江北自然村，以及江北自然村如何古老、重要，程守德、程守智等人无数次向我讲述了江北自然村的祠堂如何特别，其太公如何了得。例如，江北自然村祠堂的侧墙并非北塘自然村程氏大宗祠那样呈锅耳状，而是棱角分明的翘檐，如数面红旗插在左右外墙。程守德强调，此外墙像是一顶官帽，属于大官才能用的标志，三层翘角表明江北自然村当时的太公应该是一个三品官。作为“佐证”，祠堂的正面墙基和台阶均为红色的石材。程守德认为，这种颜色也同样表明盖祠堂的主人受过皇帝的敕封。程守智还提供过另外一个“佐证”：1981年，广东三水至茂名（简称“三茂”）的铁路规划经过程村，江北自然村祠堂被用作附近路段建设的指挥部，曾有一个指挥部的高级工程师说过，该祠堂形状像官帽，祖上应该出过高官。此外，还有几个老人，包括南塘和北塘自然村的“族老”，都提起过：“新中国成立前，江北确实比南塘和北塘富裕很多。不说别的，光是新中国成立后（划分阶级成分）划出来的地主就有十多个，比南塘、北塘加起来还多很多。”

总之，“族老”们在讨论“古村落”时，更热衷于讲述的是关于其祖先的故事。而一旦偏重于祖先的故事，故事的连续性以及祖先本身的位置就显得很重要。可问题是，当下程村人已经分割、隔断

南塘、北塘自然村祠堂门口的代表性对联

江北自然村程氏祠堂外观

了祖先的村落。从经济角度考虑得比较多的渡桥镇官员，并不愿意不惜代价地将程村人祖先的故事作为一个整体来开发。正因为这种矛盾存在，程守德等“族老”再没有实质性地参与程村“古村落”的旅游开发计划。

当然，“族老”们并不是不懂得按照某些需要部分地改写或者隐略某些祖先故事，只是其标准与渡桥镇官员有很大的差别。例如，程村的“族老”们鲜有人提起，他们在江北自然村最先定居的太公，很可能是桐城某位程姓祖先与其妾所生。在一次偶然的聊天中，程守德曾提起，1940年代程村人在清明节“拜太公”时的场面如下：

> 首先要组织船队，有一艘为首的船，负责的人就坐这一艘，负责的人叫“总理”。几百人浩浩荡荡顺（梧桐）江而下，到桐城拜太公。我们太公在那里也有子孙，葬在那里。拜完太公，再回来拜太婆，太婆带着她的儿子，也就是我们这里的第一个太公，住江北，葬在这里。

由此看来，第一个定居于江北的“太公”的母亲不太可能是其丈夫的嫡妻。否则，实难解释孤儿寡母住江北，而其父亲却和其他子孙住在30余公里之外的桐城。这个道理，程守德这样的“族老”当然也十分清楚。当我与他讨论起江北自然村程姓祖先的历史故事时，他承认，“是有这么一种说法，但我们一般不这么讲……那是别人歧视我们的说法，是封建社会的那一套。我们早就不讲封建社会那一套了”。当然，从逻辑上推测，另一种可能或许是：“族老”们这套关于祖先的故事本身就隐含了某种加工，但他们自觉或不自觉地早已集体遗忘了加工的痕迹。正如程守德所说：“年代久远了，实际的情况究竟怎么样，实在搞不清了。但古村落是实实在在的，现在还在那儿。就在三四十年前，绝大部分房子还住着人啦。”

六、群众

程村大部分村民既没有担任村干部的经历，在宗族事务中也不承担主要角色。同时，其家庭富裕程度也不令人瞩目。在渡桥镇官员那里，他们往往被统称为“群众”。一方面，在某些正式场合下，它有政治意味，是镇、村干部的服务对象。另一方面，以文质彬的话说，“就是普普通通的老百姓的意思，人数众多，但没什么特别的身份，不怎么起眼”。

对此，文质彬说：“这种说法当然是有点傲慢，好像这些人没什么重要的个人特征似的。实际上，每个人都是不同的啦。”不过，既然在镇、村干部的工作和村庄日常生活中，人们都习惯了这个说法，它应该还是有些“道理”的。什么道理呢？在我的追问下，文质彬认为，这可能是因为他们没有什么特别的特点，所以行为习惯大体类似。

至少在程村“古村落”开发的问题上，文质彬对“群众”的界定似乎有一定说服力。通过与不少村民长达几年的接触，我发现他们对“古村落”祖先的故事也很热衷，但却不会像程守德那样的“族老”那样认真。

在北塘自然村程氏大宗祠的门口，我常听村民说起，原来这座宗祠墙壁上的画如何栩栩如生，进大门后的屏风木雕如何“靓得不得了”，说明他们的祖先很有钱，否则祠堂做不到如此精细的程度。无独有偶，在南塘自然村的祠堂门口，不少村民会拉我去看屋檐下的木雕如何精细，内容寓意如何美好，窗户上的陶瓷如何精美。其中有些村民，似乎完全忘记了他们曾不止一次向我展示这些东西。讲到这些东西，最后的结局，往往是说，很可惜，上世纪六七十年代的时候破坏太多了。例如，墙壁上有些画被用石灰刷掉，写上了毛主席语录或者其他革命标语；再例如，好几个祠堂、公共堂屋里神龛上的观音像、关公像被破坏掉了。不过，也有村民感叹，上世纪六七十年代破坏得虽然多，却还不如八九十年代多。而且，六七十年代时的破坏，怎么说还是国家政策，没办法，或者说，有少数人还真是为了理想而搞破坏的。可到了八九十年代，都是村里的同宗兄弟自己主动破坏的，都是为了一个字——钱。例如，不少村民给我指出，那些房顶横梁上的砖雕、瓷雕和灰塑就是八九十年代才被人在黑夜里偷偷地撬下、去卖了的。他们断定：

（村民甲）这毫无疑问是本村的人干的。外面的人，深更半夜的，谁敢进来？

（村民乙）还要爬到楼顶上去，撬下来之后还得运出村去。

（村民丙）而且，那个时候村里都养了不少狗的，要是陌生人进来，那狗也会叫的啦。狗都不叫，没人发现，就被偷了，当然是本村的熟人干的。

（村民丁）是啊。关键还是晚上，黑咕隆咚的，如果不是很熟的人，哪能知道哪栋房子的房顶上就有值钱的东西偷？偷得那么准，都是公家的房子。要是陌生人，我就不信他就不会爬错房子。

还有好几次，有几个村民说“反正闲着没事”，专门搬了梯子带我去爬房顶看那些被偷盗之后的痕迹。他们跟我解释，如何才能爬上房顶，把东西运下去，并且避免被人看到。但是，他们也很纳闷：“搞不懂，为什么他们撬的时候没有很大的声音？”这些村民带我去看这些痕迹，当然不是为了破案，而仅仅是为了表明，原来祖先的祠堂、公共堂屋是很好的，可惜被本村的子弟破坏了。

左侧为丢失了一块窗花的窗户
右侧为丢失了核心内容的砖塑

左侧为已经坍塌的程村书院
右侧为残缺不全的屋檐木雕

当然，偶尔也会有村民讲出一些与众不同的精彩故事。例如，关于南塘村旁的水井，即有一位村民讲起它很神奇。他说，程村建村后，第一代至第五代人都是在村前的鱼塘里取水用。后来，五世太公很懂风水，刚好某年碰上大旱，鱼塘里也没水了。太公便选了几处风水宝地，组织族人合力打井。但是，他们在村边四周一连打了十多口井，却没有一口井出水。旱情越来越严重，太公很着急。突然有一天晚上，太公梦见有神仙告诉他，第二天正午在村前的坪地挖三丈就能找到水源。第二天，太公果然挖到了一口水井，水很大。在场一起听故事的年轻村民，对之很不以为然。有两个年轻人指出，这完全不合乎逻辑和当地的情况。其一，既然太公很懂风水，却选不到一块好地可以打井，还要神仙托梦来指点。其二，当地四周水网密布，随便哪个地方打一口几米深的井都有地下水，不可能几代人都喝鱼塘里的水。但对很多村民来说，重要的似乎不是祖先的故事是否符合逻辑，而是它背后的知识是否符合他们的“常识”。讲故事的老人说：“连人家《栖市日报》的记者都觉得故事很好，你为什么觉得不好？”另有几个村民则表示，这个故事他们原来还真没听说过，不过，“事情具体的细节真不真都不要紧的啦。风水、神灵这些还是要信一点啦”。

一些年轻的村民认为，“古村落”要说有多古，当然是越古老越好。但是，如果“古老”本身不能换成钱的话，再怎么“古老”也没有用。尤其是，当村干部认为“古村落”没有人居住不适合开发旅游，而动员一部分群众重回“祖屋”居住时，无一例外地遭到了抵制。村民纷纷表示，“祖屋”其实不适合人住。例如，“祖屋”都很潮湿，采光条件不好，房间太小，楼层太低，木质楼板常落灰，瓦顶易漏雨，等等。有年轻人直接就说：“神经病！原来没本事，穷，技术也不发达，没办法才住那样的房子。现在好不容易盖了新房，谁还去住那老房子啊？”

我经常碰到村民，一开始说“古村落”开发旅游的事情，慢慢就将话题转移到关于当下经济状况的讨论。例如，在南塘自然村晒谷场的榕树下，一个叫程南山的村民曾跟我很详细地计算过程村“普通农民”的收入。

程南山说，他家的水田面积在程村算中等偏上，[①] 全家共约 1 亩水田、4 分旱土。他种了约 4 分田的水稻，基本上够两夫妇的口粮（子女中专毕业后分别在广州和深圳工作），剩下 6 分水田和 4 分旱土全部种蔬菜，除少量自食外均拿去渡桥圩镇卖。在市场价格较好时，他家每年能从水田、旱土里得到纯收入约 1 万元（含涉农补贴），不好时只能赚 4000 元左右。他家另有山地约 5 亩，种植砂糖橘，市场价格较好时，每年约能得到纯收入 5000 元，不好时不到 1000 元。在开销方面，程南山表示，他家在村里算比较节约的，仅比一些老年人家庭稍好一些。但即便如此，其家庭日常开支也每年约需 1.2 万元以上（他不吸烟，如吸烟，通常程村男性每天要 5 元左右烟钱），人情往来开支约需 1 万元，医药开支要 1000—2000 元。如此算来，即使在农作物市场价格很好的年份，其涉农收入仍只能达到家庭开支的一半不到。因此，夫妇中至少让一个人外出打工半年左右（以珠三角地区“普工”月工资 2500 元左右做参照），仍是必要的。而在此前，其子女尚未参加工作时，开销就更大。他

① 截至 2013 年底，程村土地面积 9580.5 亩，其中水田 584.4 亩、旱土 366.75 亩，全村 3100 余人，人均水田不到 2 分、旱土约 1 分。但各户之间的水田数量差别很大，原因有三：其一，由于 1982 年“分田到户”是以生产队（后改为村民小组）为单位、以 1962 年“三权四固定”时的土地面积为依据，各村民小组之间的人均水田数量并不一致。其二，2000 年前，各村民小组每隔 5 年重新调整一次土地，因死亡及外嫁、升学等原因销户或户口外迁者，其家人将其田退出，因娶进及生育增加户口者重新平均分配前者退出的土地。2000 年后，因“增人不增地、减人不减地”政策执行越来越严格，村民小组不再调整土地，各户间因人口增加、减少，人均水田变得更加不均衡。其三，东河自然村部分村民小组因征地，已完全没有水田。

表示，“如果不是亲戚帮忙，我们农村家庭这点收入哪里供得起他们读书啊”。

由此，将“古村落”开发成旅游景点，对程村“群众”还是有吸引力的。我在村里常碰到有村民提起：“镇里不是说要开发旅游吗？怎么说了这么久了也没见动静呢？”可是，另一方面，他们也很清楚，“古村落”旅游开发不是那么容易的事情。甚至于，也有些村民“刮凉风”（程前进语）：

（村民戊）你以为天上有钱掉啊？靠老祖宗留下那几间老屋就够“两餐”（过生活）？

（村民己）说的也是。要是冇钱赚，哪个老板愿意来投资？冇可能有“活雷锋”为了帮我们赚钱来投资的。

（村民庚）估计啊，这些当官的也就是说说啦，可能就是个面子工程，你们还真以为这些老房子还能换成大把钞票啊？

还有一些村民则提议，如果“古村落”确实有开发成旅游景点的可能性，投资的问题可以由程姓同宗兄弟们自己筹集资金来解决。但这一说法马上就遭到了其他村民一系列的质疑：

（村民辛）这可不是捐一点点小钱过家家哦。那么多钱，哪能齐心协力筹集得起来？

（村民壬）是啊，协调组织不容易。就算是真能筹集得起来，怎么个弄法也是大问题。你说要这样搞，我说要那样搞，他又说要按他的主意搞，结果可能什么都搞不成。凡是人多的事情，都不好搞。

（村民癸）要是放在新中国成立前，还是有可能的，“族老”们商量好了怎么办，大家就怎么办啦。要是毛主席那个时候，也好办，干部发了话，大家就遵照执行，个别的人，就算你不愿意，你敢反对吗？现在就难啦，一个人一条心，各家各户，各自有打算。我们想搞，手中没钱，有钱的，像（程）守义那样，对宗族的事情又热情不高。

（村民辛）热情高也冇办法，人家（程守义）的钱也不是捡来的，不能乱投资的啦。要是你，你也要按市场经济规律办事啊。赚不到钱的生意，光（仅）说是姓程的事情，你会愿意投一大笔钱吗？那就真的不是投资啦，只能叫捐款，只当做善事啦。要是你，可能给个千八百（1000元以下）冇问题，多了可能也不行吧？

程村人关于其祖先的故事以及“古村落”的讨论，自然还远未结束。但这些，在镇、村干部那里似乎并不太重要，它们只是部分“群众意见”，太普通，缺乏见地。用文质彬的话说，“否则就不叫群众了”。

不过，对我而言，却正因为程村“古村落”的事情，认识了渡桥镇、程村各式各样的人。他们的面容经常浮现在我的脑海，在这个急剧变革的时代里，它们常常显得很不“自然”却又超常“逼真”。凭着所谓“专业”的“有色眼镜”，我能捕捉、勾勒出这些“脸谱”，贴近他们的心灵吗？

第二章　老派干部

一、出头

2013年国庆节期间，我去程村调研，曾和程守德开了个玩笑："你们村这么多人，这么多事，简直够写一本《史记》。"程守德即说："那（程）成仁和（程）守义两个应该要写本纪。"我相信受过高中教育、当过中小学老师的程守德，其体会应该具有相当强的敏感性。至少在当代程村中老年人心目中，程成仁、程守义的人生故事的确具有某种象征意义。

程成仁生于1922年。此后是一个战乱的年代，程村人先受了桂系、粤系军阀混战之苦，之后，受过日军直接侵略，再后又遇上了解放战争。在当今的程村人用语中，解放战争是"革命"的年代，不少村民会说起某"革命烈士"的故事。但我后来查知，这位"烈士"乃是大革命时期的农会主席，牺牲于1927年，1950年7月被追认为烈士。老年村民能记起的与国民党军人的"斗争"似乎只有一次，即1948年有一支"中央军"驻扎在程村。一个士兵起夜不小心掉在水塘中淹死，该部队捉拿了几个村民，准备将其作为"地下共产党"杀掉。之后，"族老"们想办法联系上了一个出生于程村、在国民政府广东省法院任职且兼任某大学法学教授的人，出面斡旋才将几个村民解救下来。

程成仁本人也承认，"新中国成立前没参加过革命活动"。至于细节，他不愿意多提。

其他不少老人则提及，程成仁“解放前”算不上“革命”，但其家境倒确实很贫寒。他们记得，程成仁曾是渡桥圩镇“互励赌坊”的伙计，负责端茶倒水和看门。与他一起当伙计的还有三个人，都是程村人，四人“桃园结义”、以“兄弟”相称。其中，有一个叫程立国，与程成仁同属江北自然村，但在宗族排行中，他们本应为“叔侄”关系。四人之所以去赌坊做伙计，主要乃是因为家中无田可耕。但有老年人认为，这中间也有好逸恶劳的成分，“否则为什么不去租田种？”同时说，“这些事情在上世纪六七十年代的时候就说过的啦，只不过那个时候他红运当头，是红人，别人拿他没办法啦”。

1950 年，程村的政治主角不再是“族老”，宗族色彩很浓的保长、甲长也已靠边站。在新的国家政策下，渡桥的乡政府开始给在村庄中地位低下的小姓、穷人“撑腰”。江北自然村的陈新担任了程村农会主席，并前往桐城经简单培训入了党。陈新负责的第一件事情是“分配劳动果实”，将原地主家和宗族共有的房屋及其他财物（不含土地）分配给家庭贫困者使用。1951 年夏天某晚，江北自然村一些村民坐在祠堂门口、梧桐江边的榕树下乘凉。一个叫程成六的村民和人议论，并怀疑陈新在“分配劳动果实”时有谋私的行为，恰好被陈新听见（也有村民后来回忆，估计程成六等人就是故意说给他听的）。陈新与之争论之后大呼“冤枉”，并于当晚上吊自杀，以证“清白”。程成六等几个参与议论的村民本也是贫农，渡桥乡干部将之批评教育了一通，未做实质性处理。

由于在互励赌坊跑腿，接触数字的机会比较多，程成仁虽然只读过两年书，却也会一些简单的算术和文字。他是陈新在“分配劳动果实”时依靠的对象之一，协助陈新登记财物。陈新自杀后，程成仁被推到了程村的“前台”。在“土改”工作中，除了梧县驻程村“土改”

工作队之外，程成仁成了程村最核心的人物。据不少老年村民回忆，程成仁确实有一定的管理能力，虽然文化程度不高，但各项工作都开展得还比较顺利。在接下来的“合作化”运动中，他的特长再次发挥了优势，渡桥乡的领导对他比较满意。程成仁于 1955 年入党，并于 1956 年和 1957 年分别被任命为程村大队长、大队支书。

在程成仁正式成为程村的“一把手”之后，曾安排陈新兄长的儿子陈林担任江北生产队队长，安排程立国为记工员（后改为会计）。由于陈林本人家境贫寒，且不少社员对陈新自杀的事情颇感惋惜，所以对陈林任队长并无异议。但他们对程立国任记工员，却有些议论，认为程成仁特殊照顾他的结拜兄弟。程成仁在群众大会上公开批评过这些讲“坏话”的社员，并为自己辩解：其一，“结拜兄弟”“宗族叔侄”等说法都是封建社会那一套，他从不搞那一套；其二，他和程立国关系是比较好，他信任程立国，那是因为他们都是贫农，有阶级感情；其三，他推荐程立国是出于公心，属于“举贤不避亲”。之后，他另外两个结拜兄弟也在南塘、北塘生产队担任了记工员。

也就在此时，普通社员开始对程成仁“敬而远之”，“他出头了，好像高人一等”（程守德语）。他们对程成仁担任干部的权威毫无异议，但原来程村人那种以宗族排行称呼人的习惯，在程成仁这里已悄悄改变。“大家叫他支书，不再叫‘阿几、阿几’或者叔、伯。表面上是尊重他，实际上是有点怕他”①。

此后，程成仁与普通社员的隔膜越来越深。在 1957 年“反右”运动中，程成仁认为程成六等几个村民说“坏话”导致了陈新自杀，

① 程村人在使用宗族同辈亲昵称呼时，会以“五服”以内的关系，将所有同辈男性排序，以“阿 + 序号”相称，如“阿二”。有时为做区分，以“地名或其他地标 + 阿 + 序号”相称，如“大榕树西阿二”。即便如此，也只有非常熟悉说话人亲属关系，方知其所指。

属于“坏分子”。程成六等人随即被“打倒”，先在生产队群众会议上做检讨，随后在大队的群众大会遭批斗。在日常劳动中，作为“坏分子”的程成六也处处低人一等。例如，在生产队领取劳动工具时只能等别人挑完再领。除此之外，程守德的妻子程菊在江北生产队也受歧视，理由是程守德在相邻公社的山塘中学担任代课老师，属于“整天跟右派混在一起”的人。而据程守德本人后来讲，“按照当时的政策”，他这种没有被划为“右派”的人，应该不属于“运动对象”。但程成仁坚持这一点，于是高中毕业的程菊失去了任何评“先进”和担任干部的机会。

1958 年，程村农业丰收。同时，渡桥人民公社开始推行“人民食堂”政策。程成仁因工作成绩突出，被吸收为国家干部，开始“吃国家粮”，担任渡桥公社所辖企业——鹅场场长。接替程成仁担任程村大队支书的是原大队长程立方（南塘自然村人），来自西溪自然村的一位梁姓村民任大队长。

程立方和梁大队长接手程村之后，除了要搞好农业之外，还需落实“大炼钢铁”等“大跃进”政策。程村山林被大肆砍伐，树木源源不断地通过刚开通不久的公路外运，无偿支援外地建设。同时，“浮夸风”也刮到了程村，上报给渡桥公社和梧县政府的水稻亩产量越来越高。梧县政府组织了干部到程村参观。据程成仁回忆，程立方和梁大队长手足无措，曾向之讨教办法。程成仁建议说出实情，程立方和梁大队长却拿不定主意。后来，在公社干部的“指导”下，程立方和梁大队长动员社员将几处偏远水田里的水稻搬到靠近村庄和马路边的稻田。之后，他们调集了全大队的风车，安排人手对着密集的水稻扇风，说是加强水稻通风。此外，还架上了电灯，说是加强光合作用。参观访问团离开程村后，北塘生产队某村民曾当着公社干部的面，与人议论说那些水稻肯定通风不够，会变成“叉烧包”[1]。结果该村民当即因“说社会主义的坏话，打社会主义的退堂鼓，为‘地富反坏右’长威风”，被批斗，并成为“坏分子”的一员。言及此事，程成仁感叹，幸亏他没有出面说出实情，否则肯定也被打成“坏分子”。

“浮夸风”带来了恶果。1960年和1961年，程村大队的农业原本并未减产，但因为被政府收走太多粮食而陷入了饥荒。食堂随之解散。

在这场饥荒中，江北生产队陈林“多吃多占”的行为引起了社员的愤怒。当我在程村调研时，不少老人提及当时的情形仍激愤不已。例如，程守智说当时他还在读小学，有时候跟陈林的儿子一块儿去他家玩，其中有一次就曾见陈林家还有剩红薯喂狗。当程守智试图把剩红薯拿来吃时，被陈林发现并赶了出来，而随后就听到他训斥和打儿子的声音。另有一个村民曾想到渡桥供销社买半斤食用油（需凭票购买），多次求之于陈林想办法拿半斤油票，陈林都答复说，“油票已发完”。该村民猜测，陈林手中一定还“卡”了社员不少油票〔后在1964年的“四清”（清工分、清账目、清仓库和清财务）中被证实〕，因为在普通社员严重缺营养而出现迅速消瘦甚至浮肿等症状时，陈林家的人都没有这些症状。对此该村民在和我聊天时感叹：

> 也怪那个时候太穷了。要是在今天，反正我们老百姓吃饭不成问题了……当时，大家都缺，他们多吃多占，哪怕一点点，立竿见影，我们就少了一点点啊。感觉就是你正饿得眼花的时候，直接把你饭碗里的饭扒到他们碗里去，你明白这种感受吗？

---

① “叉烧包”本为一种粤式点心。在程村方言中，东西因过热、过湿、不透气而变坏，叫“烧包”。这里指水稻不透气将变坏。

程村的饥荒到 1962 年早稻收割后才得到缓解。是年冬，生产队规模变小，江北生产队分为三个生产队。

1958—1964 年，程成仁并没有在程村工作，按说程村的事情应该与他关系不大。虽然有不少村民提及，“他家的营养状况好过普通社员”，但应该也只与他在鹅场任职有关。可我在调研中却发现，很奇怪的是，只有说到某件具体事情时，村民才会说某某怎样（如陈林多吃多占的细节），如果只是笼统地说那时的饥荒，不少人都会说“都怪程成仁”“程成仁当支书那个时候，我们饿得要死”之类的话。程成仁俨然成了“大集体”时期程村干部的象征和总代表。

二、回村

在程成仁自己的回忆中，“1964 年是我这一辈子很重要的一个转折点”。之所以如此说，不是因为其他村民常说的“四清”运动，而是因为这一年他被再次派到程村担任党支部书记。他说：“否则，我就会继续在鹅场工作，鹅场撤销了，也会把我安排到其他岗位上，总之是继续吃国家粮，不会再做农民啦。”

该年，程立方被狗咬，不久因狂犬病发作而死，梁大队长也长期生病。于是，渡桥公社让程成仁回程村大队主持工作，让“四清”运动中崭露头角的程守义担任副支书，另有一位叫程成功的村民担任治保主任。同时，还有一支由广州某大学的两位老师和梧县一位干部组成的“四清”工作队驻扎在程村。

在程成仁看来，程守义是“四清”工作队一手扶起来的年轻人，群众基础没有他牢靠。程成仁曾多次让程成功从旁递话，让程守义做工作要扎实点。程守义则认为，程成仁水平不够。另外，一些群众认为程成仁与“四不清干部”[①]有或多或少的联系。而程成仁则认为，这可能是程守义在背后捣他的鬼。程成仁在晚年回忆此番与程守义的合作时，说道：

> 那个时候，他（程守义）年轻气盛，很“马列”[②]的，程村抓了不少“四不清干部”……有一次就在我们江北生产队开群众会，（程）守宽就说：“陈林这样的人，当初不就是程成仁提拔的吗？”我就觉得是他支持（程）守宽捣鬼的。我说：“那人家（程）立国也是我提拔的啦，人家怎么没有问题？”
>
> （我问：真是程守义支持程守宽那么说的吗？）
>
> 他不承认。那个时候他不承认，现在还是不承认。他说“没有”，（程）守宽也说“没有”。但（程）守宽思想上是跟他站一队的，这个是肯定的。

这里说的陈林，即原江北生产队队长，在“四清”运动中被查实伙同该生产队保管员多吃多占粮食过千斤。此外，更让社员气愤的是，他将本来应该发给群众的油票，“卡”了一部分在自己手中，他自己用不完又怕被人发现，竟然将它们烧掉。程守宽、程守智后来在回忆中感叹道：“自己多吃多占，终归还能理解啦，肚子饿嘛。他用不完的，宁愿烧掉也不给我们，就太过分啦。”陈林被解除职务，并被勒令退赔生产队的粮食，但并未如程守宽、程守智等社员所想的那样被开除党籍。

正是在陈林被查之后，程成仁重回程村大队当支书。他给程村大队带来的新政策是：“问题在干部、根子在敌人，要重点防范和打

---

① 指在工分、账目、仓库和财物上有问题的干部。

② 在这里，意思与“左”相近，但“左”的贬义色彩更鲜明。

击‘地富反坏右’破坏社会主义。”程成仁自己当然没有权力制定政策，而且同时执行新政策的还有“四清”工作队，但不少社员却将这种变化，看作是程成仁回程村大队当支书的结果。例如，程守智就认为：“他回来当支书了，就救了陈林。他（陈林）是他提拔上去的啦。你看他对别人，就很左的啦。”

关于程成仁在“四清”中的“左”，不少村民都提到过“吹黑灯”的故事。

“吹黑灯”是一种打人的办法。最早发明“吹黑灯”的人，据说是渡桥公社的干部，3—5个干部在与“地富反坏右”谈话时，其中有人吹灭煤油灯，然后殴打谈话对象，事后被打者也不知具体被谁所打。用程村人的话来说，如果知道是谁打的，往后还可以防着点，“吹黑灯”就是让人“防不胜防”。最早把“吹黑灯”用到程村“四清”工作中的，据很多村民说，应该是程成仁，因为他在公社工作过，知道这一套办法。但程成仁并不承认这一点，在跟我聊到此事时，他说是当时的治保主任程成功想出来的办法。不管如何，程村人对“吹黑灯”有一种恐惧感，尤其我在江北自然村曾访谈过几个挨过打的村民，都说怕挨打。其中一位说道：“能不害怕吗？被打了几次，后来见着干部就有点怕，躲得远远的。平时做事小心又小心，免得被抓到把柄。”

在今天村民的回忆中，程守义可能是唯一没有参加“吹黑灯”的大队干部，而程成功则确实经常参加。但每说到程成功，以及程成仁否认曾“吹黑灯”打人时，村民都认为，主要原因是程成仁“左”，他是支书，程成功最多只能算他手下。

程成功有两个哥哥，但当年他们关系并不好。据他大侄儿回忆：

（当年）这个阿叔看不起我们家的，觉得我老窦（爸）太老实，没用。对我阿伯也不好。他一表人才，又是党员，当治保主任，你想想多威（风）啊？

我老窦和阿伯开始对他还是很好的啦，大人不记小人过啦。都是兄弟，总得操心他的事情啊。给他说亲，很多人愿意做媒，很多人愿意嫁给他。他就是不要，挑来挑去，最后就耽误了。条件好的够（得）不到，条件差的他看不上。他以为当官能威（风）一世。

从“四清”起，程成功就成了程成仁的“好搭档”“好助手”（程成仁语）。但在普通社员，尤其被“吹黑灯”的人眼里，他却是程成仁的“跟屁虫”“好打手”。

因为陈林多吃多占的事情，程成仁用人确实不敢再照顾与自己私交太好的人。例如，程立国原本在江北生产队是记工员，后来该生产队分为三个小生产队，他仍只是其中一个生产队的记工员。对此，程立国还曾经对程成仁发过牢骚。但程成仁表示，正在风头上，他也没办法。与此同理，他在南塘、北塘生产队的两个结拜兄弟，因不善于做记工员，1962年生产队规模调整后，被各自所在生产队社员投票、由他人所替代，而程成仁也未发表意见。对此，程成仁回忆说：“当时在（公社）鹅场，（程村）大队的事，我插不上话……年轻的时候，关系是可以，后来也淡了，时代不同啦。”

不过，1965年，程成仁确实又照顾了程立国一次。该年征兵时，程立国的长子程成恒体检合格，但由于程村大队体检合格的青年多达20余人，而武装部给的指标只有5人，在从中做选择时，政治出身成为首要条件，可除去10来个“中农”子弟之后，仍存在竞争。此时，程村大队党支部的意见变得十分重要。程成仁为程成恒争取到了这个机会。

同年，“四清”运动的内容发生了重要变化，由“清工分、清账目、清仓库和清财物”变为“清思想、清政治、清组织和清经济”。

按照程成仁的理解，重点应该是“清思想、清政治”，因为“清经济没什么可清的了。原来的‘四不清干部’，该清的都已经清过了，后面不会再有什么人有经济问题的”。“四清”工作队仍驻扎在程村大队，但除了隔三岔五地组织开会搞政治学习，以及时不时把原来已经批斗过的“地富反坏右”再批斗一番之外，没再另外抓人。在我调研过程中，只有少数人还记得，有一次“差点抓人”。

这次事件起因于第一生产队的一片山林（含旱地）。1949 年前，这片山林属于程姓宗族某房的“太公山”，其成员包括江北自然村一部分村民（这部分村民后来属于第一生产队，但第一生产队还包括原来其他房的宗亲）。不过，这片“太公山”并未埋葬过祖先。在“大跃进”时期，江北生产队（后为第一、二、三生产队）社员在山林中开垦了 2 亩多旱地种红薯。1965 年，身在第三生产队的程成仁认为，该山林位于第十生产队（属南塘自然村）的山林中，是一块“飞地”，不便管理。于是，程成仁提议将该山林划给第十生产队。这个决定引起了第一生产队社员的不满，身在该队的程守宽在江北自然村祠堂（时为第一、二、三生产队办公室和仓库）门口，当面大骂程成仁“神经病”。程守宽质问程成仁（回忆语）：“为什么要把一队的山、土划给十队？你自己又不是一队的，凭什么划？凭什么不经过一队社员同意就划？”两人发生激烈争执之后，程成仁认定：程守宽就是个“坏分子”，思想上、政治上有问题，要抓起来。并且，程成仁翻出“旧账”，说程守宽一年前在陈林“四不清”的问题上，就“说过组织的坏话”。

不过，在程村大队支部会议上，程成仁将程守宽作为“坏分子”批斗的提议，遭到了程守义反对，最终不了了之。对此，程守义回忆道：

当时他（程成仁）说要处理（程）守宽。我就说，（程）守宽这个人我还是知道的，脾气是差一点。不过，就算是顶撞干部，主要也就因为脾气差一点，政治上还是可靠的，不会是坏分子。再说，本来现在的政策也是提倡“三级所有、队为基础”嘛。他为他们生产队争，又不是为他个人的事争，而且也还是有依据的，不是乱来的啦。当然，大队应该也有这个权力，小小调整一下（山林权属），我不反对，毕竟还是“三级所有”嘛，大队也算一级啦。

就这件事情，在我调研过程中，程守宽曾评论道：

他（程成仁）是不该从公社（鹅场）回来的。原来威信很高的啊，就算得罪人也是小事，过了就过了，大家都不计较了。“四清”就真的开始得罪人了，这个时候就不是小事了，都是真刀真枪地批斗啊。有些人气量大点，后来也不计较了，但有的人气量小点，就计较了……你要说（他）人很坏，也说不上，就是太老实、太左，上面说什么他就做什么。你说这个“四清”啦，他不去批斗那些“四不清”的干部，却来拿我们这些普通社员出气，有什么意思？不会做人。

三、当权

1966年，“四清”工作队从程村大队撤走，政治纷争进一步升级，“革命积极分子”纷纷宣称自己“革命”，而别人则属于“保守”的“保皇派”。在渡桥公社及附近地区，人们总体上分成了“东风派”和“红旗派”，前者寓意“东风压倒西风”，源自“不是东风压倒西风，就是西风压倒东风”的“革命”口号。程村大队的农民普遍宣称自己属于“红旗派”，其中也包括程成仁这样的干部。与程村大队一江之隔的渡桥圩镇属于渡桥居民大队（后改为居委会），居民是城镇户口（但 1956 年后嫁入该大队的农村籍妇女仍为农村户口），在这场运动中多数人宣称自己属于“东风派”。此外，渡桥公社干部也大体上属于“东风派”。

程成仁在“红旗派”与“东风派”争论中，基本上很少发言。至于公开的活动，他更是从不参加。这使得不少“红旗派”的人认为，程成仁只是嘴巴上说自己是“红旗派”而已，实际上是个“两面三刀”（当面一套、背后一套的人）。例如，后来成为渡桥公社“红旗派”头头的程守义至今都认为：

> 那个时候，（程）成仁只想当他的官。他是最实际的，上面是什么立场，他就什么立场。公社干部都是“东风”（派）的，他当然跟着他们走。但是在程村，他又没办法，只好说自己是“红旗”（派）的。

程成仁本人对此回忆道，他其实对派别纷争没兴趣，但“人在江湖，身不由己”。他说：

> 我是大队支书，整个大队的人都说是“红旗”（派）的。我能说不是吗？（如果说不是）领导工作怎么做啊？冇办法啊。公社领导都是“东风”（派）的，我在工作中也不能跟领导顶啦，也冇办法啊……生产不能停啊，生产还要抓啊。那我就只好尽量不说话啦（不参与派别斗争），只抓我的生产啦。

1967 年 7 月 16 日，“红旗派”与“东风派”在渡桥圩镇发生武斗，程村大队被枪杀一人。事后，程村“红旗派”的几个积极分子筹集了一点油票、布票给其家人，以作“革命补偿”。程成仁对此没有表示。

不久后，在“革命大联合”的口号下，程守义被调到梧县革命委员会（简称“革委会”）任职，在程村大队党支部只兼职副支书，不再实际分管工作。此时，新上任的大队长、来自东河自然村的陈卫华资历和工作能力都较弱。在程村人的印象中，“（程）守义去梧城后，程村大队就彻底成了（程）成仁和（程）成功的天下”。

可是，程成仁发现，社员管理起来不是比原来更容易，而是更难了。在他的印象中，在“大跃进”之前他当支书时，敢质疑干部管理的社员，甚至敢于在背后说“坏话”“怪话”的社员少之又少。而从他第二次做程村大队支书起，讲“坏话”“怪话”的社员比原来多了很多，尤其是因“停课闹革命”回家劳动的年轻学生，“怪话”很多。对此，程成仁回忆道：

> 他们有些文化，看不起我们这些老干部。读了点书，有点文化，就喜欢讲怪话，拐着弯骂人。也有些人不是因为书读多了，就是喜欢讲怪话。那个时候，都要服从管理的，天天有人讲怪话，怎么行？会扰乱军心的啦。

于是，在当今中老年程村人的记忆中，这段时间程村出现了一个“上龙眼树”的新的整人办法。它指的是在南塘自然村南面的大晒谷场上，开“千人大会”（大队全体社员会议），批斗讲“坏话”“怪话”的人。当时，晒谷场旁边有一棵大龙眼树和两棵大榕树，树根所在之处地势较高，相当于一个舞台。通常，程成仁、程成功等大队干部坐在榕树下，然后让被批斗的人站在旁边的龙眼树下，接受批斗。

我从不少村民口中得知，被程成仁、程成功批斗多次但“屡教不改”的程南山，“是一个很有意思的人”。为此，我专门和程南山聊过几次。讲起当年的“斗争史”，程南山说道：

我那个时候很调皮的，小错不断，大错不犯，他们（程成仁、程成功）也拿我没办法。第一次“上龙眼树”，是因为我讲“怪话”。我当时也是……人家是“吃饱了撑着”，我是没吃饱“撑着”。就在榕树下乘凉的时候编了句顺口溜：“（政治运动）就是好，就是好，就是吃不饱。”结果被（程）成功听到了，他就把我告到（程）成仁那里，第二天晚上就“上龙眼树”。他们要我承认攻击（政治运动），我说，“没有”。他们要我承认错误，我说：“我确实吃不饱。你们吃得饱吗？人在屋檐下，不得不低头。承认错误可以，下次不犯了。”

后来又有几次编顺口溜。有一次是说（程）成功没文化。他在大队部拿着报纸看，说：“呃，这条火车‘顶盖’（怎么）飞起来了？”其实是他把报纸拿倒过来了，他一个字都不认识的啦。好多人都把它当笑话讲。我就说，“文盲会打（肿）面（脸充胖子），火车会顶盖”。他又拉我“上龙眼树”，说我阿叔是个右派，我被右派分子教坏了，说话阴阳怪气。我就说，“你也是我叔啊”。好多人都在笑。他生气，说“我冇资格做你的叔”。

其实，在宗族关系上，程成功是程南山未出“五服”的叔叔。在程村人看来，这种关系还算是比较亲近的，晚辈常会以“叔”相称。但程成功所说程南山的“右派叔叔”则另有其人，其名为程成邦。

程南山的父亲叫程成友，生于1912年。程成友的弟弟程成邦生于1925年，他们是程村人记忆中“手足情深”的典范。1932年，兄弟俩父母双亡，家境破败。程成友靠给人做长工抚养程成邦。此后，程成友学会做裁缝，在渡桥圩镇开了一间小铺，靠微薄收入支持程成邦读书。当程成邦13岁在渡桥小学毕业时，程成友已26岁。据说，在当时这已经接近结婚年龄的“警戒线”，错过这个时间将很难再结婚。所有亲友都认为，程成友已经算是读了很多书（据说当时一般男性村民最多只能读书 3 年左右），于是劝程成友不要再送程成邦读书，而该考虑婚事。但程成友推掉了所有说媒的亲友，坚持送程成邦到桐城读初中、高中，直到其参加工作才开始考虑成家。此事确如亲友所料，程成友相亲十分困难，34 岁方结婚，且婚后又因妻子病逝而单身过了数年。1949 年，程成友再婚，于 1950 年生得程南山。

程成友还曾在国民政府时期担任过程村“维持会”会长一职。1954 年，因听到有风声说政府要追查此事，程成友只身逃往香港。程成邦在家境极其困难的情况下，抚养程南山，并接济其多病的母亲。1957 年，程成邦与妻子在桐城某单位被划为“右派”，后又被调往广州，自身难顾。但此后，他们仍抚养了程南山，并供其读书至小学毕业。1963 年，程南山的母亲前往广州看病，逝于程成邦家，程成友至广州办理丧事，未回程村（后于 1972 年病逝于香港）。

1964 年，程南山小学毕业并在生产队参加劳动。程南山长大成人后，程成邦夫妇曾多方托人给程南山说媒。但因其家境困难，政治出身不太好，尤其是还多次“上龙眼树”，此事竟毫无进展。对此，有一位村民回忆道：

> （程）南山这个人说话是有点小小的油腔滑调，从正面来说就是有点小幽默，但人是个老实人。（程）成功与他本来是自己人来着，但抓他“上龙眼树”的就是他（程成功）。他们同我们不是一个队的，连我们都看不下去。当时好多人就讲，可能（程）成功自己“嗯哒”[①]，结不了婚，就让别人也结不了婚啦。你想想啊，你家里本来就穷，还经常“上龙眼树”，那个年

① 意指“不行”。此处暗含“性能力不行”的讽刺意味。

代谁愿意嫁给你啊？……哎呀，做人不能做“太绝”啦，而且是（对）这样的“苦命”人。要说讲“怪话”，那个时候发牢骚的人多着呢，为什么就偏偏喜欢整他这样的人啊？欺软怕硬嘛。没良心的。

当然，也有村民认为，这位村民的说法有些偏见。据他们描述，程成仁、程成功他们并不只是专门针对程南山，而是一旦在做工作中遇到阻力，就“都凶巴巴的”。例如，不少村民都曾给我举到一个典型的例子，说1977年程成仁、程成功在落实计划生育政策时，就格外显得高调，比周边其他大队管得严。1979—1980年程村大队计划生育工作推进迅速，稳居渡桥公社第一位，被当作先进典型表扬。

此外，不少村民认为，政治运动本来应该是针对所有人的，但程成仁、程成功这样的干部没有受到任何影响，相反政治运动加强了他们的权威，以及以权谋私。例如，他们举例子说，程成仁照顾程立国的次子程成信参军。1968年，程成信参加征兵体检合格，因体检合格人数远远大于征兵人数，程成仁跟程立国和程成信谈话，说前几年已优先考虑了程成恒参军，这次让程成信让一让。1969年底，程成信再次参加征兵并体检合格，遇到的情况仍是体检合格人数远远大于征兵人数。这次，程成仁优先考虑了他。对此，程守德曾评价道：

他（程成仁）还是很照顾他的结拜兄弟的。你看，程成恒、程成信两兄弟当兵，都是他开的后门。另外两个结拜兄弟呢，他也照顾了的，但是那两个是扶不起的阿斗，没结果。这个事情，当时就引起了很多人议论的。

对于“开后门”之说，程成仁表示不认可。他说，“这是政策范围内允许的”。而且，他认为程成信平常表现好，政治可靠。他还曾给别人举例以证清白：他儿子文化程度不够，他就没去走后门，因为凡是政策范围外的，他都不会违反规定去走后门。不过，不久后人们发现，1972 年程成仁为其子程守望在渡桥供销社谋了一个没有编制的售货员职位。而在当时，这是令人极其艳羡的工作。

在对待子女婚姻问题上，程成仁既有传统父亲的威严，又有“革命”的特色。两个女婿和一个儿媳妇，都由他“拍板”确定，标准是“根正苗红、为人老实、忠诚可靠”。结果三个子女的对象家境都较贫困，个人能力也一般。

四、困顿

1981 年，程成仁从程村大队支书位置上退了下来。据村民说，其原因是公社干部觉得程成仁已经不再能跟上形势。与他同时“下台”的还有程成功。但据程成仁本人说，是他自己不愿意再干了。他说：

> 当初“合作化”就是我手上搞的，这个时候又要在我手上把田分了。我不想再搞这么多事了，搞来搞去都是公家的事，得罪人却是我个人的。既然搞单干，就像个单干的。公家的事情，就让他们年轻人去做吧。后来他们就让陈卫华做支书。陈卫华对分田的事情很积极的。我推荐程成信做了副支书兼治保主任。他参军回来后就在大队工作。

1982 年，家庭联产承包责任制在程村推行。1983 年初，程村大队改为村委会，下属生产队改为村民小组。

与其他村民类似，“分田到户”后，程成仁开始专注于自家 5 分田、3 分地。在开始几年里，程成仁依靠种田、种地确实过上了比周围村民稍好一点的生活。据程成仁自己回忆：

那个时候无官一身轻，集中精力搞农业生产，经济（状况）还可以。每年都可以卖些谷，平时还可以到渡桥（圩镇）上卖点菜。谷价、菜价也年年涨，小小赚了点（钱）。（一九）八五年超生了一个孙子，我的崽（儿子）经济差点，超生罚款 200 块是我帮他交的。孙子过周岁的时候，我还买了一台 14 英寸的金星（牌）黑白电视机给我的崽，（电视机）500 多块。那个时候，很少有人有电视机的，而且多数是 12 英寸的，14 英寸的好少的。看电视，人山人海……到了（一九）八八年就不行了，谷价下跌，渡桥粮站都不愿意收粮了。

不过，据其周边村民分析，程成仁“致富”的原因更复杂一点。有村民总结道：

刚开始（单干）的时候，他（程成仁）过得还算不错。一方面，他们两公婆（夫妻）干活确实比较勤快，每天早出晚归。另一方面，（他儿子程）守望已经结婚，两个女儿也嫁了，没什么家庭负担啦。两公婆吃饱全家不饿，身体也还可以，没多少要花钱的地方。不像我们，小孩读书，家里老人生病，开销很大啦。另外，（程）守望在供销社工作，能帮他搞到计划内平价化肥的啦，（而）我们这些没关系的人呢，分到手上的平价化肥指标少得可怜啦，主要都靠（计划外的）议价化肥。那个时候，同样的化肥，两种价格差一倍多啊，（议价肥）太贵了，买不起啊。他不仅有（充足的）化肥种田，还用化肥种菜呢，你说多厉害啊？多奢侈啊？

1990—1991 年，程成仁还曾经尝试养母猪。原因是他认为粮食价格下跌，直接卖粮食划不来，而如果选择养猪的话，不如养母猪、卖猪崽，这样利润更高。但是，程成仁没能料到，利润高的事情风险也高。1990 年，他家养的母猪在产崽之后，连同猪崽患上了“五号病”[①]。之后，在渡桥镇政府[②]的要求下，他只得将母猪和猪崽埋掉。对此，他回忆道：“我很老实的，政府说要埋掉就埋掉啦。另一个原因呢，我的是母猪和猪崽，也确实卖不出去，人家一看就知道有问题啦。有的人家里养的猪，也有偷偷在市场上卖掉的，看不出来……老实人赚钱不容易。”

1990 年的打击对程成仁而言非同一般，为此他亏掉了家里的所有积蓄。但他认为，瘟疫不会年年都有，第二年继续养，应该能赚钱。于是，1991 年程成仁找亲戚东拼西凑借了点钱，又养了母猪。这次他十分小心，先专门请渡桥镇兽医站的技术人员上门给猪圈消过毒，中途又请技术人员做过几次检测。是年冬，程成仁饲养的母猪顺利产崽。但这次他又亏了，原因是猪肉、猪崽价格大幅下降。从此之后，程成仁没敢再养母猪，每年只养一头普通的肉猪。在程村人看来，养母猪算一种投资，可以赚钱。而每年养一头肉猪，只能算“聚钱罐”，意指将平时的剩饭、剩菜当作小钱聚集起来，最后一次性取出来用，但赚不到钱。

1992 年，渡桥镇供销社出现了人事变动。程守望因不属于固定在编人员，被供销社辞退，回家务农。程成仁对此十分失望，他很后悔当初选择让儿子进供销社。与自己儿子当年进供销社形成鲜明对比，梧桐江改道工程结束后，邻居家的儿子于 1979 年进了水利站。他虽然同样没有固定编制，此时却不仅没被退回家务农，工资

---

① 由口蹄疫病毒所导致的急性、热性、高度接触性传染病。

② 1985 年 4 月，渡桥乡改为镇。

还节节攀升。不过，程成仁又认为，这事情也怪程守望自己小时候不愿意读书，成绩很差，初中未毕业，而邻居家的儿子至少初中毕业了，搞水利毕竟要有点文化。但程守望的想法却不同，他认为，首先，小时候成绩差是父亲管教不够的结果，其次，即使初中没毕业也可以进水利站，关键是父亲没文化，所以没眼光。

此后，程成仁不再有买平价化肥的优势，同时因儿子失去了固定工资，开始常向他“伸手”（要钱）。程成仁说，“感觉一下子压力又大了起来。他（程守望）务农不行的，很多年没搞过农业啦。两个孙子读书要钱，他都拿不出来。孙女成绩也一般，不愿意读书，刚好就去了广州（在餐厅当服务员）端盘子”。

程成仁发现种田、种菜赚钱越来越难。种子、化肥、农药的价格越来越高，钱越来越不值钱，谷价、菜价虽然也在涨，但远远赶不上农资价格上涨和货币贬值的速度。到了 1990 年代中期，靠种田、种菜已经赚不到钱。同时，渡桥镇政府的各种摊派却越来越多。例如，集资建中学、小学的教学楼，集资请代课老师，集资修灌溉水渠等。在名义上，这些统称为“附加”，即收取农业税时附加在其上，一起收取。对于此类现象，程成仁开始越来越多地发牢骚。他认为，集资办教育是对的，但应该是有小孩在读书才集资。也即，找他儿子、儿媳集资有道理，但他老两口也按人口均摊要集资，没道理。至于修水渠，他认为应该采取“公办民助、政府投钱群众投劳”的方式来解决，那样成本会低很多，因为农民有空闲时间，但缺现金收入。程成仁的牢骚没有改变任何事情，只有一些村民开玩笑说：现在怎么连老支书也开始讲怪话了啊？面对村民的玩笑，程成仁却很严肃地说（大意）：

现在的情况完全不像从前。现在这些年轻的官员完全坏透了。你看渡桥（镇）这些干部哪还有点党性？最坏就是这些基层的干部，上面的经是好的，被下面的和尚念歪了。这些人完全忘了本，崽卖爷田不心疼，把好端端的江山弄成这样，不知道原来打江山有多难。

一些经济困难的村民有时会对程成仁的说法表示赞同，但在多数情况下，周围的村民只是把他当成一个“爱唠叨”的角色。他邻居有一次向我形容道：“他家里不行之后，就变得像个‘祥林嫂’一样。他总以为自己是最聪明的，好像还在当支书一样，不知道世界变了。”

程成仁也尝试过做生意，但因为手中没什么钱，一直只能做点小生意。尤其是在1980年代，程成仁见周边不少农民做生意成了“万元户”，曾试图找渡桥镇信用社贷款去桂林贩烟叶，但被信用社主任拒绝了，理由是“上面管得紧”。1995年左右，程成仁又找过他一次，说“现在体制下放了，给我贷个几千块吧”。结果程成仁被告知，“现在坏账太多，只能存，不能贷了”。信用社主任姓王，来自渡桥居委会。在正式场合，村民叫他“王主任”，非正式场合叫他“财神爷”。有村民解释道：

“财神爷”的意思有两层：一是说，他手里面掌握着大把的钞票；二是说，当时生意很好做的，只要有钱做本（资本），做什么都能赚钱。那他不就像“财神爷”了吗？只要他贷款给你，你就能赚钱……光是有钱还不叫“财神爷”，他叫谁赚钱谁就能赚钱，就真是“财神爷”啦。

对于程成仁不能从“财神爷”手中贷到款，不少村民觉得并不奇怪。例如，程守智曾说道：

一方面呢，这个是因为他（程成仁）原来当支书得罪的人

> 太多。虽然没有直接得罪过“财神爷”，但名声不好。大家都不愿跟他打交道的啦。另一方面呢，他也不懂得送礼。人家去贷款都要送礼的啦，他就带两串“香蕉”[①]去，最多递根烟，还是“椰树”[②]（牌）这种档次的，谁理你啊？

程成仁也曾想过从亲戚手中借钱做生意，但因其亲戚本来就比较少，且经济状况也不算太好，以至未能如其所愿。

于是，程成仁只能在周边几个农村集贸市场，每逢圩日做点小买卖。据他自己回忆，利润最高的是贩卖烤烟丝，1980年代一斤烟丝进货价约1元，零售价约为1.2元，相当于一斤猪肉的价格，利润在20%左右。但到了1990年代之后，烟丝价格就不好了，猪肉价格虽有时下跌得厉害，十年间总体上却涨了十来倍，而烟丝零售价只涨了三四倍的样子。也就是从此时起，除了一些老年人外，越来越多的烟民开始抽过滤嘴香烟。卖过滤嘴香烟要办理工商经营许可证，而程成仁觉得如果办一个工商经营许可证只卖香烟的话，也划不来，只好作罢。

除了种田、种菜和做小生意外，程成仁的另一重要收入来源是打零工。打零工当然也赚不到太多钱，尤其是在2000年前的渡桥镇，零工的日工资比较低，从1980年代每天4元左右，到1990年代末也只有每天35元左右。而且，由于不懂什么技术，程成仁所打零工基本上都是体力活。例如，他曾感叹过这么一个例子：1988—1989年，“三茂”铁路渡桥镇路段修建复线工程，程成信曾承包了几个施工便道工程，然后聘请了一些石匠、砖瓦匠分别为之开采石头、砌石墙路基；而程成仁只能干一些挑沙石、挖土方之类的纯体力活，

---

① 意指“两手空空”，因香蕉串形状如手而得此寓意。

② 一种廉价香烟，2015年底在渡桥镇的零售价仍为每包2.5元。

不仅累，工价也比石匠、砖瓦匠低很多。

五、残年

新世纪伊始，政府进行了“农村税费改革”，取消了各种附加于农业税上的收费。几年后，政府干脆取消了农业税，同时提供种粮补贴等涉农优惠。对此，程成仁十分高兴，常称赞道：“盘古开天地以来都没这么好的事情。”如此一出一进的改变，程成仁家一年不仅少交近千元，还能得到200元左右补贴。对绝大部分村民而言，种粮补贴只是一点“零花钱”，但对程成仁而言却十分重要。

究其缘由，乃是从1990年代中期开始，程成仁的身体状况即已变差，每年总要到村卫生室去几回，花上几百元。而此时的村卫生室，和他当支书时合作医疗的大队卫生室相比，已完全是两回事。此时的医生就像“个体户”，以赚钱为宗旨，越来越多地采用打吊针的方式治病，费用较之于1980年代初高了50倍左右，并且有增无减。为了节省开支，1990年代末，程成仁戒掉了吸烟的习惯，尽管此时他偶尔还在渡桥圩镇上摆摊零售烟丝。

2001年以后，种田、种菜比以往划得来一些了，程成仁却因身体日益变坏丧失了劳动能力。除了让老伴种一点蔬菜自食之外，程成仁将田、土都交给了儿子程守望去种。但程守望自家在经济上搞得一塌糊涂，除了给足父母口粮、食用油之外，几乎没有现金可供其花销。可是，程成仁每年需要花在程村卫生室的钱却越来越多。因为没有钱，他常需要在村卫生室赊账。至于医院，他连渡桥镇卫生院都不怎么敢去，遑论城里的大医院。逢年过节时，儿子、女儿前来看望，给“百把几十块”（不超过100块），程成仁即拿去村卫生室还债。此外，也只有在逢年过节儿子、女儿前来看望时，程成仁和妻子才能吃得上肉。这与几乎每天都可以吃上肉的普通村民，形成了鲜明的对比。

2005年，渡桥镇执行广东省政策，开始实施、推广新农村合作医疗。但这一政策并没有给程成仁带来太多直接的好处，因为此政策重在为大病提供保障，而程成仁所得的主要是慢性病，如低血压、长期咳嗽、关节痛等，只是到渡桥镇卫生院做检查时，才有少量报销。到了2010年，程村卫生室的医生已经不同意程成仁本人再赊账。医生专门将程守望叫到卫生室，让他当着几个正在打针的村民承诺，如果程成仁以后再来赊账，就算在他的名下。在这样的情况下，程成仁才又能继续在程村卫生室赊账治病。在最后两年，程成仁的医疗费猛增，几乎全部靠赊账。2013年底，程村卫生室的医生曾向我抱怨道：

> 他（程守望）老窦（父亲）过身之前两年，花了不少医药费，在我这里差不多两万，到现在为止差不多还有一半没结账。他家里搞得稀里糊涂……我也是脱不了情面，那个时候从医，不管怎么说，还是他（程成仁）推荐的。1969年7月。那时他权力大，搞合作医疗，他不推荐，（我）去不了的。当然了，人只要灵活，不去学医，说不定现在做生意，早就发大财了。其实，他赊这么多账，我也周转困难。（村里的人）都是“叔伯兄弟”（宗亲），如果都这样来赊账的话，我早就关门了。但做人要讲点良心，他总归还是帮过我的，现在（后来）这么可怜，没办法，只能破例给他赊啦。哎，人活一世，说不清楚的……算啦，求个心安吧。

在生活日益困顿的情况下，程成仁曾有几次尝试去找渡桥镇的干部，希望能得到一些照顾。但这些干部纷纷表示“无能为力”，没有相应的政策和财力拿出钱来照顾他。2005年，渡桥镇的一位干部才答应，在刚刚出台的“低保”政策下，给他一个“低保”名额，每个月可领到120元。据程前进说，原本“低保”政策只适用于无子的老人和残疾人，程成仁有子有孙，给他一个“低保”名额已属于破例照顾。对于渡桥镇的干部，在这一点上，程成仁也有颇多的牢骚。如他曾如是说：“哎，这些人少抽一条烟，就够我们生活一个月啦，就是不肯给，冇同情心了。原来讲要‘三同’（同吃、同住、同劳动），他们是‘一同’都没有了……哎，（我）一生给了党……”对于此类牢骚，程前进表示不置可否。他说：“现在市场经济，党组织也没办法呀，村里从集体收入中（拿出一点钱），帮他把党费交了。”

除了经济困顿之外，程成仁感叹得最多的便是“世态炎凉”，再无人愿意理睬他。他表示，原来做大队支部书记时，很多人都巴结他，见面都赔着笑脸，可他老了之后，这些人见面连招呼都不愿再打一个，装作没看见。

程成仁住在“分配劳动果实”时得来的旧式青砖房里，大门对着江北自然村的主干马路。原来堂屋中总是人来人往，不少人空闲时，都来他堂屋或门口喝茶，为此他不得不备了许多板凳。而在他老了之后，极少再有人来他家喝茶。2009年冬，因既无钱买煤也无力去山上拾柴，儿子也未及时送上柴火，程成仁干脆让老伴把那些板凳劈了做柴火。

可能觉得太多的人“变脸”变得太快，程成仁多次跟我聊天涉及这个话题，都没有指名道姓。不过，程成恒、程成信两兄弟是例外。对于他们，程成仁曾指名道姓地抱怨道：

> 按照党性来讲，讲江湖义气是要不得的，但我还是讲义气的。（我）在位（当支书）的时候，没有亏待过（程）立国家。（他）两个儿子当兵，要不是我照顾，哪有这么好的事情？你去

看看，哪个家里可能有两兄弟前后冇隔几年都有机会当兵的？冇啊……（程）立国本人倒也还算不错。但两个崽不行，一个讲良心的都冇。大的（程成恒）在（梧县）水利局上班，回来小车从门口过，只留下一阵尘（灰）。小的开始在村里当支书，后来去了渡桥（镇）土地所[1]，也不搭理人的……当年啊，两个人一口一个“大佬”（哥哥），（叫我）叫得亲热得不得了。

哎，怪只怪我是瞎了眼。那个时候就有群众跟我讲，“好心就怕冇好报”，我还觉得人家挑拨离间……（我）风烛残年着（了），都已经不相信报不报的了。你看这个（程）成信就不讲良心，人家还不是得了好报，还升了官？一个土八路还吃上了国家粮。哪有什么报？哪有天理？

丧失劳动能力后，只要天气较好，程成仁总是坐在家门口的屋檐下。村民们或忙碌或悠闲地路过距大门只有十来米远的马路，却极少有人跟他打招呼。从外表看去，他成了一个毫不起眼的老人，每天只是在静静地看着门口的马路“无所事事”。以至于，对于这个曾经深深影响了程村的“风云人物”，我很长时间都没有注意到。在程村调研很长一段时间之后，我才知道，这位常在路边见到的老人，即是村民在谈及历史时常提到的程成仁。

据程守德说，1990年代，他曾邀请程成仁参与一些诸如修族谱、组织拜祖、与外地同宗村落联谊，以及担当红白喜事司仪之类的宗族事务。但是，因为不会写对联，对宗族历史不太了解，以及不太受村民欢迎，程成仁只参加过几次活动，之后就再未参与。而据程成仁自己说，主要是因为他不太喜欢老封建那一套。其次，像与外地同宗村落联谊之类的事情，自己还得掏点路费，而当时他做小买

---

① 国土所与城乡规划所合署办公，当地干部和群众常统称其为“土地所”。

卖赚不到什么钱。再次，由于他不太懂得婚丧礼仪的知识，即使参与活动也只能“打杂”，有点被程守德等人瞧不起，“觉得有什么味道”。有了后面两个原因，他就更不愿意参加宗族事务了。

在与我的交谈中，程成仁曾指名道姓夸赞过的人有两个。他说道：

> 我老了，不能动了，“长江后浪推前浪”。现在这些年，不讲良心的人好多。但有两个人还是可以的，日久见人心啊。一个是大队（村）卫生室的程医生，去了他那里，会给杯茶喝的，看病冇钱也能欠点。另外一个，想都想不到，就是（程）守义。我们原来是搭档，但观点总是不和，他是造反派的头头，我从不参与这些事。他后来自动退党了……他每年都还会来我这里喝几次茶，逢年过节之前来。每次来都给个两三百块，给的比我崽（子）女都多。开始几次，我不肯要，他硬要给。后来我也就不推辞了，每次给多少，我都收着。他心胸比较开阔一点，比较讲义气一点。（他）“好心有好报”的，赚了大钱，崽女也都好有钱的。我们原来不和，现在看来，他是对的，他聪明过我（比我聪明），我好惭愧。

在普通村民的印象中，在程成仁晚年，如果跟他聊天，听到最多的就是感叹人生无常。不少村民提到他，都用“特别爱啰唆”来形容他，但在我调研的印象中，至少从2008年夏我与之开始接触起，程成仁已经不太爱“啰唆”。我常需要在他说了一大串“旧事不值得再提”“冇什么可讲的”之后，和他坐很久，聊起其他很多无关的事情，他才愿意说起自己的过去，以及对人生的感叹。2011年底，我和程成仁最后一次聊天，他似乎看穿了一切地说：“人活一世，就那么回事，什么都是生不带来死不带去的，就是这世上的过客，感叹那么多，在乎那么多，有什么用？”

次年春夏之交，程成仁去世。接到房东程守智的电话，我因教学无暇前去程村。后据村民说，程成仁的葬礼很简单。唯有渡桥镇党委组织委员短暂到访江北自然村祠堂，并讲了几句褒奖程成仁“一生为党、永葆青春”之类的话，显得程成仁与普通村民确实有几分差别。

六、盖棺

程成仁去世了，但如果说起他，村民的意见却各式各样，甚至较之于他在世时更复杂。很显然，这是典型的“盖棺”却难“定论”的现象。

村民议论的第一个话题是，程成仁究竟算是聪明还是不聪明。

很多村民都会提起，程成仁是很聪明的人。

不少老年人都认为程成仁是一个相当能说会道的人，虽然其文化程度远低于程守义，但其说话的水平却远比程守义高，无论说什么事情，都能说出一套又一套“能上得了桌面的”理由。另外，不少村民认为，程成仁在权力斗争上，比其他干部要聪明得多。他们提到不同的例子，证明程成仁为了防止其他大队干部代替他做支书，对文化水平比他高，尤其是办事能力也强于他的干部，时时提防，若能抓住对方的“小辫子”，则会很聪明地将对方排挤出干部队伍。

有村民提到第一个例子：程成仁“对陈西落井下石”。事情的起因是，陈西与程守礼的妻子发生了婚外性关系。程守礼是程守德的哥哥，1949 年移居香港，此后在香港再婚，其原配带着一个小孩十余年“寡居”于程村。陈西曾任大队长，也已有妻室和三子一女。陈西与程守礼之妻的婚外关系被人发现之后，均与自己的原配办理了离婚手续，然后结婚组合成了一个新的家庭。时任大队副支书的程守义与其他党支部成员力劝程成仁，给陈西一个“党内警告”或者“留党察看”的处分就算了，但程成仁坚持开除了陈西的党籍。

陈西在程村的政治生涯就此画上句号。

有村民提到第二个例子：江北自然村另有一个村民曾担任大队会计，1965 年“大四清”时，因贪污 100 元也被程成仁开除了党籍。据说，100 元的金额在当时确实不算少，但罪不至此。有村民对程成仁此番做法评论道：

> 武大郎开店啦，比自己高就不行啦。你看，陈林也同样是“四不清干部”，他（程成仁）就保他，就没有把他的党籍开除。他（程成仁）自己说，这个并不是因为他（陈林）是他提拔的就袒护他（陈林）。（这）可能也有一定的真实性。但是，主要可能不是他（程成仁）自己说的那样——他说，“因为上面的政策变了”——而是因为陈林对他没什么威胁。

参与议论的村民当然也会提到第三个例子，即 1979 年程成仁将程守义开除党籍。其论证逻辑与上面一样，“因为（程）守义样样强过他（比他强）”。他们俨然忘记了，自己曾在不久前夸赞过程成仁说话水平比程守义高。

不过，几乎同样也是这些村民，又认为其实程成仁一点都不聪明。

首先，虽然程成仁是一个能说会道的人，无论做什么工作都能讲出一套理由，却一生都在干“左”的事情，而且越来越“左”。“左”是不好的，程成仁的聪明也就是在“助纣为虐”。有村民认为，说到底程成仁只是小聪明，从根本上来说就是“太老实”了，表面上聪明，实际上愚蠢，脑子不会转弯，即使上面的政策明显有问题，他也不会想办法“变通”、抵制，而是不折不扣地，甚至变本加厉地去执行。以至于有村民说，“他是聪明，但只会用聪明的办法做愚蠢的事情”。

其次，虽然程成仁很聪明地将几个比他更聪明或能力更强的人排挤出了干部队伍，这些人却由此得到了好的结果，而程成仁自己却只得到凄惨的晚年。例如，陈西被开除党籍后，与妻子（原程守礼妻）过得并不差，1980 年代之后赚了些钱，在江北自然村口盖了一栋青砖新式房屋，1990 年代末其子又将之拆掉，盖了一栋红砖平顶新居，家里装修一派现代。原“四不清”的大队会计，在“分田到户”后搞经济也是一把好手，在渡桥圩镇盖了一间门面房开店，经营早餐和下午茶，日子过得殷实。至于程守义，在 1980 年代即已致富，1990 年代更是成了大老板。程成仁则因为不善于赚钱，而且没有可靠的关系网络，得不到资金支持，1980 年代没赚到钱，1990 年代更是一天不如一天。有村民说：“如果不是因为他太聪明，就不会排挤那么多人，就不会愚蠢地得罪所有人，搞得自己那么孤立。”

对于程成仁，村民议论的第二个话题是，他究竟算是讲义气还是不讲义气。

包括程守德、程守宽在内的不少村民认为，程成仁是讲义气的。他们提到，正如程成仁自己也曾承认，他对程成恒、程成信两兄弟的照顾，完全就是出于和程立国的义气。为和程立国讲义气，程成仁甚至不讲“革命原则”。

不过，程守德、程守宽等人又认为，程成仁最多只能算讲“小义”，不能算讲“大义”。他们表示，从“私”的方面来说，程成仁只和程立国这样的结拜兄弟讲义气，却不顾其他同宗叔伯兄弟的情面，这是不讲“大义”的表现；从“公”的方面来说，表面上看起来程成仁“大义灭亲”，为了完成“革命任务”，不顾同宗叔伯兄弟亲情，但实际上执行的却又是明显有错误的政策。因此，程守宽说，“他只顾机械地完成任务，不顾毛主席说的‘全心全意为人民服务’的大义”。

对于程成仁，村民议论的第三个话题是，他究竟算是自私还是不自私。

不少村民认为："人都是自私的，他程成仁又不是特殊材料做的，难不成有什么不一样？"这些村民提供的证据当然也很"铁"。例如，程成仁为儿子在供销社谋得售货员的职位，后来又大量地"搞"平价化肥。再如，程成仁的妻子在生产队评工分，在同等劳动量的情况下明显要比其他妇女高1—2分。此外，程成仁排挤其他干部，也算自私的表现。

但几乎同样是这些村民，在议论这个话题时间较长了之后，往往又将之转移到与当下渡桥镇、程村干部的对比上。每每如此一对比，他们又纷纷表示，程成仁不算太自私，或者根本不算自私。有村民说："他那点自私算什么？谋了点小私，可怜得很，简直可以忽略不计。你们看看现在这些干部……"

对于程成仁，村民议论的第四个话题是，他这辈子活得究竟算"值"，还是不"值"。

不少中青年村民都认为，程成仁这辈子活得太不"值得"了。他们表示，虽然（据说）程成仁曾经那么不可一世、威风八面，却并没有享受过什么好生活。在"大集体"时期，程成仁最多也就只比普通社员少干一点体力活，但只要不开会，也同样要和社员一起开工，在生活上温饱状况比普通社员好一点，但一年到头也吃不上几回肉。有村民说："要是现在的干部有这么大权力的话，那还不知道会腐败成什么样子呢。"在"分田到户"之后，程成仁的生活跟别的村民相比，就更差了，尤其是在晚年，程成仁非常凄惨，更说明活得太不"值"了。

但是，不少老年人以及少数中年人却又认为，程成仁活得算是"值"了。他们表示，虽然程成仁在"大集体"时期在物质生活条件上没比普通社员好多少，但毕竟温饱有保障，而且更重要的是"毕竟风光了几十年"。有村民在与我聊天时感叹："人一辈子能有多少风光的时候？（他风光了）几十年，够了。”此外，这些村民给出的另一个重要理由是，程成仁晚年虽然身体不好，但并没有病得起不了床，相反能坐、能走、能吃、能睡，最后在 90 岁的时候安详地走了。他们认为，“久病无孝子”，何况他儿子家庭条件本来就不好。连程守德都感叹：“人就这么一辈子，风光更好，不风光也罢。有好‘报’也好，有好‘报’也罢，最后死得好，就是最大、也是最好的‘报’。”

总之，一旦说起程成仁，程村不少人的看法都是矛盾的。并且，奇怪的还不在于不同的村民意见有矛盾，而在于同一个村民对他的评论，很多时候也是矛盾的。很多人常用的一句口头禅就是“好难讲”。与 2008 年程成仁尚在世时相比，2013 年国庆节我到程村调研时发现，人们关于他人生故事的讲述，细节开始变得模糊，而关于其矛盾的形象以及村民评价自相矛盾的特点，却变得清晰起来。对此，程南山有一番评价在周边的村民看来颇为中肯。他说道：

> 人都是没有长“后眼”的，谁能看到几十年之后的事情呢？程成仁前面的风光和后面的倒霉，之所以对比这么明显，一方面是他自己有些事做得不对，但另一方面也是世道变得太快。要不然，也不至于老了这么凄惨……可是，话又说回来，什么时候世道又是不变的呢？世道总是会变的啦，人只能以不变应万变啦。不管世道怎么变，如果都能（以）一颗平常心对待，当初就不会那么不可一世啦，不会做那么多过火的事啦，后面也就不至于没人理啦，自己就不会觉得憋屈啦。

程南山说这番话时，正和我及几个村民在南塘自然村祠堂右侧池塘边的小卖部（后简称“小卖部”）门口抽烟、闲聊。此时程成功也走了过去，他面容消瘦、头发稀少而苍白，缺了几颗牙，行动已很迟缓。因终身未婚，丧失劳动能力后，其责任田由两个侄儿耕种。

他们每月供他口粮、食用油和煤炭，但基本上没有零花钱。由于他未能戒掉烟瘾，于是经常找其他村民讨烟抽。我连续递了几根烟给他，他一边抽着烟，一边听着程南山说话，并不作声。程南山指着他说："喏，他（程成功）那个时候跟他（程成仁）是一路的。你可以问他（程成功），是不是这样？"然后直接跟程成功大声说道（程成功已稍有耳背）：

> 是这样的吧，阿叔？你和程成仁那个时候整我整得不算少啦，现在你凭良心说，对不对？你们都没想到会有今天吧？今天给你烟抽的人不多啦，我算是比较大方的一个吧？早知今日，又何必当初呢？所以说，做人，心要平常，有的时候想着冇，冇的时候想着有，就不会有的时候忘记自己是谁，冇的时候又只能悲悲切切啦。

程成功似乎已经习惯了这种"质问"，他飞快地抽了几口烟，然后面无表情地答道："你讲的对。世上冇后悔药……一个时代有一个时代的事，那时也是'人在江湖，身不由己'……"

究竟如何给程成仁"盖棺定论"，他的妻子似乎早已不太关心。自 1990 年代中期起，她即信上了佛教。程成仁长期生病后，她更坚信此为"命中注定"的"劫难"。她也常在人前流露出悲伤，却少有抱怨命运不公。既然一切早已命中注定，横竖按部就班过完剩下的日子就是了，平时多烧香、念佛，为来世积德，才最重要。但程成仁并不认为妻子是对的，他常责怪妻子"装神弄鬼"。对此，程守德曾说道："他要是信'命'、信'报'，也就好了，遭了罪，终归也算是有个说法。可惜，他最大的悲剧恰恰就在于不信'命'、不信'报'。这样，心里如何平衡得起来？"

第三章　农民老板

一、参政

在程村，程守义常被人叫作“老板”或“大老板”。其实，在今天的程村，比程守义富有的老板还有好几个。但由于他致富比较早，这一称呼已成习惯。刚开始接触时，让我很惊讶，“大老板”程守义原来是一个非常“革命”的“造反派”头头。

程守义生于 1942 年，在“五服”同宗兄弟中排第六，小名也叫“阿六”。但若说更亲密的堂兄弟，程守义则没有。他爷爷只生有他父亲一个儿子（另有两个女儿），而他父亲也只有他这一个儿子。据程守义回忆，姑妈和姐姐由此都待他很好（其中一个姑妈于 1949 年前嫁往香港）。

1962 年，“中农”出身的程守义从渡桥中学初中毕业，担任了程村大队团支书。在当时的程村，这虽也是一个重要的政治职位，但主要分管青年公共活动及“青年（劳动）突击队”的事情，并不是核心职位。

1964 年，“四清”工作队来到程村。其中，有两位工作人员是广州某大学老师，也比较年轻。他们到程村后不久，就发现和程守义谈得来。从程村的农业到国家的革命形势，从马列主义、毛泽东思想到《水浒传》《三国演义》《封神演义》《西游记》《薛丁山征西》等，程守义和这两位老师都能聊到一块儿去。对此，程守义曾回忆道：

他们说，想不到在这样的农村还有人看过这么多书，知道这么多事情。他们夸我理论水平高。主要是（因为）我那个时候看很多书的，找各种各样的人借书看。因为谈得来，我们有事没事就凑在一起……八几年（1980年代），我到广州去，还去××大学看过他们。（他们）热情得不得了。

由于“四清”工作队认可了其能力和水平，并与之建立了良好的个人关系，程守义于1966年初实现了入党的愿望。工作队中一个大学老师还担任了他的入党介绍人。次年，程守义转为正式党员，并担任了程村大队副支书。

在工作上，自从程成仁回到程村大队工作起，程守义即与之观点不太一致。在程守义看来，程成仁因为文化程度不够，做事墨守成规，不懂得变通，尤其不善于为程村大队在渡桥公社争取利益。但最开始，程守义并未提出过明确的反对意见，直至在如何处理陈西婚外性关系的问题上与程成仁发生公开的分歧。种种细节让程守义认为，程成仁在业务上并不优秀，甚至有些地方不合格，只会执行公社干部的命令，而在搞政治运动时，却善于喊“革命”口号、拿起“棍子”打人。

在意见纷争厉害的时候，渡桥周边地区从总体上分为“红旗派”“东风派”。程村大队农民宣称属于“红旗派”，其中参与活动较多的积极分子约有100人，全部是年轻人。经程守义提议，他们还专门给程村大队的“红旗派”取了名字，叫“太阳升”，取意于“东方红、太阳升”的“革命”歌曲歌词。自1967年5月起，他们认为渡桥公社干部所在的“东风派”不够“革命”，属于“保皇派”。渡桥圩镇居民大队的居民宣称属于“东风派”，并指责“红旗派”是“打着红旗反红旗”，是真正的“保皇派”。渡桥居民大队“东风派”的积极分子约50人，也都是年轻人，大部分是木材加工厂和红砖厂的工人。他们与渡桥公社干部的“东风派”属于不同的组织，但关系密切。在同样位于渡桥圩镇的渡桥中学，师生们也宣称属于“红旗派”，取名为“旭日升”。

这些“革命”派别只是一个团体的总称，内部并没有正式的组织架构。严格地说，它们并没有正式的领导人。不过，总有些特别突出的积极分子，会被认为是“头头”。例如，在“太阳升”当中，程守义的身份就颇为特殊。他是年轻的大队干部，有一定号召力，平时做事，就有不少人愿意听他的。因此，程守义不约而同地被其他积极分子看成了“太阳升”的头头。其他干部，如程成仁也宣称是“太阳升”的成员，但从不参与“太阳升”的集体活动，在其他积极分子看来“仅仅是政治表态，实际上跟‘太阳升’没关系”。在“太阳升”中，程守德和程守宽比程守义大一岁。1966 年下半年，程守德从山塘中学调到程村小学教书。在“太阳升”的公开活动中，他很少抛头露面，但私底下出谋划策较多，人称“黑参谋”。程守宽是个突出的积极分子，但谋略较少，人称“突击手”。

1967 年 7 月 16 日，“太阳升”与渡桥居民大队“东风派”发生了一场严重的武斗（后被称为“七一六事件”）。在这场武斗中，程守义无形中又担当了“太阳升”领导人的角色，从此之后成为人们心目中渡桥公社“红旗派”的头头。

为此事，程守义曾经一度认为自己的政治生命走到了尽头。但不久之后，关于停止武斗的命令由中央经地方传到渡桥公社。梧县“革委会”还提出了“革命大联合”的口号。对此，程守义曾回忆道：“可能当时县里的‘革委会’是这么考虑的。既然是‘大联合’，由‘东风派’在政府中做‘一言堂’就显得不合适了。”在“革命大联合”的政策下，作为有影响的“红旗派”头头，程守义进了梧县“革委会”。同时，程村小学校长兼党支部书记因在斗争中属于“旭日升”，也作为“红旗派”的代表提拔为渡桥公社的副书记。

进入梧县“革委会”后，程守义并没有实权。不过，程守义很乐意保持这种状态。对此，他回忆道：

> 那个时候对一个农民来说，进县“革委会”可是了不起的光荣啊。我也高兴，至少可以不用搞那么多体力劳动啦，还可以看到各类文件。要不然，一个农民一辈子也看不到那些文件。不过，我对看文件有兴趣，我又不想和他们争权夺利，看那么多文件干什么？我就经常去县图书馆借书看。那个时候，很多书（是禁书），别人是不能看的，我去了就可以借，《金瓶梅》都可以的。要么就东游一游，西逛一逛。（“革委会”）开小会，我就经常说身体不好，请假。开大会，我就看连环画、评书。早上有时要跳“忠”字舞，我就借口说“肚子疼”，不去。我不跟他们争权力，他们也就不挤对我。他们之间有很多斗争的，但跟我反而关系都好。下面那些公社干部，知道我是个摆设，也不会来烦我的，见了面打个招呼、给根烟抽。他们跟我交往有压力，又不是真的上下级（关系），有好些公社干部后来还成了好朋友。

在我调研过程中，有一次程成信当着程守义的面说：“他（程守义）呀，那个时候就是在梧城混日子。你要是问他开会讲了什么，他一概不知道。但是，你要是问他梧城哪几家的‘南乳花生’[①]最好吃，他保证一清二楚的啦。”如此看来，程守义所说无心参与权力斗争的话应当属实。

在程村，程守义与程成仁的关系也好了起来。虽然程守义常表现出瞧不起程成仁的工作水平，但后者并不在意。相反，如程成仁

① 南乳花生是一种粤式小吃，由花生仁和红腐乳加工而成。

的妻子一样，程守义的妻子在生产队也很明显受到了优待。

二、脱贫

1978年，程守义与程成仁的关系出现了意想不到的急剧变化。该年冬，先是程守义因政策变化回到程村大队任副支书（而这被不少程村人认为是临时性的，他很快就会替代程成仁），后是程守义挪用了程村大队参与修建某水库工程的劳务补贴1000余元。事发之后，程守义卖了家里的两头猪，另找身居香港的姑妈借了一笔钱，补上了资金缺口。程成仁主张开除程守义党籍，或至少给他一个“留党察看”处分，但渡桥公社党委给出的意见是“记过”一次。对此，程守义回忆道：

> 虽然马克思说体力劳动和脑力劳动都是劳动，但是农民就认为体力劳动才是劳动。在农民看来，他们做工（劳动）做得多，没有肉吃，干部做工做得少，开会还经常有肉吃……被“记过”之后，大队开会还是会通知我的，我不去。有人就嘲笑我说：“（程）守义啊，怎么不去开会啊？开会有肉吃呢！”好像说我当干部，就是为了贪公家的肉吃。
>
> （程守义的妻子程秀插话：那个时候穷啊，穷怕了。我当时［1973年］生我的大女［儿］，他买了1斤老母猪肉，就是母猪老得不能再生崽了才杀掉的那种，咬都咬不动，我吃得直想哭啊。所以人家就那样讽刺他啦。）
>
> 我是一个好胜的人，受不得别人这样讽刺，所以坚决不去开会。党费也不交了。

1979年夏，程守义因6个月未交党费已达到“自动退党”的条件。不过，根据组织工作程序，程村大队党支部首先应了解他不交党费的缘由，并做思想工作。但程成仁却选择了召开支部大会，开除程守义的党籍。程守义当时未对此表示不同的意见，但他后来回忆此事时表示，程成仁如此聪明地抓住他的“小辫子”开除他的党籍，其实不够聪明。程守义说：“他总担心我会夺权的，还跟人说我是造反起家的。其实在造反前我就是副支书了啊，怎么是造反起家的呢？另一个就是，我在县里的‘革委会’都不想夺权，还来夺他一个大队支书的权干吗？”

1980年代初，农村政策的变化似乎再次说明，程守义所说的“要看书、看报”很重要，“要不然跟不上形势”。他说：

> 当时看报纸上登的消息，我知道中央的政策好像在变，就觉得搞活经济重要了。我自己家里也确实是要赚钱，再不赚钱没办法了，当时已经有三个女、一个崽（儿），父母身体也不好，光靠在生产队做工（干活）的话，肯定年年“超支”啊。我当时就发誓，一定要赚大钱、大赚钱、赚钱大。

1980年尚未“分田到户”，但政府对圩市的管制已经有所松动。程守义开始常常加夜班做木工赚钱，生产队开工则经常“开小差”。“分田到户”后，做木工更是变成了程守义的主业，而种田在某种程度上成了副业。除了插秧和收割之外，他基本上将田里的活都丢给了妻子。

在“分田到户”前后几年里，木材仍属于政府管制的紧俏物资。山林仍掌握在集体手中，私人手中没有木材。集体如砍伐树木，还要林业部门批指标，而这是一件不太好办的事情。木材紧俏，对于做木工活的人来说，是个“紧箍咒”。但在客观上，它同时也意味着产品不愁销路，只要能够买到原材料，木工就有干不完的活，就有钱赚。

对程守义而言，木材紧俏这个“紧箍咒”不仅没有限制他的生意，反倒帮了他的忙。他跟我分析道，1970 年代末和 1980 年代初，他在程村做木工，可谓占尽了“天时”、“地利”与“人和”。由于程村地处渡桥圩镇旁边，水路和公路交通都很方便，这样在原材料和产品运输，以及市场销售方面，都有得天独厚的优势。更重要的还在于，由于程守义曾在梧县“革委会”工作过，与许多县干部和公社干部都十分熟悉。原来积累起来的朋友关系和熟人关系（程守义称之为“人脉”），这个时候派上了大用场。有了广泛的“人脉”，程守义很容易买到别人难以买到的紧俏物资，包括木材。直到 1980 年代末程守义放弃做木工为止，他从来没有为原材料的事情发过愁。不用说，这加强了他与其他木工竞争的优势。

对其他做木工的村民来说，即便有一定的“人脉”能够买到木材，也会经常出现缺少资金做本金的情况。村民的生活刚刚达到糊口水平，手中的现金积累十分贫乏，这在程村是普遍的现象。但是，程守义却只凭他的口头承诺，就可以从很多大队（村）、林场赊账，拿到木材。因此，做“无本”生意，也是程守义的竞争优势和赚钱门道之一，而背后的基础还是“人脉”。对此，程守义曾回忆道：

> 当时哪有什么本钱做生意？冇钱啊。很多人冇钱做生意，做生意要本钱，做木工也是这样。我就可以不要什么本钱。当时买木料主要是在林场买，我跟很多管林场的干部说，“我可冇现金给你们啊”。他们都说：“你是程村的，哪个不认得？还怕你跑了不成？你办事，你的面子都不给，还给谁（面子）？再说了，你原来也是当干部的，说话是算话的。你先把木料拉去，等你的货出手之后再来结账就是了。”卖木料的人是这样，拖木料的人（司机）也是这样，都是我的货出手之后再跟他们结账。

这样，我就不需要钱（现金）买木料，也不需要钱（现金）做运费了。其他的人（木工）就不行。他们的生意当然就做不大。

在生产过程中，广泛和良好的“人脉”也同样起到了很重要的作用。1983 年，程守义改用电动设备加工木材之后，电力能否得到保障成了生产能否顺利进行的一个关键因素。就当时通常的状况而言，由于电力部门优先保障的是城市用电需求，农村电网与城市电网没有并网，农村用电特别紧张。农户用电主要是照明，其他用途很少，为了减少电力输送中的损耗，终端变压器通往用户的保险开关通常在白天会被切断，直到傍晚电工才会到变电房打开开关，让变压器向外输电（而且是两相电力，无法用于三相电力的机器）。普通村民如果白天想要用电，根本得不到电力供应。但为了照顾程守义用电，在口头申请、渡桥乡供电所同意的情况下，程村的电工专门为程守义从变压器牵了一套三相的动力用电电线，白天也保证他有电用。除此之外，按照电工管理要求，一般村民家用的电表必须装在室外（以防偷电），程守义这个用电大户却将电表装在家里。对此，渡桥乡供电所的管理人员和程村电工也都没有说什么。

在销售方面，虽然当时的木材加工产品大体上不愁销路，但程守义的“人脉”还是显示出了优势。因为熟人关系多，在价格和质量相当的情况下，有更多的人愿意购买程守义的产品。而且，程守义的“人脉”不仅数量庞大，质量也优于其他村民的“人脉”，他们的经济状况比一般村民的“穷亲戚、烂（穷）朋友”要好得多，对家具更新换代的需求和购买力也强很多。例如，在程守义的熟人当中，有相当一部分是渡桥乡及其所辖村、居委会的在任或卸任干部，在这些人当中，有相当一部分在当时属于家庭条件较好的人。在 1970 年代末至 1980 年代盖新房和添置新家具的浪潮中，就家庭消费而言，这部分人对木材加工产品的需求最旺盛。由于与程守义交情较好，这些顾客有时候宁愿排队等待他的产品，也不买其他木工已经做好的成品。

单位订购给程守义的木材加工业带来了更大、更可靠且利润更高的“市场”，而这几乎是程村其他木工可望而不可即的赚钱好机会。例如，在“分田到户”之前，渡桥公社卫生院需要添置一大批办公桌椅、病床和药柜，许多木工都想抓住这个机会，但由于卫生院的几个主要领导都与程守义关系不错，卫生院将全部订单都给了程守义。公社撤销之后，渡桥恢复了乡的建制，由于党政干部增多及办公设备更新，政府需要添置数十套办公桌椅、文件柜和木床。此时渡桥乡的书记就是1968年从程村小学提干到公社做副书记的“红旗派”代表，程守义又理所当然地拿到了全部的订单。像这样的大订单，在农村当中并不多见，一般的木工很难单独获得这样的机会，但对于程守义而言却并不是特别困难的事情。例如，他还曾提到：

> （完成渡桥乡政府的订单）大约两年后（1985—1986年），芙蓉（村）小学危房改造，所有的门窗、黑板，还有两百多套课桌和凳子，都是请我做的，赚了不少钱。当时算起来，纯利润每天在100块以上。当时的钱多值钱啊，一天100多块，你说多厉害啊……当时（这个订单）做了一个多月吧。

与此类似，其他几个村小学及渡桥中学的部分课桌、凳子，也是交给程守义做的。

当然，程守义也并非完全就是靠“关系”吃饭的木工。事实上，程守义本人的才能，以及他所采用的先进设备，也都是保证他在木材加工业的竞争中遥遥领先的“法宝”。程守义引进电动机做动力之后，电锯、电刨、电钻等工具的效率优势便展现了出来。例如，当时一般木工做一张床要10天左右，但他用电动工具不到一天就能做出一张床。顾客若在其他木工那里买床，需要提前订货，但在程守义这里，当天就能拿到成品。有时候，程守义同一批次就做出 20 来张床或 30—40 个门窗，等顾客来买。较之于单个产品生产，这种类似于流水线式的批量生产，可节约大量劳动时间。

以上因素综合起来，让程守义迅速积累了超乎一般村民所能想象的财富。1985 年，除了供 4 个孩子上学之外，他还拆掉旧房，盖上了红砖和钢筋混凝土楼板的新房。

三、致富

1991 年，对于整个程村而言，并不是一个什么特别的年份。但对于程守义而言，这一年却显得相当重要。在这一年，他在自己的“生意经”中开始了另一个篇章。在此之前，程守义积累的财富不可谓不多。虽然具体数目无从算起，就连程守义本人都难以说清楚，但几乎所有村民都公认，他是程村最先富起来的村民。在村民普遍为自己子女读中小学的学费发愁的时候，程守义从未因为 4 个孩子的学费欠过账。在其他村民普遍还是建瓦房的时候，程守义盖起了楼房。而且，在 1985—1989 年间，他将房子加高到了 4 层楼（加上房顶的半间景观房可算 5 层），将院子用围墙围了起来，在院内盖上了砖瓦牲畜房。此外，他还在院内种满了树木和葡萄，俨然成了一个大花园。

不过，程守义表示，除去这些花销之后，他剩余的现金已不多。最开始做这些安排，也有“小富即安”的味道，准备把生活过得好一点就算了。对此，他给我解释了自己的“生意经”：

> 生意这本经也很难念的。没有一成不变的东西，昨天赚钱的东西，今天就不一定了。人也容易有惰性，觉得过得去就行

了。我当时也有过这样的想法，把家里的基础建设搞好就算了，其他的得过且过。但后来跟周围的人比一比，一看又不行了。逆水行舟，不进则退啊。你稍微停顿一下，人家就冲到你前面去了，笑话你没用。那个时候已经不年轻了，但气还是盛。要赚钱，一定要赚钱。有一点优势还不行，要占绝对优势才行。就像打仗一样，毛主席说的“宜将剩勇追穷寇”就是这个道理啦。光（仅）是胜还不行，必须胜很多。有了绝对优势之后，像现在这样，人家想怎么追都不可能追得上，甚至连追的想法都冇可能有了，冇胆了，也就是我们经常说的“认命”啦，这才真的算是拉开距离啦。

由于从事木材加工的村民日益增多，且多数都已经开始采用机械化或半机械化生产，木材加工不再是一个有丰厚利润的行当。程守义靠从事木材加工起家之后，虽然仍在这个行当中占有一定的优势，但已经越来越不明显。与此同时，基层政府对木材的砍伐和销售市场也日益放开，没有特殊关系的木工也能够买到充足的木材。程守义原来依靠特殊“人脉”在原材料上占优势的局面逐步消失。

程守义面临一次选择：在已经温饱有余的情况下，继续依靠做木工赚一点钱，或是放弃木材加工、进入其他的新领域投资。从普通村民过日子的角度来看，前者无疑是较为稳当的，而后者既可能有新的机会，也可能存在当时无法预料的风险。但程守义做出了一个全新的选择，专门收购和屠宰生牛。

在当时程村及周围地区，拖拉机已经基本代替耕牛耕地，当地村民已经极少饲养耕牛，更无饲养耕牛的专业户，牛肉的供应量非常小。此外，当时依靠饲料养猪在渡桥镇还较少，且天然猪肉的品质比饲料猪肉更符合村民的口味，再加上猪肉本身比牛肉便宜得多，因此村民此时主要消费的肉类食品还是猪肉，消费牛肉的数量不大。

在这种情况下做牛肉生意，可谓机会与风险并存。一方面，由于牛肉供应量小，渡桥镇尚无专门从事宰牛的屠夫，有少数卖牛肉的摊铺均为杀猪的屠夫兼营，故而一旦进入该行当之后，竞争者较少。另一方面，由于村民还没有形成食用牛肉的消费习惯，有可能会出现市场难以做大的局面。

程守义后来解释自己的选择道：

> 我从不赌博，但有点赌性，我不喜欢循规蹈矩。说正面一点就是有点闯劲，说负面一点就是想赌一把。反正我的房子也盖起来了，小孩，大的已经快初中毕业，小的也快小学毕业了。（做生意）即使亏了，生活也还是过得去的。也就是说，我那时也有点赌一把的本钱了。另外一个（原因）就是，我相信原来的“人脉”还是有用的。我赚了钱之后，原来的“人脉”没有丢。我是那种（奉行）“苟富贵，毋相忘”的人。做人就是要讲义气啦。做生意更加是这样。俗话说“和气生财”，先要“和气”然后才能“生财”啦。（我）赚了钱，逢年过节和原来的朋友都还有来往，顺便也就“打点”了关系。别人想要“打点”他们，还冇门道呢。关系是最重要的，冇关系，你送礼，人家也不敢接啊。当然了，自己能力也是要的，你要是个“阿斗”，那也不行的。

基于以上考虑，1991 年，程守义依靠 5000 元现金第二次“起家”，开始进入杀牛和卖牛肉的屠宰业。很快，他依靠贩牛、宰牛和卖牛肉又积累了一大笔财富。

在生产方面，依靠良好的“人脉”，程守义到栖市其他县乃至广西等地去买牛，运输费通常都是在他卖完牛肉之后再与司机结账。其次，在购买原材料方面，由于他懂得如何利用当地干部及其所拥有的人际关系网络，他能很快找到货源，在路上更未被敲诈过。由于当时不少地方社会治安较差，程守义的一些同行在这些地方买牛，通常要给当地的“烂仔”（小混混）一些好处，否则将可能面临被敲诈。此外，在销售方面，由于程守义原来在县“革委会”的同事此时已在梧县甚至栖市担任一定的领导职务，程守义很顺利地在梧城取得了两个地理位置非常好的销售点，并很快在市场上站稳了脚跟。同时，他在渡桥镇的集市上也有一个销售点。程守义表示，无论在梧城还是在渡桥镇，也无论工商部门的工作人员还是街上的“烂仔”，都很少到他的销售点收取额外的费用或者捣乱。

让程守义更为惊喜的是，自 1992 年开始往后的几年里，另一些宏观因素发生了重要变化，给他的屠宰业带来了更多的机会。例如，1992 年后由于珠江三角洲的经济发展速度急剧提升，包括程村这样的珠三角周边地带的农民纷纷开始加入打工族的行列。由于他们与珠三角地区的居民一样说粤语，虽有口音差别，但较之于外省的农民工更容易在企业或工地当中，获得一些工头之类的劳动管理岗位。随着经济收入提高，渡桥镇的人们除了将住房进行更新换代之外，对肉食品的消费能力也随之有所提高。这其中，也包括消费档次较高的牛肉。而与此相对的是，随着纯粹依靠饲料饲养的猪肉充斥包括渡桥镇在内的城乡市场，消费者对品质发生了变化的猪肉，兴趣略有下降（在程村调研过程中，我常听到村民抱怨猪肉的味道越变越差）。在这种背景下，梧城及渡桥镇的菜场对牛肉的需求量直线上升。

程守义的投资正赶上了这个过程。在我调研过程中，程守义曾翻阅了几张偶然留下的账目，表明当时利润最高的时候，每头牛可为他创造 1000 多元的利润，即使在利润一般的时候，每头牛的利润也在 700—800 元。在繁忙的季节，程守义一家人同时在三个销售点卖牛肉。其中梧城内的两个销售点由程守义和他的妻子分别负责，而渡桥镇的销售点则由其刚刚初中毕业的儿子程福稻负责。曾经一度他还在桐城设立了一个销售点，由两个女儿负责，后因她们坚持要进制衣厂打工而撤销。1994 年，程守义曾创下了渡桥镇同行中单日销售牛肉量的最高纪录——8 头大水牛。在一般的情况下，他单日的销售量也在 2—3 头。而他的同行，或因资金不够，或因地头不熟，销售点仅限于渡桥镇的圩市（每隔三天才有一个圩日），单日能销售的牛肉量一般只限于 1 头水牛。而且，由于渡桥镇及附近地区无人养牛，不少屠夫即使卖牛肉，也首先得找程守义批发生牛。这种情况一直维持到 1998 年，随着进入生牛屠宰业的人数增多，程守义退出了该行当，转而开始养鱼。

养鱼是渡桥镇的传统产业之一，1999 年村民用饲料加增氧机建设现代鱼塘养鱼的技术已经非常成熟，如果仅沿袭与其他村民一样的经营模式，可以肯定地说，刚刚入行的程守义无法比别人赚到更多的钱。但程守义别出心裁，将养鱼的消息告知了其在政府和企事业单位工作的朋友、熟人，以及原来一些致富了的生意伙伴。程守义告知他们，可以到他经营的鱼塘钓鱼，半天收费 50 元，所钓到的鱼归顾客所有。据程守义说，50 元在当时基本上等于 15 斤草鱼的价格。事实上，前来钓鱼的顾客很少有人能在半天内钓到 15 斤鱼。再加上，程守义不用像其他养鱼的村民那样，经常请人帮忙捞鱼，并花上大半天时间到集市上卖鱼（或者批发给其他销售商，这意味着销售商将从中间赚一笔差价），他所经营的鱼塘效益比其他村民经营的好很多。更为重要的是，在程守义看来，这是一个生意和“人脉”相互促进的过程。一方面，“人脉”促成了程守义的钓鱼业务，另一方面，程守义又利用与各路朋友、领导共同钓鱼的机会，“加深了老朋友的关系，结交了新朋友”。

对发展钓鱼业务这本“生意经”，程守义本人回想起来颇为得意。他说：

既赚了钱，又交了朋友。哪还有比这更两全其美的事情啊？这就是我比其他人高明的地方。光（仅）靠养鱼能赚几个辛苦钱啊？……中国还是个孔孟之道的国家，“人脉”最重要。生意要想做大，一定要懂得经营“人脉”。经营生意就是经营“人脉”，经营“人脉”也就是经营生意，甚至是胜过经营生意。没有“人脉”，一切都是零，在农贸市场做点小买卖还行，想要赚大钱，冇可能的。

程守义所看重的“人脉”，不久后就给鱼塘带来了巨额利润。在2000年夏的一次洪灾中，鱼塘不远处的公路因山体滑坡堵塞，一位前来指挥抗洪的梧县干部和渡桥镇书记决定征用程守义的鱼塘，用来堆放沙土。程守义为此获得了近10万元的补偿。程守义坦言，这个约1亩宽的鱼塘，在不到一年半的时间里，为他创造纯利润不低于30万元。

1990年代，程守义在栖市和广西购买生牛的过程中，还兼做古董生意。为此我问他：“你懂得鉴定古董吗？”他回答道：

你这一问，就知道是老实人做生意的思路，你这样（的思路）很难赚钱的。古董这行乱得很，哪可能有那么多左手货真价实进、右手货真价实出？我就算是会鉴定，也得花多少工夫才能鉴定清楚啊？真真假假，反正分不清，我就糊里糊涂不去分。秘诀就在于，凡是买进的时候，我就一口咬定是假的。我说，“你看，我就是个买牛、杀牛的屠夫，不是专门做古董的，我赚钱是靠杀牛，不会靠你家的古董”。我只说是顺便买回家装点门面的。我去的地方都是比较偏僻一点的农村。这年头，不偏僻也不会再有人养牛了，不偏僻也不会再有什么古董在民间了。这样的地方，人都比较老实，（见我）这样一说，十有八九就信啦。买进来的东西当然是假的居多，但有时候也有真的。凡是卖出的时候，我就一口咬定是真的。有的是行家，从一堆货里把真品挑出来，高价买了。也有的不是行家，高价把真真假假的东西买了。剩下实在没人要的，我再低价处理掉。哈哈，这个叫“两面欺诈”。别的不能搞（“两面欺诈”），尤其是吃的、喝的、穿的不能搞，古董可以。因为俗话说“古玩、古玩”，古董本来就是玩的啦。

据程守义说，他在古董生意上赚的钱，不比贩卖生牛和卖牛肉少。

不过，让程守义和其他村民认为他办得最成功的一件事却不是这些经营，而是他儿子程福稻的婚事。由于程守义的家境较好，程福稻的个人条件也不差，登门为其说媒者可谓不少。1998 年，程守义谢绝了诸多媒人的介绍（其中包括程福稻自己较为满意的两个姑娘），给程福稻挑中了与渡桥居委会相邻的圩郊村原支书的一个女儿。这个支书的家境较之于程守义更好，有两个儿子在 1990 年代中期即开始经营石材厂，一个女儿在栖市卫生局工作，许配给程福稻的这个女儿常协助她两个哥哥打理石材厂，也是一个做生意的能手。通过这门亲事，程守义家可谓找到了“强强联手”的得力支柱。

2000 年，程守义将绝大部分资产变现约 800 万元，交给程福稻在梧城开了一家石材加工厂，自己不再做生意。

四、享乐

程守义将自家生意交给儿子经营后，留了 30 万元自用。此时，其长女、二女在桐城开服装厂，收入也很可观。他规定，儿子程福稻每年必须给他 5 万元以上“零花钱”，长女、二女不做硬性要求，但也“提倡”给“万把八千的”的。这样，程守义每年的“零花钱”也是一笔大数字。

程守义说，原本他还可以自己再做几年生意的。但是，出于两点考虑，他决定开始“全心全意享受人生”：其一，他认为儿子成家之后应该立业，独自闯荡做生意，否则将来“富不过三代”；其二，1998年他被检查出得了高血压，虽不算严重，但让他对“人活着为什么”这个问题有了全新的思考。

1998年后，程守义就像是变成了另外一个人。在此之前，他每天要抽4包烟。但在得知得了高血压之后，程守义第二天就把家里所有的烟送给程守德、程守宽，当即把烟戒掉。在程村，不少村民都半开玩笑半认真地说，“他是个神人”。他们说，不知道程守义怎么赚钱的，但他戒烟的“狠气”却是亲眼所见，不得不佩服。有一位中年老烟民曾诙谐地说：“戒烟不是一件容易的事情，他的烟瘾原来那么大，说不抽就不抽了。开始我们还以为他只是说说而已，没想到他真的从此就再不抽烟了。这简直比‘欲练神功，挥刀自宫’[①]还难啦。”此前，在村民眼里，程守义虽然待人也一向大方，却不懂得享受生活。而在得知有高血压后，他开始了全新的消费方式。

对此，程守义本人回忆道：

> 那时才突然醒悟，赚钱当然是头等重要的事情。但是，赚了钱之后要懂得花钱，舍得花钱，钱才是自己的。（否则）存在银行里，就是一堆数字，那哪里算是自己的钱呢？死了又不能带进棺材……我老婆就改不了老习惯，舍不得花钱。原来我也觉得（她这个习惯）很好，（从）那以后我就经常骂她，“你想留着（钱）带进棺材呀”？！人活着就这么一回事啦，为“两

① 源自武侠电视剧台词，意指要练就绝世武功须先行宫刑，断绝性欲望。

餐”（过生活），为子女，两餐和子女都不愁了，还不享受一下？人活着为什么啦？

此后，程守义在家置办了当时价格不菲的液晶彩电、冰箱和照相机，另配上高档音响，有空闲时就在家一边喝冰镇饮料，一边唱卡拉 OK。在门口的院子里，他修了个小型的游泳池，隔三岔五地游泳。此外，程守义还买了一匹马，常常早晚各一次骑着马沿河边“散步”。所有这些，在其他村民看来都是十分奢侈，甚至荒唐的消费。但程守义认为：“其实是他们自己想不开。你看，没过多久，大家不都喜欢彩电了吗？不是也买 VCD 和 DVD（播放器）了吗？”不过，当村民也开始享用这些家电时，2004 年程守义又搞了一次更新换代。他买了一台电脑放在家里，从渡桥圩镇直接牵网线到家（后还曾配置无线上网设备），不久后就能熟练地使用电脑上网。2009 年，他在游泳池边另盖了三间小房子，专做茶室、音乐室。儿子程福稻花了 50 多万元为他配了大型根雕茶几、唱片机，以及其他高档音响设备。

言及享受生活，据程守义自己总结，重在自我感受，不在乎别人看重什么。例如，程守义从来不穿单价超过 50 元的皮鞋，他的皮鞋从新一直穿到烂为止，从来不擦油、护理，烂掉之后再买新的。程守义的衬衣、裤子也从来不选名牌，单价一般不超过 100 元。有一次，我们在聊天时，他孙子曾说，“（这些衣服）平时穿出来皱皱巴巴的，一看就是‘山寨货’”。程守义当即很严肃地批评道：

一看就是“山寨货”，就对啦。衣服穿着过得去就行了，你要那么显摆干吗？生怕人家不知道你有钱吗？如果你真有钱，你怕人家认为你冇钱干什么？如果你冇钱，你要打肿脸充胖子干什么？我总是跟你们说“不要瞧不起穷人”，知道吗？你姑姑就靠这些“山寨货”赚了钱，你喜欢高档货，你赚几块钱给我看看？

同样基于“低调”的考虑，程守义外出时总是乘坐城乡公共汽车，或者驾一部破旧的女式摩托。在渡桥镇，此类摩托一般为妇女使用，单价约2000元，而男性年轻村民一般会购买价格在5000元以上的大型摩托。程守义解释道，他不用骑摩托经过土路去丘陵或山地里干活，只在国道、省道和村中的水泥路上，女士摩托完全够用。不仅自己如此“节俭”，程守义还告诫儿子程福稻不要买好车。

程守义在家内追求高档享受，与其在外力求低调形成了鲜明的对比。而与这些形成更让人诧异的对比，还在于他在婚外性关系上表现得挥霍无度。

程守义跟包括我在内的不少人提起，1994年前往广西某市做牛生意时，有了第一次“找小姐”的经历。每次言及此次经历，程守义都会绘声绘色地描述他掏出一叠面值百元钞票的“豪气”样子，并强调在当时主要还是流行面值十元钞票的情况下，他这一举动如何起到了羞辱一位以貌取人、瞧不起他的大堂服务生的作用。不过，在1998年之前，程守义此类行为并不频繁。并且，此时他也很少跟其他的村民公开提起此类经历。

据程守义本人回忆，1998年发现有高血压并戒烟后，由于对钱和人生意义的看法有了很大的变化，此类行为迅速多了起来。此后他认为，钱就是用来花的，花钱就是要好好享乐。而在如何享乐的问题上，他认为，除了吃好、住得舒坦等物质享受外，“扣女”（玩女人）是必不可少的。直至2012年底前，程守义每个月都要出去“找小姐”两次以上。有时嫌太直接、没意思，他愿花更多的钱，把“小姐”约出来，仿照男女朋友关系吃饭、散步，然后再交易。连同路费等开支，一年下来此项费用达两三万元。同时，1998年，程守义与桐城一个27岁的有夫之妇建立起了固定的“男女朋友”关系。2013年夏某天程守义表示，在这位“女朋友”身上的花销，“到现在为止，前前后后大概总共有10万块左右”。此外，2000—2004年，程守义还曾在栖市包养了一位来自湘北的年轻妇女，并支持后者开了一个鲜花店（此后关系有变化但仍有来往）。程守义表示，和这个“湖南妹”也有感情成分，但金钱的成分更多，所以在她身上的花费比他“女朋友”更多。

1998年后，程守义在这方面另一个重要变化，是他变得喜欢在熟人面前炫耀。在很多人面前，程守义都曾自诩为“师奶杀手”[①]，有女人缘。不少村民都报之以恭维，但程守德、程守宽和程守智等与之玩得来的人却常表现出不以为然，常半开玩笑半认真地指出，这只是金钱带来的一种假象，没想到程守义自己还信以为真。例如，2008年某天，他又说起此话，正在一块儿闲聊的程守智向其他人做了个数钞票的动作，暗指这些所谓的“女人缘”都是拿钱买来的。而程守义果真再次争论道，这至少也有他身板好的“功劳”，而不仅仅是因为有钱就有“女人缘”。在这方面，更让少数好友瞠目结舌的炫耀方式是：程守义有几次还将他找“小姐”的过程偷录了下来，将录像存放在自己随身携带的U盘里，除了自己“回味”之外，在某些场合下还拿出来与朋友共同“欣赏”。

此外，程守义对于此类特殊享乐还有一套自己独特的“理论”。例如，他认为，在人们常说的“黄、赌、毒”中，“黄”可以愉悦身体、放松心情，“赌”和“毒”则是损害身体、刺激神经的，要不得。2011年9月的一天，程守义和我在他家茶室里聊天，他再次谈及此“理”，没料到被他的妻子程秀碰上了（除了打扫卫生，程秀

① “师奶”常为粤语对已婚妇女的称呼。

一般不常进程守义的茶室和音乐室）。程秀责骂他道："天打雷劈的，老不正经的东西，尽说些歪理邪说。这些封建主义的东西，有什么好下场？"程守义一方面表示，只是在自家茶室里"说说而已"，另一方面却据"理"力争道："孔子大圣人都说这个（性）就像吃饭一样重要呢，后来我们的老祖宗（程颢）搞错了，搞出了个什么'存天理、灭人欲'来。"

后来，我与程守德聊天时，曾提及程守义的以上说法。文化程度较高、熟悉宗族历史的程守德评价道：

> 他这套"道理"，我都听过百八十（没有一百也有八十）遍了。他这个人，别的方面都还不错，就是这方面冇节制，也可以说是冇节操，还强词夺理。冇文化，歪曲孔子，丢老祖宗（程颢）的脸。用过去的话说，他这就是"资产阶级的腐朽生活"嘛，或者也可以叫作"封建腐朽思想"……哎，现在各人有各人的活法，他就这么个人，享乐主义当头。不过，他现在有钱了，也算有点享乐的本事吧。比起现在好多其他的有钱人，他又还算好的，"吃、喝、嫖、赌、抽"，他还只沾了这一样。

对于不少年轻村民而言，程守义这套说法甚至还不乏吸引力。在他们看来，程守义是个"会享受"的、"潇洒"的人。有一次我在北塘自然村祠堂门口碰到十来个年轻人在围观打牌，他们说及程守义的风流"传奇"时，竟基本上都是这种看法。其中还有人以羡慕的口气说道："不是有句俗话说'男人有钱就变坏'吗？他呢，就是有钱就变坏的典型代表啦。要有多典型就有多典型。没钱的男人，就算你是个靓仔（帅哥），也没用，坏不起来的啦。"甚至于，常对程守义此类行为持批评态度的男性老年村民，如程守宽，有时也感叹："他那不能叫作'会享受'，应该叫作'尽情地享受'生活。"也即，在他看来，程守义确实是享受，只是太过头了一点。

至于较彻底的否定说法，我只在2012年国庆节期间听到一次。那是程守德的妻子程菊碰上几个人在程守德的钟表修理店里议论此事时说的，大概可算中老年妇女的态度[①]。她的评价是："老不正经，丢脸丢到老，老脸都丢完了。"

五、安家

程守义复杂的婚外性关系，所知者甚众，其子女自不在话下。程守义表示，其子女曾暗示，只要他还要这个家，母亲不大闹，他们也就不干涉，但若他不能保证这一点，他们将只认母亲、不认父亲。程守义表示："这也是我的原则，家怎么可能不要呢？"

程秀自然也不可能毫不知情，但她从未公开承认过有证据。程守义在其他人面前都承认此事，也唯独在程秀面前矢口否认。考虑到程秀可能在"心知肚明"的情况下，却假装糊涂地维护着最后一层"窗户纸"，我不愿冒险当面直接问她对程守义这方面行为的看法，以免破坏了"窗户纸"，而使他们夫妻陷入没有回旋余地的尴尬。对这个敏感的问题，作为一个外人，我只是从旁观察，她主动说什么，我就听什么，她主动说到什么程度，我就听到什么程度。不过，种种迹象还是清晰地表明，她对此事确实"心如明镜"。

据程守义说，在他开始几年和"女朋友"交往时，程秀有时会在家里大吵大闹，但他除了"打死也不承认"之外，其他的则一声不吭，双方最终吵不起来。后来，程秀吵闹的重点所指转移到了"湖南妹"身上。程守义表示，这可能是因为过了几年，程秀觉得他

---

① 至于年轻女性，我一直没专门就此事了解她们的看法。不过，程守义的儿媳针对类似行为有略微不同的态度（详见后文）。

“女朋友”威胁不大，而“湖南妹”的威胁更大。我相信，程守义作为当事人，对程秀的心理猜测应该比较可靠。如他还举例道，程秀对他进“桑拿”“洗浴中心”找“小姐”之类纯粹的“钱肉交易”行为，基本上不干涉，她在吵闹时虽然也会“控诉”此类行为，却又多次说：“下三烂的路边野花，老天怎么不开眼，让她们把病传给你？我懒得说了，反正我也老了，不会传染给我的。”

1998年，程秀曾哭闹到程守义的“阿二”家（“五服”内的兄长），控诉程守义“不讲良心、忘恩负义”，声称她跟程守义吃了一辈子苦，程守义却要抛弃她。程秀让他管管程守义，但后者表示，“这年头，不好管人家家里的私事”。不过，他反复安慰程秀说，“我相信他（程守义）不会不要家的，你快回去，不要到处闹了。否则，你看，你们家儿媳妇刚进门还没多久呢。你这样闹，对谁都不好”。此后，程秀即使吵闹也局限在家中，再未到其他人家中“搬救兵”。程秀曾将自己这种处境形容为，“叫天天不应，叫地地不灵”。

程守义对待吵闹的办法，一是拒不承认事实，二是从口头上到行动上“顾家”。对此，在2008年和我一次聊天时，他解释道：

> 至于说“扣女”嘛，也不是什么稀奇事。现在这样的现象多了，又不是我一个人这样，她说（骂）了也就说一说，也不能把我怎么样啦。至于那个女朋友（固定情人）呢，她（程秀）也好像猜到了一些，但没有证据，（在她面前）我不承认，她也没办法……再一个就是，我并不是说有了外面的，就不要家里的（妻子）。我对她还是很好的，她有胃病，我花多少钱都愿意给她到处求医，这两年终于差不多治好了。只要我在家里有空，做饭、洗衣服这样的家务事也都是我做，我做得比她仔细，比她做得好。她娘家的人，我也对他们特别好，让她很有面子。（我）能做到这一点也不容易啦……总之，外面是“彩旗飘飘”，

但是家里“红旗”不能倒。

2005年起，程守义与“湖南妹”的关系略有变化。两人每月相处时间减少，程守义不再固定每月给她“生活费”，而改成逢年过节给“过节费”。这种状况一直持续到最后。程守义自己认为，此前“湖南妹”有点像人们通常说的“二奶”，但此后即已不是。问及缘由，程守义表示，一则此时起“她自己的花店也赚了不少钱，养活她自己没问题”，二则更为重要的是，此后他不再反对她与其他人来往，默认了她准备回老家嫁人的选择。

同年，程秀在家中开始变得很少再与程守义吵闹。她开始“正式”信仰佛教。

程秀原来也或多或少有点信仰佛教。从1980年代初期起，逢年过节时，程秀在家中就常会烧香拜佛。此外，她有时还与其他人一道到附近的寺庙里烧香。在一些大的佛教节日里，她甚至每年会去一两趟梵县某寺庙烧香。而且，每一次，她都会捐不少款。以至于，她常喜欢在人前说，人要信佛祖。不过，程秀并不是一个虔诚的佛教徒。平常，她每日必拜的是关公。约在1994年，她让程守义买了一套非常现代的关公像。虽然这套关公像在通电的条件下，只要打开开关就有电子的“香”和“纸”，程秀还是每日必亲自烧香、焚纸。

2005年起，在其他村民看来，程秀终于变成了虔诚的佛教徒，不再拜关公。对此，她曾于2011年对我说道（2008年，她已改信基督教）：

> 拜那么多关公有什么用？要那么多钱有什么用？人要的是福，不是钱。没钱的时候，有钱是福。已经有钱了，钱就不是福了……钱当然也还是重要的，我崽（儿）女他们拜啦，现在

是他们揾（赚）钱，他们拜关公。我老了，不用揾（赚）钱了，不拜关公了。我老了，就拜拜“因果报应”。呃，就是《因果经》说的那个啊，你懂不懂？我没文化，懂得不多。

程秀不仅开始像原来拜关公那样勤快地拜菩萨，而且去梵县某寺庙也比原来勤快得多。除了种点蔬菜自食之外，程秀打发时间的主要方式是看电视，其他的时间则经常念经。她告诉我，现在程村人虽然还不至于像城里人那样，楼上楼下都不认识，但已不再像过去那样经常串门了。大家没事都比较喜欢关着院门在家看电视，或者和玩得来的人一起打牌、打麻将。她不打牌和麻将，因此出去串门的机会比原来少多了。念经，曾一度成了她生活的重要组成部分，“哪天不念经，天就不会黑的”。2010年夏，程守义曾带我到他家楼顶去拍摄程村旧村全景。在二楼，程守义让我看了程秀的卧室，说他们“分开睡觉已有十多年，只有去了梧城，在儿子家才睡一起”。虽然此时程秀已改信基督教约两年，但她卧室的墙上仍挂着各种佛珠，桌上摆着《因果经》《六祖坛经》等佛教书籍（当然，墙上也有十字架，桌上也有《圣经》）。

不过，程秀念经却有些举步维艰。她只有小学文化，不太看得懂经书。2008年农历年底前我在程村调研，她结结巴巴地做了多次努力，才勉强将禅宗惠能那首名谒背出来：“菩提本无树，明镜亦非台。心中本无物，何处惹尘埃。”她然后又说：“哎，没文化，不行的。不管它啦，我现在已经信‘主’去了。”

程秀改信基督教，与程守德的妻子程菊、程守宽的妻子冯兰劝导，有密切关系。

冯兰于1991年开始信仰基督教，是她婆婆麦老太传教的结果。之后，冯兰成了渡桥镇传教的积极分子。程菊于1998年开始信仰基督教，也与冯兰劝导有关。因程菊具有高中文化水平，有一定活动能力，而且就住在福音堂旁，约2000年起被渡桥福音堂指定为程村“片区负责人”。

较之于程菊，程秀虽然文化程度低，却因曾在梧城卖牛肉、常接触外地人，能说一口相对流利的普通话。而且，在待人接物方面，程秀也更善于统筹安排。2009年，程秀被渡桥福音堂指定接替程菊作为程村“片区负责人”。

在接下来几年的接触中，我发现，程秀赞美基督往往与其对苦难的怀念混在一起。在与我的聊天中，她表示对过去困难时光的怀念，几乎与她“控诉”过去“很苦”的次数一样多。例如，在2010年某天，在抨击完一个有关三角恋的粤语肥皂剧后，她感叹道：

> 现在世界好乱。你说这时过得不够顺吗？好像又算很顺了。你说顺吗？好像又没什么意思。原来穷的时候，想揾（赚）钱，等揾到钱了，又觉得钱好像不过如此……基督就不同了，它会告诉你，人活着其实还是有意义的。

不管如何，程守义的家算是安静了下来。不管程秀信佛还是基督教，程守义都积极支持。2011年某个周日，我碰见程守义在家做饭、搞卫生。他解释道：“老太婆要忙着去福音堂，不得闲（没空）。”此外，他还诙谐地说：

> 电视里的经典台词是“……感谢观众、感谢CCTV、感谢所有的TV”。我这是“感谢菩萨、感谢神灵、感谢主，感谢和尚、感谢基督教友、感谢所有的教友”……这个家总算安定下来了，这个“安居工程”不容易搞呢。

不过，程守义家很快就出现了新的不安定因素。他的孙子开始读初中，对读书不是很感兴趣，常沉溺于电子游戏，有几次去网吧玩，还和人打架。由于程福稻夫妇忙于生意，程守义不得不接手了看管孙子的任务。程守义原来只喜欢住在程村，从不在梧城过夜三天以上。此时起，他却需常住梧城，即使回程村也常需要当天往返，以便晚上看管孙子。我好几次到程村，都在电话里被告知，如需和他见面，最好在梧城。2012 年国庆节我们见面时，他曾说：

> 现在我就像政府负责“维稳”的人一样，天天得看着（孙子）。哎，没办法，人活一辈子，也总不能只管自己享受啊。孙子不能不管的，要不然，学坏了，（我）原来辛辛苦苦赚那么多钱，不都白赚啦？……哎，现在这个社会太乱了，搞得家里不得安。

六、真我

在程村同代人眼中，当年“造反”的程守义与后来作为老板的程守义，既有延续的一面，又判若两人。

当人们在强调他延续的一面时，往往会说，程守义“这个人就是这样”。他们正面的夸奖如：程守义不管是在困难时期，还是发了财，都善于交朋友，至少不为了自我利益而坑害朋友；发了财，没有瞧不起老朋友；虽家外“彩旗飘飘”，毕竟家中“红旗不倒”。他们负面的贬损如：程守义不管是在“大集体”时期，还是做了老板，都是个爱偷懒的人，做事情吊儿郎当，不安分守己；发了财，仍是一副土得掉渣的农民模样，穿衣服永远像一堆腌菜。

当人们在强调他变化的一面时，往往会说，程守义很会“顺势”而变。他们正面的夸奖如：程守义很懂得不同的时代需要什么，“大集体”时期讲“马列”，红得发紫，市场经济念“生意经”，富得流油；在困难时期艰苦朴素，发财后很会用心享受生活。他们负面的贬损如：程守义在“大集体”时期敢于抵制上级的错误政策，敢于出头照顾“叔伯兄弟”，当了老板后做生意却不再照顾“叔伯兄弟”；在困难时期靠发妻一起赚“两餐”，发财后到处“扣女”。

在不少年轻人眼中，程守义的形象则出奇地一致，那就是“有本事的人”“成功人士”“很厉害”。例如，2010年夏的一天，我在小卖部门口和几个准备捞鱼的年轻人边抽烟边聊天。在将程守义和程成仁做对比时，有个年轻人曾有过一番很有代表性的说法：

> 这个事情，怎么说呢？怎么比？一个在天上，一个在地下。一个（有）大把的钱，一个天天坐在家门口冇人理。怎么比？冇办法比。俗话讲得好，“成者王、败者寇”啦。如果程成仁真有本事，怎么会落到这个地步？程守义就不一样啦，原来的事我们年轻人也不清楚，只当是听传奇故事。但人家后来做生意确实顶呱呱啊，这个我们是知道啦，看着他发财的啊。你不得不佩服人家有本事……不说做生意，光是说戒烟，你能说戒就戒？人家（程守义）就能。那人家自我控制力就是强啦。跟孙猴子差不多，说变就变。孙猴子为什么比猪八戒厉害啊？就是变化多啦。程成仁差就差在不会变啦。过去不会变，上面说什么就做什么，也不管行不行得通，不管好还是坏。后来时代变了，他还是不会变。不会变，当然就不会通，不通当然就会“痛”啦。俗话说，“通则不痛，痛则不通”啦。所以呢，程成仁现在这么“痛苦”，都是他脑筋不会转弯、脑壳（袋）不会变，自己找的。程守义之所以能够成为“成功人士”，厉害就厉害在有“变通”的本事。

程守义表示，他知道不少村民对他的评价“有贬损的味道”，而且坦言，“确实有依据”。但他并不在乎，而愿意坚持“走自己的路，让别人去说”。例如，关于他“爱偷懒”“吊儿郎当”“不安分”的说法，程守义曾说：“他们说得对。但问题是，‘聪明人’哪有不想办法偷懒的？如果有办法，哪个不想走捷径？只有‘没本事的人’，才老老实实、安分守己啦。”同时，他又说：“不过，有时候我确实也钻了些空子，做了不少偷奸耍滑的事情。他们批评也是有道理的。”关于他“土得掉渣”的说法，程守义一方面承认自己确实“土”，另一方面又说他从来都是走在潮流的前面，包括“扣女”；关于对他发财后背着发妻“扣女”的指责，程守义既承认不对，又说评论者“吃不到葡萄说葡萄酸”，并说他“比那些扶正‘二奶’的人好多了”；对于他富裕后未照顾“叔伯兄弟”的说法，程守义表示，对“叔伯兄弟”照顾得确实少了点，但他本来就对宗族方面的事情不感兴趣，做生意时若把“叔伯兄弟”关系掺杂进来，恐怕不仅做不好生意，而且会破坏“叔伯兄弟”感情。

至于其他村民的夸奖，程守义表示，“已经听得习以为常”，但“同样不能太在乎”。他说，原来“造反”进县“革委会”实属意外，后来做生意赚钱，也不能说没有运气的成分；原来艰苦朴素是穷得没办法，发财后享受生活是对的，但“扣女”确实太多。只有对于夸赞他致富前后对朋友都不错的说法，程守义是完全认同且引以为自豪的。

程守义本人对自己的评价，也经常非常矛盾。每次和他聊天，他都会“表扬”自己如何会讲人情、做生意、随机应变。但是，他也常跟我提起，他不算“好人”。2011 年国庆节，我们曾在梧城有过一次长谈。当时，他曾感叹：

> 原来我很“马列”的，现在变成了这个样子，真的是恍如隔世。这个世界变得太快，人生简直就像一场梦。而且，问题

是，这个梦偏偏又确确实实是真的。有时候想一想，我自己都不知道哪一个“我”真的是“我”了。

进而，程守义回忆道，年轻的时候很真诚地说要“革命”，对那些“四不清”的干部非常恼火，对程成仁、程成功等人的官僚主义做派十分看不惯。但是，也正是在“革命”的年代，当自己有权力之后，他也挪用了公款。程守义很明确地承认，如果一直持续下去的话，说不定自己就会变成“四不清”的干部，会被别人“革”掉命。所以，程守义认为，他一门心思转向赚钱，三分之一是程成仁等人“推”的，三分之一是大趋势“引”的，三分之一是自己“选”的。

程守义说，刚刚“分田到户”那时，只是想赚点钱，改善一下家里的生活条件，没有想过会发大财、当老板。所以，他把家看得很重。除了家庭和睦之外，他特别注重子女的教育。不过，与一般村民有所不同，他并不十分看重子女的学习成绩，而十分看重其品性习惯和做事的能力。因此，他重点管束子女不能学“坏”。这一教育思路延续到现在对孙子的看管，他并不重视孙子的学习成绩，但严防孙子打架斗殴，上网看黄色信息，乱花钱，等等。事实证明，他管家是管得比较成功的，四个子女没有出现“富二代”常见的毛病。并且，其中三个做生意、办实业，经营能力都不错。

但是，当真正发财之后，程守义发现其家庭反而出现了不安定的因素。他说：“我算是习惯很好的了，不大吃大喝，不赌博，不吸毒，不像很多老板嗜好很多。就是那方面的欲望太强了些，管不住裤裆。”程守义曾认为，既然能当机立断戒烟，也能把那方面的欲望戒掉。可每当他起了戒的念头，很快即被自己“‘黄’能愉悦身体、放松心情”的“理论”打败。谈及此处，程守义说，结合原来的“革命理论素养”，颇有些“理论心得”。他说道：

对拜金主义批判得是很厉害的。但是原来穷，（我）只是看书，其实没什么体会。现在我算慢慢懂了，我有时候觉得，从骨子里我还真是崇拜马列的……那个词叫什么？……对了，叫“异化”。这个你一定懂的吧？“异化”，就是说因为钱，人变成了物，就是没有生命的东西啦。呃，有时候，我觉得自己就好像是变成了物。比如说，跟“靓女”（“小姐”）搞完之后，我看看（和“小姐”拍的）录像，有时候就问自己：“那个人是我吗？”好像是，好像又不是，说不清楚，可能就是个图像吧……那个钱啦，不是说存在银行里，（或者）变成金子、银子放在床底下就你的。不花怎么是你的？当然了，花完了，也不是你的啦。钱，就是花的那一瞬间是你的，知道吗？你看现在报道这么多贪官把钱想方设法藏起来，那钱是他们的吗？不是啊。这样的钱，除了让自己心里痒痒的，除了让自己害怕之外，什么都不是。再比如说，“小姐”说起来很像“异化”（的产物），就是说“靓女”都变成了物，你付钱就可以用。但是，我跟你说啊，“小姐”真正的妙处就在于她们既是付钱就可以用的物，又确实是有生命的。要说物，你见过锅碗瓢盆、香烟啤酒主动想尽办法满足你的欲望的吗？冇。你如果不喜欢，首先得告诉生产这些东西的老板，老板再来做改进，这些东西本身是死的。“靓女”（“小姐”）就不同啊，她们本身就是活的，就会主动想尽办法让你舒服得要死。所以，这个既是“异化”，又不是“异化”。因为她们不是变成了物，而是变成了另外一个“我”。她给你搞的时候是另外一个人，不是她平时的那个人。真的，×××（“湖南妹”）就是这么跟我说的。

说这话时，程守义的表情时而为玩世不恭的嬉皮笑脸，时而又十分严肃。他有意无意地用颠过来、倒过去的说法，要向我证明，他的生活很真实，但确实不知道哪个“我”是他真实的“我”。

尤其是关于婚外性行为，程守义在前面说是好的。后来，他又说：“对子孙还是不好。幸亏原来我的录像都存在U盘里随身带着走，要是被孙子在电脑里看到了，会有害。”我说：“现在的小孩在网上也很容易看到这样的东西。”程守义答道：“所以我得看着他上网。要是（我的）录像被他看到了，他可能就会顶撞你啦，‘你自己都这样，凭什么教训我啊’……有时候觉得，为了孙子，得把这个（嗜好）戒了。”

可是，过了一会儿他又轻描淡写道：

> 这年头，这样的（爱欲）故事太多了……你去网上看看就知道了，把主人公的名字换一换，保证很多故事基本上都是一样的……其实啊，我原来在梧城（梧县“革委会”）没事天天看小说，就发现古今中外的爱情故事，情节都大同小异，从来没变。所以，现在那些情感剧，我从不看，（因为）都编得太烂啦。“扣女”也一样，虽然在换不同的人（“小姐”），最后感觉其实也大同小异，基本动作，从来没变，就那么几个动作啦。

同样还是在这次聊天中，程守义最后又说：

> 我这辈子是享受得太过头了一点。我知道，我肯定会短命的。“扣女”那么多，虽然付了钱，还是有点亏心啦。再说，按照科学来讲也肯定会短命啦。不管是（根据）中医还是西医，纵欲太多，都对身体有害的啦……好在这辈子能享受的，也都已经享受了。差不多了，该死了。

我知道，程守义这么说，并不表示他马上就要去自杀。最多只表示，他有时候感到活着已没什么意思，而且仅仅是“有时候”如此而已。几分钟前，他还在强调教育好孙子意义重大，比赚钱，比自己的肉体享受，都重要得多。

第四章　知识分子

一、当家

程守德和程守智高中毕业于渡桥中学，他们的妻子也如此。刚到程村调查“古村落”时，我曾向不少村民打听过，“哪些人比较有文化”。我被告知，程守德和程守智两兄弟常被村民认为是“知识分子”的代表，或者说，“他们一家子都是知识分子”。有时候，也有村民会说，他们是“老派知识分子”，因为“现在的知识分子，哪个还会生活在农村？再怎么不行，也早就出去打工揾（赚）钱去了”。这些村民说的“知识分子”，很显然含义比较模糊。实际上，在程守德、程守智分别组织的高中同学聚会纪念照片中，他们在程村都有好几个同班同学。由此，这些村民给我指出，“知识分子”这个词并不单单指文凭。于是，我又指出，程守德、程守智的大哥程守礼文化程度很低，他们弟弟程守才也只是初中毕业。这些村民又跟我说：“‘一家子’这个说法也是模糊的，其实就是（程）守德和（程）守智。他们的大佬（兄）和细佬（弟）不算。”大约经过了两年跟踪调查后，我才慢慢理解，村民认为程守德、程守智算“知识分子”，而程守礼、程守才跟他们不算“一家子”，是与他们诸多的人生往事细节联系在一起的。

程守礼生于1933年，曾读过三年小学。1945年，因家庭贫困，程守礼被父亲送到广州，跟一个堂兄当理发学徒。经过三年学徒之后，程守礼“出师”，准备独立开店。但在父亲的要求下，程守礼于1948年农历年末回程村订婚，并于次年春结婚。不久后，程守礼因无资金独立开店，仍到堂兄在广州的理发店帮忙。1949年，在解放军进入广州之前，程守礼随堂兄一并移居到香港，此后与家人中断音信约两年。

在程守礼离开程村前，其妻子已怀孕，于1950年初生下一女。此后，按照“土改”工作队的政策，她本可重新考虑婚姻，但一方面因已生育并不容易再找，另一方面在犹豫中等到了程守礼的音信，于是未改嫁。可是，程守礼并未回来，而是数年后在香港另成新家，并有了二女一子。

程守德生于1939年，由于家境贫寒，直到1950年才获得上学的机会。为此，他十分珍惜读书的机会，学习十分认真刻苦。程守德后来回忆道，他年轻时的梦想是成为一名工程师或者机械师。原来读书的时候，他对物理和数学特别着迷。1959年，程守德参加中专考试失利。在当时，如果能考上中专，就可以“吃国家粮”，但按照梧县的“土政策”，高中毕业生也可以获得安排到国营企业或事业单位工作的机会。于是，程守德选择了继续读高中，直至1962年在渡桥高中毕业。可是，程守德此时刚好碰上国家“调整、巩固、充实、提高”的政策，他身为农村户口，并没有被安排到国营企业或事业单位上班。而他来自渡桥居民大队的同班同学杨显宗，则被安排到了渡桥公社木材加工厂，开始“吃国家粮”。

程守德有一个关系特别好的初中和高中同学麦某。麦某来自与渡桥公社相邻的山塘公社，其叔叔在珠海某农场担任某部门领导。该农场原本是为了安置东南亚归国华侨而设置的国营企业，但也从国内招聘少量农民作为无固定编制的农业工人。1962年，在本地就业无门的情况下，通过麦某帮忙，程守德去了该农场工作。但程守德很快发现，在农场干活比在老家生产队干活劳动强度还高。而且，与之同在一起劳动的大部分工人在回国前并不懂得农业，很多人甚至不是广东人，因此更不懂得根据珠海的气候、土质特点安排农业。虽然政府想了不少办法帮助农场发展生产，但效果并不佳。程守德在农场被视作本地人，因此凡事皆要起带头作用，劳动量更大。此外，程守德回忆道：

> 除了前面说的这些客观原因之外，（我）自己也有主观方面的原因。从根本上来说，我就是个知识分子。阿谭[①]啦，你想想啊，（我是）一个刚刚从学堂里出来的书生，哪受得了这个苦啊？又尤其是，我是没有编制的，干活比别人多，工资不到他们的一半，一个月十块零五毛，基本上只够养活我自己，没有多少钱带回家的。我老窦（父亲），也困难得不得了。阿智（程守智）、阿才（程守才）和我大佬（程守礼）的女都要读书，家庭负担好重啊。工资这么低，这样下去不是个办法。于是，干了一年多一点，我就坚决不肯干了，打了背包回来了。

1963年冬，程守德回到程村。不久后，在父母的催促和媒人的介绍下，与生于南塘自然村、比他小3岁的程菊结婚。1964年，两人生得一子。数月后，程守德与父母分家。但是，由于父亲身体不太好，程守德仍需接济父母和弟弟们。再加上程菊产后身体不适，很长一段时间无法参加生产队劳动，程守德的家境越发陷入困难。

1965年农历四月，家中已经接近揭不开锅的程守德，写了一封信给麦某，向其诉说当家的难处，并求援。等把信写完之后，程守德却发现，搜遍了家里的每一个角落，仍未能凑齐买邮票、信封所需的8分钱。不得已，程守德每天都去渡桥圩镇的“班车站”，打听

---

① 不少村民根据“阿 + 姓”的习惯，常称呼我为“阿谭”。

有没有人去山塘公社。该车站每天有一班汽车路过山塘公社去梧城，程守德等了3天终于等到一个公社干部去山塘公社办事，托其把信带到山塘公社，然后再托人带到麦某手中。第5天，天降大雨，但麦某冒雨骑自行车30多里，浑身淋得透湿地到了程村，并将用油纸包好的12元钱和10多斤粮票交给程守德。然后，麦某在程守德家吃了一个红薯后，即又返回山塘。

这个故事，程守德给我讲过很多遍，说明当时困顿的情况。每每讲完，他都要感叹一阵子，诸如“人要讲义气”“患难见真情”“当家不容易”之类的。程守德无数次表示，他的感慨是由衷的，因为这个同学帮他实在是太多。例如，在借钱和粮票后不久，麦某又为程守德打探到一个消息，并为之牵线搭桥，让他去应聘山塘中学民办教师。在此极度困顿之时，程守德接受了麦某的建议和帮助，前往山塘公社参加考试，并取得了一个民办教师的职位。而在此前，程守德一直梦想做工程师或当机械工人，十分讨厌教师这个职业。忆及往事，程守德说，“我当老师，纯粹是像林冲一样，被逼上梁山”。

除了贫困之外，程守德在回忆往事，感叹“当家不容易”时，还有一件重要的事情。那就是1965年，因为嫂子和陈西的“桃色”事件，程守德与程守礼之间闹出了意见。

程守礼的妻子与陈西的事情暴露之后，在大队支书程成仁的再三催促下，程守德连写了几封信寄往香港，要求程守礼回程村参与该事件的处理。等程守礼终于克服重重压力回到程村后，尚未正式与陈西、程成仁等人商谈，便先与程守德产生了严重的分歧（父亲因身体不好，且相信程守德有文化，让程守德当家）。

程守礼倾向于认定，自己与这位妻子早已没有夫妻关系。不仅如此，他还表示无法将女儿带走。因此，程守礼希望由父母或程守德照看其女儿，至于其妻子随便改嫁给谁都可以，他没意见。但是，程守德认为，程守礼在程村的婚姻是个历史事实，即便在香港已婚且已有子女，他也应首先在程村捍卫一个做丈夫的形象。然后，程守德认为，程守礼应与程村的妻子正式办理离婚手续，并把女儿带去香港或者资助一定的生活费用，因为父母身体欠佳，家庭负担过重。可是，程守礼表示，他在香港生活也十分艰难，实在没有办法再考虑程村的事情。此外，程守德认为，程守礼应该坚决反对其妻子离婚后嫁给陈西，以免将来大家仍都生活在江北自然村，抬头不见低头见，容易产生矛盾。而程守礼对此并不在意，后来在有陈西、程成仁参与的正式处理会议上，他也未提及此事。

纠纷最后解决的方式大体达到了程守礼的要求，却与程守德的想法相去甚远。程守礼与妻子因原本就没有结婚证，由此在正式会议上办理了口头离婚手续。陈西被开除党籍，但他选择了与原配离婚，带着自己的三子一女，接纳了程守礼的原配及女儿。

在程守德本已有不满情绪的情况下，程守礼所说的某些话刺激了他，引发了进一步的矛盾。一是程守礼常说香港如何好、程村如何穷，二是责怪程守德当家没有当好，搞得父母身体都不好，两个弟弟也面黄肌瘦。对此，程守德回忆道：

> 我大佬（哥）完全是个没心没肺的人，完全不能体会我当家的苦。我当时一个月十多块的工资，自己也有个崽（儿），平时在山塘教书，礼拜六、礼拜天还得回来帮着家里在生产队开工。（我）吃的、穿的都是最差的。你说我容易吗？我也不容易啊，真的尽力啦。你（他）说香港这好那好，怎么不能给父母一点钱？怎么连女儿也给别人去养？（他）那讲话的口气，就像是古代衣锦还乡的达官贵人一样，我一听就生气。尤其是还怪我冇当好家，分明是站着说话不腰痛嘛……那时我也年轻气盛，反驳了他几句。他觉得我挖苦了他，不尊重大佬，闹得不

欢而散。

程守礼自这次离开，一直到1980年代初，中间再未回程村。程守德的父母对教育十分重视，尽管家庭困难，还是坚持让程守智在渡桥中学上了高中。好在程守智在周末及寒暑假期间也已可协助家里赚一点工分，再加上1966年起，他们身体逐步好转，家庭生活状况才稍有回转。1968年，程守智高中毕业，但因推荐上大学制度的推行，“中农”出身的他只得开始在生产队劳动。1972年，程守德的父亲去世，程守德、程守智为之举行了简单葬礼。程守礼未归。忆及缘由，程守德解释道：

> 那时通信不方便，如写信过去等他来再下葬的话，时间太长了，不行。所以，只在葬礼后让我细佬（程守智）去了封信告诉他。我是懒得写给他的。他也只回了封信，说很难过啊、没尽孝啊，什么什么的，又说回来的手续不好办，什么什么的。我叫阿智（程守智）别回他的信了，有什么意思。我同阿智对他有什么感情啦。

二、黑参

在不少程村人眼中，程守德不仅文化程度高，而且对政治有着惊人的敏感性和分析、预见能力，但很可惜，他从未走上政治的道路，担任领导。

程守德超群的政治分析能力，第一次在“四清”运动中表现了出来。

1964年底，“四清”工作队查实，程村大队第三生产队会计程守禄多吃多占了一定数量的木薯（该生产队为1962年由江北生产队一分为三的其中一个）。在平常的工作中，程守禄经常训斥普通社员，加之程成仁在其背后撑腰，许多村民对之敢怒不敢言。据不少村民回忆，因为程守禄的缘故，其妻子平时说话也常“让人觉得高高在上、神气十足”。不少人对此也有不满情绪，谓之“狐假虎威”。程守禄被查后，不少程村人传言他可能会被抓去坐牢，甚至枪毙。不用说，程守禄一家自是对此忧心忡忡。当时，“四清”工作队在清查账目、财务时，需要找几个未担任干部的人协助，名为“书记员”。经社员推荐，有一段时间，文化程度较高的程守德做了“四清”工作队的书记员。对程守禄的事情，程守德回忆道：

> （程守禄被查后的）一个晚上，我家刚吃完饭，他（程守禄的）老婆带着两个小孩来了（我家）。（她）说：“你老哥（程守禄）想死。”然后说，程守禄那天晚上准备走短路（寻短见），上吊，幸亏被她发现了。说要我帮忙救救他。我就安慰她说：“不要死，叫他不要死。这个事情怎么处理，政策我清楚，不会让他死的。”（我）到了他们家里，我给他分析说：“（政策是）坦白从宽、抗拒从严，你已经坦白了，不会要你死的。再一个，‘枪打出头鸟’，你（多吃多占）的数字不算最大的，不会要你死的。这是第二个原因。再说句不好听的，俗话说‘官官相卫’，你没有得罪公社领导，没有得罪大队领导，只要他们不放手（你），冇可能会要你死的。这是第三个原因。”他听了之后，总算安心了一点。

后来，事实确如程守德所料，程守禄只被要求退赔了多吃多占的木薯，仍保留了原职。程守禄直夸程守德，“读的书多，毕竟不同，有见识，简直会神机妙算，不搞政治实在太浪费”。但是，程守德当时并未像程守义那样，主动去与“四清”工作队搞好关系。也因此，虽然程守德曾协助“四清”工作队工作，但并未引起后者的重视，并未得到推举。而在程守义看来，这正是程守德不会搞关系的表现。

不过，程守义也表示，他很佩服程守德在政治上很聪明。程守义所指的，是程守德在政治纷争中的表现。

1966年初夏，程守德正在山塘中学教书。这所学校里，因为不少老师在1957年时即被划成了“右派”，此时更是大字报满天飞。其中，也有些大字报是针对程守德的，称他为“右派”的“黑参谋”或“黑参”。原因可能是程守德平时对人比较老实、友善，包括对“右派”。在一些“右派”老师受到不公正待遇的时候，程守德会私底下从言语上像对程守禄一样给予安慰。于是，有的“造反派”就认为他一直对“右派”很好，私底下为“右派”出谋划策。对此，程守德回忆道：

> 真是冤枉啊。阿谭，你想想，当时谁敢为“右派”出谋划策啊？（我）无非就是同事之间，安慰过几句啦。这就上了大字报。我一看形势不对，马上决定想办法调回程村小学。在那里，我是外地人，一旦斗争继续升级，外人很容易成为替罪羊的啦。你想想啊，真要整人的时候，肯定先拿外人开刀啦。再一个，程村小学这边，校长是“红旗派”的。从观点上说，我也是“红旗派”。我觉得可能回到这里会安全点，既是本地人，又跟校长同属一派。再一个，帮家里干点农活也方便，照看家里方便点。

随着程守德调回程村，山塘中学针对他的大字报风波，也就随之消失。而在后来的斗争中，山塘中学成了山塘公社斗争最激烈的地方之一，他那些“右派”同事受到了猛烈的批判。

不过，在程村，程守德也很快陷入了派系斗争的中心。在政治观点上，程守德属于“红旗派”。他既是小学老师，又是程村人，加之与校长、程守义两人私交都不错，回村后不久，即被渡桥居民大队的“东风派”称为渡桥公社“红旗派”最大的“黑参谋”。而在“七一六事件”中，程守德确实起到了重要作用。

此后在日常生活中，据程守德回忆，他都谨言慎行，力求平淡，以免陷入政治纠纷。除了教书之外，在课余时间里，程守德如同生产队其他普通社员一样开工。不过，程守德说，与干部们的小摩擦在所难免。通常，他的对策是“忍”。但在“忍无可忍”时，他也会选择公开“翻脸”。例如，1968年，程村第三生产队队长程守禄常安排程成仁的妻子担任劳动小组的组长，以监督其他社员劳动。程守德的妻子程菊即经常被安排在程成仁妻子的劳动小组中。据程守德说，程守禄因为“四清”时曾求助于他，此举原本是想照顾程菊，他曾多次让程成仁的妻子对程菊客气一点。但事与愿违，由于程菊是高中毕业生，而程成仁的妻子是文盲。在管理劳动的过程中，程成仁的妻子曾有“仗（夫）势欺人”的嫌疑，说话不太尊重人。对此，程菊曾表现出看不惯，二人难免就起了一些矛盾。后来，程成仁夫妇曾多次在大众场合下说程菊“没到打钟就进饭堂”。这话表面上听起来，似乎是说程菊不遵守劳动纪律，没有到吃饭时间就去吃饭。但在程村的方言中，它还有另一层隐晦的、侮辱人的意思，即说程菊在结婚之前就有了性行为，结婚时已经不是处女。为此，程守德公开对程成仁的妻子翻了一次脸。他回忆道：

> 有一次开社员大会，我故意走在她前面，然后大声问：“你怎么跟在我屁股后边呀？”她说：“呃，是啊，碰巧啊。”我又问：“你是不是经常跟在我屁股后边呀？我睡觉，你也跟着？”

她知道我语气不对了，赶忙说："你莫乱讲！"这个时候，好多人围观。我要的就是这个效果，趁机吼了一声："既然是这样，那你们夫妇两个怎么知道我老婆没有敲钟就进饭堂了？你还叫我莫乱讲。到底是谁在乱讲啊？！"她冇话可讲。后来，程成仁知道了，就跟人说我真的是个"黑参谋"，平时不吭不哈，翻起脸来飞快，开口就没一句好话。（说我）就像狗，越是一声不吭的狗，越是会咬人。这些话，我懒得理他了。大家都知道谁有理、谁冇理，就得啦。

关于程守德是"黑参谋"的说法，还与他劝程守智辞掉生产队队长职务有关。

程守智于1968年参加生产队劳动，1970年担任生产队记工员，1975年开始担任生产队队长。1976年，程守智生得一子，但不满三个月即夭折。1977年，程成仁高调执行计划生育政策。程守德认为，如果程守智不认真配合程成仁执行政策，会被认为违反纪律，如果认真配合工作，又将得罪"叔伯兄弟"。在他建议下，程守智以妻子再次怀孕需要照顾等理由要求辞职。程成仁对程守智执行计划生育政策不够卖力本来就已不满，于是同意了他辞职，并取消了其"入党重点培养对象"的资格。程守智对此原本有点觉得可惜，（据他回忆）程守德则安慰他道：

不能入党就算了，看开点。政治的事情，谁也算不准能有多长久不变。何况，就是入党，你能当得了一个多大的官？那么多人当了大官，轰轰烈烈，最后还不就那样？……要是小事得罪人，不要紧，过段时间就没事了。这个（推行计生政策）得罪人，可不是一般的小事。

三、温饱

1970 年代末，程村各生产队工价逐步提高。程守德家所在的第三生产队，以成年男子常规劳动单日 10 个工分算，每天收入约 1.5 元，加上超常的工作量，成年男性的月收入在 50—60 元。但是，程守德在程村小学教书，其工资却并未上调。他已拿到民办教师最高工资，每月 35 元，加上每周末在生产队劳动一天半，每月收入总共也只有 45 元左右。因此，程守德家的生活压力反而比一般村民家更大些。程菊常埋怨程守德教书没钱，收入还不如在生产队开工。

可是，程守德始终认为，他是个读书人，干体力活不可能比别人更占优势。于是，他慢慢地认可了程守礼原来的说法，去香港谋生（程村人俗称“逃港”），可能确实是一条不错的出路。因为，据说当时香港成年男性劳动力的日工资已在港币 60 块以上。1976 年，毛主席逝世之后，曾有同村人邀程守德一道于冬天逃港。此时，程守德也确实下定了逃港的决心。而且，程菊也表示支持，声称愿意独自在程村照看小孩，只要程守德像那些已经逃港成功的人那样，能常寄些钱回家即可。可是，在临行前的下午（村民逃港往往昼伏夜行），程守德选择了放弃。当时，程守德执教的学生还未期末考试。他担心自己突然离开，学生考试考不好，故而决定等一等再说。邀其同行的村民逃港成功，程守德却因政府管理风声较紧等因素影响，一等就是数年。

1980 年，程守德再次下决心逃港。这次，直接刺激他下决心的是家里的住房。当时，程村大队接到上级通知，要求落实侨胞政策，1949 年前和 1950 年代初逃港者，均算作侨胞，其原有住房要归还给他们。程守德家的住房恰好就是这种房子，是他父亲 1950 年代初“分配劳动果实”所得。程守德将房子腾出来归还侨胞之后，梧县政府补助了他 100 块钱，而这当然根本不可能盖得起一栋房子。该年，程守德的大儿子已经 16 岁，按照当时程村的习俗，父母已该考虑他找对象结婚所用的物件（包括单间住房）。程守德思来想去，唯有逃港可能可以解决家里的经济问题。

但是，程守德在旁人看来仍是老实得不能再老实。他原本 5 月份就说想逃港，但如上次一样，还是等到了 7 月初学生期末考试结束，并且还按照正式程序，办理了民办教师辞职的手续。8 月份，程守德才终于成行。而外界的大形势，正是在这几个月中发生了重要变化，边境管制已格外严格。程守德与几个程村人花了十多天时间，一道翻山越岭避开大路逃至蛇口边境（今深圳蛇口），旋即被士兵抓住。程菊让她弟弟将之接回程村。此后不久，香港取消了原有的"抵垒政策"①，转而对逃港者实行"即捕即解"政策。程守德的逃港梦彻底破灭。

在和我聊天的过程中，谈及此番人生变动，程守德倒是显得比较豁达。他曾说道：

> 我岳父，他当时反对（我）辞掉民办教师（工作）。我跟他讲，"我读了这么多书，对不起这 35 块"。当时民办教师最高工资就是每月 35 块，不可能再高。我教了 16 年的书，工资再调整，也高不过 35 块……要是不（辞职）出来的话，后来肯定转成正式教师了。很多老朋友问我是不是后悔，我说，"也没有什么后悔的"。不出来，现在我肯定好了，有退休金，但当时全家就过不下去了……出来就是牺牲了我一个人，救了全家。人活在这个世界上，总是要有一个选择的啦。所以也没有什么后悔的啦。人生就是此一时彼一时啊，没办法用后来的变化去评价过去的事情。

① 该政策规定，凡成功抵达香港市区而又具有工作能力的人，都发放香港身份证。

逃港不成后，程守德开始思考新的谋生路子。考虑到手表在当时被视为时髦的标志之一，程守德想到自己一贯喜爱机械之类东西，或许学习修理钟表是一条赚钱的路子。于是，程守德托了一个在广州工作的高中同学，找了个机会，到广州某钟表厂当学徒。两个月后，程守德已经掌握了常见类型钟表的零部件构造及其维修办法。以“事后诸葛亮”的眼光来看，若程守德一直坚持留在钟表厂工作，后来的发展机会无疑会更多些。但是，程守德当时认为，留在钟表厂他也永远只能做临时工，无法得到编制成为正式工人。又考虑到妻子、两个儿子和两个女儿也都在农村，程守德没敢奢望依靠当学徒、学技术，能留在钟表厂长期工作，而只是靠“走后门”学一门技术，以便回农村弥补单纯务农的不足。

回到程村后，程守德找到了渡桥公社书记（原为程村小学校长、“红旗派”头头），请他帮忙找一个地方开钟表修理店。对此，程守德回忆道：

> 我要他（公社书记）去给我办执照，他开始说：“你自己去找他们（相关部门的工作人员）不就行了吗？”我说：“你想想看，你带我去，肯定不同的啦。”他说，“也是的”，就同意了带我去。我就跟着他去办执照，工商所、税务所的人客客气气地给我递烟。要是我一个人去，哪有这种待遇？那肯定是我给他们递烟啦。而且，关键是还要拖很长时间才能办好。而我当时是急于马上开业。

程守德花了3块钱办好营业执照之后，公社书记又给渡桥居民大队支书打招呼，帮忙给安排一个门面房。居民大队支书给程守德安排了一间区位条件较好的门面房。至程守德最后搬出此房间之前，渡桥居民大队都从未收取他的租金。不仅如此，工商所和税务所也都没有到程守德的钟表修理店收过工商管理费和营业税。

一年后，程守德用开钟表修理店赚来的钱，再借了一部分债，盖起了一栋约200平方米的新式青砖楼房。但在这个过程中，程守礼和程守才均没有提供任何帮助。之所以如此，乃是1981年底程守礼回程村探亲时，再次与程守德、程守智发生了不愉快。当时程守德、程守智均已与母亲分家，程守才刚成家，作为最小的儿子仍与母亲同吃住。程守礼从香港带回新旧两台录音机，曾为生产队文艺积极分子的程守智特别想要新录音机，程守礼、程守才则都以优先考虑母亲为由，主张将新录音机由程守才保管。程守德不需要录音机，但表示既然母亲自己不愿要录音机，应该将新录音机给程守智。在争执的过程中，程守礼不仅针对程守智而且针对程守德言语过激，而这两个弟弟也毫不相让，表示“人穷志不穷”，新、旧录音机都不要。并且，在争执的过程中，新录音机被摔坏，程守才最后还是只得到旧录音机，也对此不满。

这场阔别多年的见面，再次不欢而散。其矛盾在建房的问题上进一步被放大。1981—1982年，程守德、程守智在艰难条件下建房，程守礼、程守才均未帮忙。1983年，程守礼出资在程村建了一栋红砖钢筋混凝土结构的楼房，院墙上刻碑为“程守礼寓所”，但使用权归程守才。在此过程中，程守德、程守智也未提供帮助。其后，除1987年母亲去世外，他们再无来往。1988年，程守礼给程守才买了一辆小型运输车做生意，1994年再出资重新装修了他在程村的房子。

对这些，程守德和程守智给出的说法是程守礼比较偏心，而程守才也是个有心计的人，懂得讨好大哥并从他手中得到好处。程守才则认为，大哥照顾最小的弟弟本来就是应该的，程守德、程守智自己没能力照顾小弟，还想和小弟争大哥的资源，无论如何都不对。不少村民认为，程守礼毫无疑问“太冲”，但程守德、程守智也太像

"知识分子"，既"穷酸"又"清高"，只有程守才够"醒目"，愿意放下身段搞好对自己有用的关系。例如，程守义曾评论道：

> 他们两个（程守德、程守智）可能以为自己读过高中，有文化，一般不主动和（程）守礼联系，好像等着别人（程守礼）来主动联系他们一样。这就是不变通的表现啦。别人的家庭搞得好，你们（程守德、程守智）就不能主动向别人靠拢吗？如果主动靠拢，人家也不会不认的。人家（程）守才就懂得变通，经常找一些由头与（程）守礼来往，常常讲自己的困难，（程）守礼当然就不得不照顾他啦。其他的，好像找不出什么原因……我觉得，主要是他们不变通，做人太过死板，结果现成的（亲属）关系都搞不好，更不要说跟别人（没有亲属关系的人）拉关系、做生意了。

1994年，渡桥镇供销社进入"自负盈亏"的运营阶段，原有店面全部被拿出来拍卖。程守德以最低的价格买下了渡桥镇最旺地带的一间铺子（一个门面房加一个里间，共两间房）。程守德之所以能得到这一如意结果，与杨显宗的帮忙分不开（1975年，杨显宗从渡桥公社木材加工厂调往供销社，1982年开始在供销社担任领导职务）。程守德拍买到铺子后，将之稍做改造，前间做店，里间做厨房和餐厅，二楼做卧室。但即便是这样，程守德的钟表修理店仍只能起到补贴家用的作用，并不能致富。此后，随着渡桥圩镇开始建设新街，程守德的店面已显得偏僻。再加上随着手机普及，村民越来越少使用钟表，程守德的手艺也显得有些过时，收入大幅度下滑。

最近几年，程守德除了极少量的钟表修理之外，也卖一点老鼠药之类的农用小商品，每年能赚5000元左右，但水电、电话的开支即在2000元左右，人情花销也要2000元左右。对此，程守德说道："钟表快要淘汰了，好在我们这代人七老八十的，也快要淘汰了……平时除了自己种田（水稻）、种地（蔬菜）之外，朋友、老同学有时候会周济一点，但我不会问他们要……好在还有一点田可以种，加起来总归还可以满足'两餐'（过生活），要不然就没得吃了。"农闲时，程守德总是坐在店里，与前来串门的朋友或街坊、同村人喝茶，抽烟、聊天。不过，这些人缘，以程守义的眼光来看，都没实用价值。

四、宗亲

自 1996 年起，除了想办法赚点钱满足温饱之外，程守德将相当一部分精力放在了宗族事务上。

原本程守德并不是特别愿意参与宗族事务，认为自家的事情都没搞好，没有足够的精力去顾及其他。但是，程村发起修族谱的几位老人隔三岔五地去找程守德。他们夸程守德文化程度高，有知识、有水平，同时表示实在找不到什么年轻人愿意来干此事，希望程守德能为宗亲们出点力，接上协调宗族事务的班，否则程姓在这方面即将后继无人。

于是，程守德开始参与和学习修族谱。这项工作进展得比较顺利，他们花了一个多月的时间，完成了 1946 年程姓修族谱后村民的生育及存没情况的摸底调查。同时，他们也募集了 20 余万元的修谱基金。其来源主要有：第一，每个男丁摊派 50 元；第二，每个村民小组从集体收入中划拨 2000 元；第三，宗亲个人（男女不限）自愿捐款。这一举动曾引得当时的包村干部、渡桥镇副镇长方立正大发感慨。2008 年在和我的一次聊天中，方立正曾对此评价道：

那时要收农业税，简直难于登天。要说修族谱，却能在那么短的时间里，收到那么多钱。镇里当时就说想请这些人做“协税员”（帮助政府收税的人），（他们）个个都不愿意。什么是中国农民？这就是中国农民。封建思想根深蒂固！你能说这是现代人吗？能说这是现代公民吗？能说这是社会主义新农村吗？好啦，等到一旦有什么困难的时候，你说叫他们去找宗族的人（帮忙）吧，（宗族）又不行了，他们只会找政府。

我曾将方立正的感慨告知部分村民。对此，村民有自己的解释和看法。如程守德对此分析道：

（农业税）那些钱收去了，也不给我们老百姓办事。不清不楚的，都不知道哪里去了，说不定就被他们这些当官的贪污了。要真是交给国家的，“取之于民、用之于民”，老百姓怎么会不愿意交呢？我们的钱就不同啦，所有的账都在各个祠堂门口用红榜张贴出来，每一分钱怎么来的、怎么花的，一清二楚。如果做假账，大家一看就知道。再一个，大家都是叔伯兄弟，都是自己的事情，积极性当然就高。

程守德在参与修谱的过程中，还积极推动程村人与外地宗亲重新建立起联系。由近及远，程守德与南塘、北塘等自然村的族老曾先后与桐城、佛山南海、阳江阳春及福建漳州等地的程姓人建立起了联系，并做过正式拜访。尤其是桐城的程姓人，原本在 1949 年前即多有来往，此时建立联系后，先是邀请程村派代表参加了桐城清明节“拜太公”的仪式，又曾应邀派代表到程村参加新族谱的启封、分发仪式。程守德等人到南海拜访宗亲时，后者集体经济实力雄厚，热情地招待了他们。程守德曾多次向我展示他们拜访各地宗亲的照片，有一次他说：

> 你看，我们做这个事还可以公私兼顾。我们自己私人出路费，“家门”（外地宗亲）招待我们吃住。靠着这样，这些年我也走了不少地方。那个时候（1990年代末），程成信他们那些村干部，拿着村里的公款去香港、北京旅游，回来炫耀游长城的照片，大家当面不说什么，背地里都骂他们的。我们这个，大家就没什么说的，反而到处尊重你（我们）。我年纪大了，够“两餐”（基本生活）就行了，其他的也不多想，有这样的机会出去走走，觉得也很不错。后来，慢慢也就觉得有些意思了，再加上人也越来越闲了，凡是宗族里有什么事，能够尽一份力的，就尽一份力吧。

出于这种想法，自1990年代末开始，程守德开始专心致志地学习一整套与协调宗族事务相关的知识。例如，重新练习毛笔书法，学习做对联，以及掌握红白喜事的礼仪知识，等等。对此，程守德回忆道，虽然他是高中毕业生，但由于原来只喜欢数理化、想当工程师或机械师，教书时也主要教数学，此时学习这些东西，颇有几分困难。在程村一位老人留给程守德的《幼学琼林》一书上，我看到程守德用各种不同颜色的笔迹，写满了注释和学习心得，其用功程度确实很不一般。据程村其他几位族老说，没过一两年，程守德做对联的意境就已数一数二，对红白喜事礼仪知识也已较熟稔，唯毛笔书法提高速度较慢而已。程守德自己给出的解释是：一旦发现做的事情有价值，学习起来便有乐趣、会用心，进步也就会比较快。

2000年后，程村江北自然村的村民在操办红白喜事时，程守德一般都是必请的“主事”。程守德安排红白喜事，在程序上有一套清晰的办法。如在喜事启动之前，找什么样的人一起协商，确定具体操办规格、程序、人员配置和分工，以及开支预算，程守德都比较熟练。程守德本人所做的工作主要是安排分工、开支预算、做对联及控制关键步骤的时间，而这些在普通村民以及其他一些配合他“主事”的人看来，是最关键的。直到近两年，因为身体越来越难以适应熬夜，程守德才慢慢开始在操办白喜的活动中只担任一些次要角色。提及这类事情，不少村民都表示，让人更为尊重程守德的是，他在这些活动中“除了赚几包烟抽、赚了几餐饭吃”，基本上都是义务的。操办一场红白喜事，通常主家会给程守德一个一两百元的红包，但他转而又会以客人的身份将相应金额的钱，作为礼金再送给主家。如主家确属和他有亲属关系的，程守德往往还会另外添上一百块钱做礼金。

除了红白喜事之外，有的年份，程守德还会和江北自然村其他村民组织修“香火堂”和清明节拜“太公”。

“香火堂”在程村指的是祠堂和公共堂屋中的神龛，以及神龛前烧香烛、纸钱和摆供品用的木桌。因香、烛、纸落灰太多及气候潮湿的原因，“香火堂”通常每隔四五年需要修葺一次。而这即涉及募捐资金，请人修葺，再请阴阳先生安装，等等。对“香火堂”的作用，程守德和其他大部分村民都颇为相信。例如，他曾多次跟我讲一个案例。2004年春，他与程守智等人牵头组织村民重新修葺了一下江北自然村祠堂的“香火堂”，“结果”当年江北自然村考出了四个大学生。这种本是偶然巧合的事情，在程守德和其他不少村民看来，却具有相当可信的因果联系。我曾有意跟他“争论”，问他为何同样在江北自然村，程阿七等人于2010年牵头重修了“香火堂”，却未见“效果”。程守德很认真地回答道：“可能这里面牵涉的因素比较多，其他的因素限制了。在数学上，这个叫必要条件，但不是充要条件。”一起参与聊天的程守智、程守宽、杨显宗等人，都表示赞同程守德的说法。

清明节拜“太公”，在资金筹集和人员参与上，也属于自愿的性质。一般的情况下，组织者以程守德、程阿七等老人为主，上山扫墓者以中年人和小孩为主，妇女则在祠堂负责后勤。近几年，每年都有十来个在珠三角地区打工的青年男子回到江北自然村，参与拜“太公”。但常年在家劳动或在渡桥圩镇做生意、打工的青年人，则反而很少参与这一活动，他们往往只是捐点钱，人不到场。程守德解释道，这完全取决于个人，捐钱、人也到场，当然更好；捐钱、人不到场，他们也欢迎；不捐钱、不到场，他们也不责怪。不过，他跟我提到，在1949年前清明节拜“太公”，只要有男丁的家庭，是必须要出人的，资金则由族田所收租谷开支。而现在组织拜“太公”，募捐到的钱一次就花完。

2012年清明节，我曾到程村参与程守德、程阿七等人组织的拜“太公”活动。这次，他们募捐到了2000多块钱。拜“太公”的前一天，程守德安排好人员买菜、买酒，以及次日打扫祠堂、做饭和上山扫墓的人员。在此过程中，曾任村支书、时任渡桥镇城乡规划办主任的程成信也发表了一些意见，但有的被采纳，有的则没有，村民并未对他有特别的尊重。而对程守德，他们则十分尊重，最后方案由他定盘。由于程守德年事已高，且因程村与江北自然村的“太公山”之间的梧桐江大桥于2010年毁于大水，前去拜“太公”需骑摩托约40分钟，绕过桐市的一个镇，然后再爬山一个小时，他对于不能陪我一起去拜“太公”，表示十分抱歉。然后，他反复交代程守智，让其一定要跟我详细解说他们“太公山”上“大鹏展翅”“美女抛梳”等风水圣地的知识。

有时候，程守德也会因为宗族的事务而陷入一些麻烦。

2008年，渡桥镇从佛山市引进两家陶瓷厂，其中一家厂房选址涉及一片2亩多的“旱土”（实已荒废成灌木林）。镇政府为陶瓷厂征地，使得这片“旱土”有了近2万元的经济价值（陶瓷厂的二期规划还将涉及“旱土”周围的山林）。这引发了江北自然村和南塘自然村之间的纷争。

程守德带笔者参观其为香火堂书写的对联

程守德向笔者介绍香火堂内的祖先牌位

江北自然村程姓村民清明祭祖

祠堂大门口红榜公布清明祭祖收支账目

1962年实行“三权四固定”[①]时，这片旱地连同周围的山地属于第一生产队（今程村第一村民小组，位于江北自然村），1965年在程成仁的提议下划给了第十生产队（今第十村民小组，位于南塘自然村）。当时，由于第一生产队程守宽等人反对，程村大队干部最后形成了模糊决策（且无文字记载），“因一队的‘飞地’太远，暂交给十队管理”。此后40余年里，第一村民小组再未提出收回的要求。因为地处偏远，第十村民小组的这块地在“分田到户”时没有农户愿意接收，遂被当作了南塘自然村的集体山林（这意味着该自然村三个村民小组都有份）。程守德分析道，这么多年，包括在“分田到户”这一关键时刻，第一村民小组都没说要收回，主要原因是该地面积不大却又偏远，而且没什么经济效益。

当这片山地突然升值之后，第一小组的村民纷纷提出，他们才是山地的所有者。当他们发现与自己争夺的是整个南塘自然村的三个而非一个村民小组时，随即改变了策略。他们宣称，该山地是江北自然村的“太公山”，江北自然村将来要用它做坟地，不能给外人占去（这意味着江北自然村三个村民小组都应出力参与纷争）。由于是争“太公山”，无疑就成了宗族事务，程守德被江北自然村的村民拉去南塘自然村交涉。甚至于，1949年前已移居香港的同胞也被拉着卷了进来。

不久后，程守德发现，村民所争夺的其实并非“太公山”，不是要留它将来做坟地，而是要争夺征地款，而且内部很不团结。于是，他拒绝再参与和南塘自然村的争夺。此前，程守宽曾劝程守德，最好像他一样，不要介入此事。程守宽说：“真要说齐心协力争的话，

① 这是“三级所有、队为基础”制度下的一项具体政策，肯定了生产队的基本生产经营权利，以及对生产要素、劳动成果的支配权。其中，“三权”指种植权、劳力安排权、技术措施权，“四固定”则指耕牛、农具、土地、劳力固定。

1965 年我就争了。没用的。”当时，程守德认为，程守宽虽身在江北自然村，但在宗族谱系上却与南塘自然村同属一个房，所以找托词不愿出力。此时，程守德才认可程守宽消极怠工，的确不是出于宗族观念，而是因为对江北自然村不够团结已失望。

五、村务

与程守德一样，程守智也很热心公务。不过，他感兴趣的是村庄公共事务，对宗族事务则不太感兴趣。因为，程守智认为：

> 自从“分田到户”之后，我看真正讲宗族感情的人就已经不多了，大家最看重的是单家独户怎么赚钱。比方说我们江北（自然村），关系好的，无条件帮忙的，也就是亲兄弟之间还像过去说的那样。有的亲兄弟都不行，你看我们几个兄弟，我经常说，我就只有一个“大佬”（哥哥），就是阿德（程守德）……同一条村（自然村），比方说“耳东”陈，关系说不定就比“禾呈”程还好一些。所以呢，同一条村就是同一条村啦，不要讲什么宗族不宗族的，远亲不如近邻啦。我要是当“村长”（自然村公共事务负责人），就是要把我们江北这条村搞好，至于什么南塘、北塘啊，（虽然同宗）跟我们没什么关系的。这一点，我跟“大佬”（程守德）的观点不同。

程守德、程守智曾和我当面一起讨论过，为什么他们虽然都关心公共事务，却一个看重宗亲，一个看重自然村庄。他们两兄弟一致认为，这可能跟程守智的经历有关系。

程守智辞掉生产队队长一职后，于 1978 年和 1979 年，生得一子和一女。1981 年，与程守德一样，靠自己的一点积蓄，再靠“东拉西扯”借债，盖了一栋新式青砖楼房。此后几年里，程守智都没有能够还清债务。想办法积累一点现金，是他当时主要考虑的问题。

1986年，程守智在报纸上偶然看到一则消息：《花鸟世界报》正在举行肉鸽养殖函授培训。程守智认为，这个行当应该有利可图，同时自己的文化水平也足以学会这项技术。但是，程守智不仅缺少养鸽的启动资金，甚至连函授学习的学费都拿不出来。为此，程守智趁一次过节的机会，提了两瓶酒，找到渡桥镇信用社驻程村的信贷员，想从其手中得到一笔500元的贷款。这个信贷员为北塘自然村人，与程守智在宗族谱系上算起来同属一个房。

据说，程守智的礼物是经过精心准备的，当时两瓶酒的价值在30元左右，属于亲戚们之间日常送礼较高的级别，但又不像是专门贿赂的重礼。我曾向几个村民求证，他们表示，当时确实有不少信贷员以回扣的方式收受贿赂，比例大约为贷款额度的10%，后来在1990年代中期发展到30%左右。如此算来，程守智如果采取贿赂的方式去贷款，应该直接给信贷员50—80元现金。因为，如送价值50—80元的东西，一旦被人碰见，会让对方陷入丑闻和尴尬。程守智送30元左右的酒，则是一种模棱两可的礼物。它既像是亲友之间表示情感和心意，又能表达出“求人办事”的信息，同时让信贷员得到实际好处。因此，这样的礼物被村民认为是分寸拿捏得最好的、最精明得当的礼物。

可是，这位信贷员收了程守智的礼物之后，却拒绝了他的贷款要求。信贷员推脱的理由是当年资金紧，让程守智过一两年再看看。但在数日之后，有其他几位村民却从该信贷员手中贷了好几笔款。

程守德得知此事后，主动带着程守智，仍带了两瓶酒（共值30元左右），去找了渡桥镇信用社主任。该主任为渡桥居委会人，与程守义关系不错，同时也是一个喜欢养鸟的人。在该主任家，程守德、程守智与之聊了不少与“七一六事件”有关的事情。当程守智提及贷款的难处之后，该主任欣然同意给程守智贷款 1500 元。这不仅解决了程守智的学费问题，同时也解决了其养鸽的启动资金困难。

几个月后，程守智拿到了《花鸟世界报》编辑部发放的函授培训结业证书，开始尝试养鸽。最开始，程守智养了 4 只 4 个月的鸽子，然后利用这些鸽子孵出乳鸽卖。价格标准是，每对乳鸽 50 元，10 天的乳鸽每对 60 元，一个月的青年鸽每对 80 元。若是乳鸽没有卖掉，等 3 个月后变为成年鸽则每对 200 元。据程守智说，这个利润非常可观，而且由于他已经掌握了成熟的技术，可以进行大批量养殖，其收入即使不高，至少也不会低于后来的养鸡专业户。但是，程守智养了一年多的鸽子之后，刚刚收回参加培训班以及买乳鸽、饲料的成本，就放弃了这个原本可以赚点钱的项目。

程守智放弃养鸽的原因主要有三：第一，他患有甲亢，身体状况一直不太好，故而“没有心思去考虑赚大钱的事情”；第二，养少量鸽子，利润小，但是要批量养殖的话，程守智家还是缺少资金投入，此时仅有的一点积蓄要给两个孩子做学费；第三，鸽子的叫声总是“咕、咕、咕”，听起来像病人打嗝一样，于是有人认为不吉利，并劝程守智不要在家里养这种东西（当时村民还没有像现在这般，到野外单辟一处地方用来搞养殖的先例）。程守智倒是表示要相信科学，不要信这些迷信，并给妻子李静举例说：“原来的地主家里，都有鸽子的啦，人家家里不是照样好得很？没见说不吉利呀。”但是，李静根本听不进程守智所说的这些“科学道理”，她始终坚持认为“养鸽不吉利”的说法，比程守智的说法更可信、更符合逻辑，并举反例说：“那些地主后来有什么好下场？还不是枪毙的枪毙，批斗的批斗？这正说明人家说的（养鸽不吉利）有道理。”考虑到家中诸事不顺，抱着多一事不如少一事的态度，程守智最终放弃了自己的观点，放弃了养鸽。

迄今为止，在程村、渡桥圩镇及周边村子，有人养鸽遇到问题时，都还常请教程守智。对此，程守智颇感有面子。不过，无论如何，他当年已错过依靠肉鸽养殖致富的机会。对此事（尤指贷款），程守智的总结词就是：远亲不如近邻，同宗不如好友。

2007年，我刚到程村调研时，每次碰到程守智在钟表修理店聊天，发现他都会跟人评论江北自然村的公共事务。2008年农历末，程守智成了我调研的房东后，发现他在家里更是经常批评现有自然村“村长”及其他几个管事的。

其实，程守智只做过3年江北自然村“村长”。此前，在1996年，程守智因两个孩子均已初中毕业，而准备参与村庄公务。但是，在程村“大队部一条街”建设征收江北自然村的土地时，程守智与程成信等镇、村干部发生了冲突。程守智为捍卫村民的利益，曾当面质问渡桥镇党委书记：“5万块一亩（地），我们也出得起，现在我们出5万块钱，找你买一亩地，行不行？凭什么你花5万块就可以买一亩地，我们就不能？”之后，渡桥镇政府不得不将价格提至每亩7万。程守智对此结果仍不满意，因为镇政府转手将之作为宅基地在全镇范围内招标出售，每一块120平方米的地基售价2万—4万元。不过，由于具体涉及的被征地农户并不团结，最终同意了每亩7万元的价格。不久后，在村委会换届选举中，程守智与另一村民竞选村委委员，得票并列第一。按照规定，应进行重选。此时，渡桥镇领导让与程守智关系尚算不错的副镇长、负责程村的包村干部方立正，出面给他做工作，让他主动放弃，并且也不要参与江北自然村“村长”的推选。程守智不愿放弃，方立正则劝他说：“给我个面子，别钻牛角尖啦！”此后，程守智找到程村前一任老支书，让他出面评理。渡桥镇委书记则一口咬定，程守智这一行为属于“破坏选举”，没有资格再参加选举。为此，方立正又专门找程守智说了不少安慰的话，但程守智表示：“对村委会的游戏，再不信了。”

2000年，程守智当上了江北自然村“村长”，并确实给江北自然村村民留下了深刻的印象。上台之后，程守智即着手筹集资金，将与程村隔江的东山山谷中的泉水，经2公里多的路程引到江北自然村。在资金来源上，程守智先是从村民手中收了一部分，每户200元，鼓励家境好的农户捐款，孤寡老人则全免。2001年，程守智又从刚自外地调入渡桥镇的镇委书记手中争取到了1万元农村安全饮水工程建设资金。此外，程守智还通过“软磨硬缠”从佛山市某塑料软管厂和某不锈钢管厂，分别以半价和三分之二的市场价，买了一批塑料软管和不锈钢管（作为回报，他给这两个厂各制作了一块牌匾，感谢它们“支援贫困山区安全饮水工程”）。是年冬，江北自然村村民喝上了安全的泉水。时至今日，不少村民评价说，这乃是江北自然村自1990年代初硬化村中公路以来最大的公共工程。

2003年冬，程守智被查出血压偏高。在子女的干预下，他辞掉了江北自然村“村长”职务。但是，程守智对村中的公共事务，仍喜欢发言。大部分村民都夸他有公心，管事情管得细、管得好。不过，偶尔也有村民嫌他管得太多。例如，2012年的一个三伏天，程守智发现有村民用水管将饮用水引至楼顶，以保持顶层房屋凉快（这会导致傍晚用水高峰期时蓄水池缺水），他去劝阻此类农户，有两户人家即很不情愿地将通向楼顶的水管撤了，但转而就向我抱怨道：“没见过这么爱管闲事的人，又不是他家的水，当初我们都出了钱的……”

程守智并不太在乎其他村民有时候说他“爱管闲事”，但他的确常对农户太注重单家独户的小利而不能够团结起来争取共同的利益，表现出失望。例如，2005—2008年，程守智曾多次想推动村民争取一笔未到位的补偿。其背景源于1975—1978年梧县、桐市联合实施梧桐江改道工程，新河道占用了江北、西溪、东河等自然村所在生产队，以及桐市某公社江尾大队的部分土地。依据当时的政策，政府每年需补偿这些地方一部分粮食。1992—1998年，粮食补偿改为折价补偿现金，但此后再未拿到补偿。而与程村相邻的江尾村，则仍能得到桐市政府的补偿。为此，程守智曾找过镇委书记方立正及副镇长文质彬几次，并写了十余份索要补偿的“报告”、“说明”、“请示”和“上访信”，亲自或由自然村“村长”交给渡桥镇和梧县相关部门，但均杳无音信。一方面，不少群众表示支持程守智，让他带头索要补偿；另一方面，在按手印、递交材料和上访等关键环节上，却没有几个村民肯真正出面。对此，程守智感到十分泄气，遂亦放弃。

谈完此事，程守智发牢骚道：“这年头还是要有权，没有权，干什么都受人欺。”在场的程守德原本认为当“官”不好，此时却也感叹：

> 阿谭啦，你读这么多书，当然是好事，但是读书不当权，浪费着（了）。读这么多书做什么？再说啦，我们中国自古以来，比如说我们（程姓）这个（祖先）程颢，儒家，也讲究这个传统，“学而优则仕”啦。

近年，程守智在家里主要和妻子一块儿种蔬菜卖，以此解决家庭日常开支。偶尔，程守智也会在周围地区打点零工，但这样的工作机会并不多，所得收入也只够补贴家用。在其他时间里，程守智与妻子的主要任务是在家带孙子和外孙。空闲时，程守智就到程守德的钟表修理店与人喝茶、闲聊。家中开支若不够用，则由儿子程敬山负责。

六、身心

年轻时，程守智给其他村民的印象是“火气很大”，妻子李静更常抱怨他爱发脾气。1988年，程守智到桐市人民医院做检查，发现患有甲状腺亢进的疾病。医生告诉程守智，他之所以如此食量大而消瘦、爱发脾气、情绪不稳和睡眠不好，都是甲亢引起的。这种情况可进行手术，也可采取保守的药物治疗。考虑到手术风险，以及保守治疗的费用可以慢慢给，程守智选择了保守治疗。经过一年多吃西药控制，其病情得到有效缓解，睡眠变得好起来，但仍爱发脾气。为此，一个朋友给程守智介绍了一位中医。中医告诉程守智，他这种情况属于“虚火”过旺而形成的“湿滞”，中药应当比西药控制更具有长久效果，而且其副作用小、费用低，虽然它见效较慢。同时，中医还要程守智多注意养生，不可完全不干活，也不可太劳累，吃东西须选择温性、平和的食物，不可大鱼大肉和过分食素，切忌大寒、燥热的食物。

程守智问过程守德的意见。从总体上说，程守德对中西医给出的意见都是赞同的。他表示，如程守智确实有必要动手术，他去想办法给程守智借钱。后来，对于中医给出的长久中药控制、外加调养的方案，程守德觉得更有道理。程守德认为，西医救急，中医长期调理。不过，与医生们很不一样，程守德认为，程守智的病根在“心”，“心”虑太多、太杂，而现实又不能达，即产生“虚火”，然后引起身体发生生理上的变化。所以，程守德常给程守智讲述的道理是，若要比中医从更根本、更长远的地方着手调理好身体，最终莫过于调理好“心”。

这个抽象的“心”，程守德解释道，就是不要过分在乎眼前的身外之物，不要跟别人去攀比这、攀比那。从正面来说，程守德劝程守智要“知足常乐”，人心里快乐了，“虚火”自然就会消失，然后身体也就会跟着变好。在程守德看来，程守智已经吃了一年多的西药，经医院抽血化验显示，甲状腺分泌也已达到正常值，但仍爱发脾气，从生理上来看，就解释不通。在程守德看来，这是程守智太心高气傲的结果，看别人赚的钱多不服气，看人家能力不行却还当干部，不顺眼，结果满肚子都是气。人生闷气太多，又奈何不了这世道，就喜欢找自己身边的人，借一些鸡毛蒜皮的事情发脾气，释放自己的闷气。而归根究底，这闷气是心态不够平和造成的。

程守德多次表示，无奈程守智对他这套说法，总是将信将疑。几十年下来，程守智总是一会儿“听话”，一会儿又不“听话”，而他则几乎在这个话题上“唠叨”了程守智一辈子。以我亲眼所见，有好几次程守智在程守德的钟表修理店里喝茶闲聊，言辞激烈地批评渡桥镇、程村干部以及江北自然村“村长”，程守德都说（大意）：跟你说了多少次了，心要平和，气要顺，你这么激动干什么？气坏了自己的身体，他们会给你医药费吗？世界上这么多不平的事，你管得过来吗？

杨显宗也是几乎每天必到钟表修理店喝茶的人之一，他跟程守智的观点总是高度一致，而言辞激烈程度则比之更甚。他曾长期在渡桥镇供销社工作，直至退休，加上他儿子和两个女儿都是公务员，因此十分熟悉基层官场的运作，故而在批评官员腐败时，总能举例讲出各式各样腐败行为的具体细节。他往往会拿这些例子和古今中外反腐败案例做对比，然后抨击一番并感叹，再不下决心反腐败，这世道真不得了。一般情况下，挑起此类话题的总是程守智，杨显宗抽着烟、喝着茶，默不作声。等程守智说完了，其他人也聊了一会之后，杨显宗才会发言，表示他们说的内容都不算什么大事，他知道很多比他们所说更腐败、更不公正的事情。而当杨显宗说到激动处时（往往是唉声叹气、满脸通红地用手指指点点），程守德常会通过递烟或倒茶把他打断，然后要他把心放宽一点，放平和一点。

2012 年端午节，我再次碰到类似的聊天。在杨显宗激动不已时，程守德打断了他，然后很认真地说：

> 你这个人也真是的。(你)都(得)高血压了,(程)守智也(得)高血压了。看问题总是那么负面，那么偏激。这些事情，你说那么多干吗？不能说点“天天向上”的事情啦？你现在的生活，怎么说都比原来强啦。你这叫“端起碗来吃肉，放下筷子骂娘”……看开点啦，有个好身体要紧。只有身体才真是自己的东西，其他的，生不带来、死不带去的啦。气不能太盛啦，气太盛，会伤身的。多想点赏心悦目的、天天向上的事情。

杨显宗“顶嘴”道：“我顶盖（为什么）气太盛？那还不是因为心里不平衡吗？”程守德则宽慰他说：“别顶盖啦，我的楼板是木头的，别把我的楼板顶破了……该知足啦。你这样的人还心里不平衡，那我们这样的人岂不是心里更不平衡？那你说，我们这样的人还活不活啦？”参与聊天的人纷纷表示，身体确实要紧。之后，他们换了一个话题，开始讨论起选择哪些配料才能让粽子最好吃，好似此前什么事也没发生过。不过，在杨显宗、程守智等人散了之后，程守德还评论了他们一番：“典型的知识分子，书生气。”

程守德常批评程守智，说他虽然也慢慢懂得了“心”是影响身体健康的重要因素，却常管不住自己的“心”。例如，最近十余年，程守智对买地下“六合彩”很着迷（村民称之为买“码”，赔率一比四十），而程守德认为这是典型的“财迷心窍”，比“鬼迷心窍”还可怕。每个星期二、四、六，程守智都会花上至少4元买“码”。程守智中奖最高的一次是2012年3月，花100元中了4000元。中奖当天，程守智高兴地在家庆祝了一番，另还专门花50元买了一条“白沙”牌香烟送给程守德（程村普通中老年烟民抽散装烤烟，或每条20—25元的香烟）。结果，程守德不仅没有恭喜程守智，反而批评了他一番（大意）：“你心里总想着要别人的，最终都是别人要了你的，亏了又赢了，赢了又亏了，一惊一乍的，身体能不坏吗？”

程村村民家中常见的买“码”“秘籍”

程菊在离她家铺头 30 米的福音堂做礼拜

不用说，这话既是对程守智过去买“码”的总结，也是对他未来买“码”的预言。仅在当年，程守智总共就赔掉了6000多元。

如同很多村民一样，程守德还认为，风水也会影响人的身体，风水有问题的房屋会损害居住者身体。2004年在江北自然村，程阿三、程阿四两家与祠堂大门隔着晒谷场相对盖房。当年，程阿三最小的儿子因肥胖和心脏病死去。2006年，他那吸毒数年的长子因病死去。2007年2月，他的第二个女儿也暴病而死。程阿三只剩下第二个儿子，此子早已达婚龄，但至今无人敢嫁给他。2008年，程阿四的母亲病逝。另外，村民认为，家中芭蕉挡了祠堂侧墙的“粉仔”，其妻子2007年死于骨癌，也与风水有关。2010年，程守宽的弟弟程守恕在梧桐江溺水而死，也有不少村民说是因为他家新居的风水不好。

程守德的妻子程菊也认为“心”与身体密切相关，但原因并不在“心”想事情太多，或者淤积太多的“气”，而在于想得太少。程菊经常力劝妯娌李静别信“迷信”，改信基督。因为近十余年来，在某种程度上出于保护程守智身体的考虑，李静经常拜佛。逢年过节和每月初一、十五，她都会供饭、烧香、焚纸，拜观音。此外，李静也常会拜祖先和太上老君、树神、水神等。

对于程菊信基督教，程守德的态度一向是不提倡、不反对。程菊周日不再去福音堂后，程守德曾说：“去不去都没关系，但最重要的是心里不要有气。否则，对自己身体不好，岂不是得不偿失？怎么说，（程菊）也是个知识分子，要知书达理啦。”此后，程菊确实不再在乎这一点。

第五章　新式官员

一、村企

程村人均耕地面积极小，种田所得最多只够糊口。这个道理，即使村民眼中极为老实、古板的程成仁也懂。1970年代中期，在水利网络建成、化肥和杂交水稻投入使用后，程村大队社员吃饭问题已完全解决。之后，程成仁提出发展社队企业。1976年，程村大队办起了第一个企业，即程村红砖厂。1977年，程村又办了一个预制板厂，并将其与红砖厂合称“程村建材厂”。程成信被任命为具体负责分管建材厂的大队干部。

程成信生于1950年，1965年于渡桥中学初中毕业。1968年，程成信想参军，但因程成仁考虑他哥哥程成恒已于1965年参军尚未转业，故未将有限的指标给他。1969年夏，程成恒退伍，被安排在梧县水利系统上班。该年底，程成信再次报名参军，在指标极其紧张的情况下，依靠程成仁决断，最终获得了一个指标（算1970年的新兵）。1970—1973年，程成信在海陆丰地区服役。1973年底，程成信服役期满，期待像程成恒一样被安排工作。但是，程成信被告知，因为“林彪事件”的影响，其所在部队自1973年起开展整顿工作，所有人复员回原籍。因入伍前是农村户口，程成信被转回了程村。而他的一个战友，因入伍前为梧城的城镇户口，退伍后被安排在梧县某部门工作。

因为有参军的经历，再加上在部队里入了党，程成信于1974年担任了程村大队民兵连连长（同年结婚），于1976年底接替程成功担任大队治保主任。据程成信本人回忆，他当时对这一结局很不满。而究其缘由，则是第一次报名参军时，程成仁未能帮忙，否则就已于1972年退伍“吃国家粮”。但是，此时程成信既已回到程村，也没有更好的路子可走，对程成仁也不敢表示有意见。

程成仁很显然还是很照顾程成信。不少程村人都表示，程成仁对自己兄弟，都没有对程成信这么好。在他们看来，程成仁之所以对程成信这么器重，首先是因为与程立国“结拜”的关系。按说，如以这层关系而论，程成信应叫程成仁“叔叔”。不过，因为时代变化，程成仁已经接受了程成信在非正式场合按照宗亲谱系称他为“大佬”（哥哥），在正式场合称他为“支书”。据不少村民回忆，程成信属于跟程成仁“跟得比较紧”的干部，“嘴巴上叫得最甜，做事情也确实处处尊重程成仁”。

由于以上原因，程村大队企业从一开始建设起，程成仁就让程成信做了“大总管”。程成信先是大队民兵连连长兼红砖厂厂长，后又是大队治保主任兼建材厂厂长。

对于程成信办企业，不少村民认为，不得不佩服他是有些能力。例如，程守义这样的“能人”也承认，程成信属于比较“醒目”的人，会搞管理。程成信曾安排程守义的妻子程秀在红砖厂上班，使得其收入比在生产队开工务农高了50%左右。有了这一安排，程守义也便十分积极地利用他在梧县“革委会”的身份，和煤炭局的领导“套近乎”，保证程村大队红砖厂从未因为缺煤而间歇性停产（同在渡桥公社，圩郊大队的红砖厂即常因此间歇性停产）。后来办预制板厂，钢筋、水泥等原材料也都是统购统销物资，唯有沙石和劳动力程村大队自己可掌控。正因为钢筋、水泥牵涉的部门太多，程守义也难以保证这一点，故而该厂办了不到一年即关张。程村大队建材厂只剩下红砖这一样产品。

程守义指出，程成信比较会搞企业，还表现在他回到程村并被程成仁开除党籍之后，程成信并未将程秀从大队红砖厂辞退。后来程守义家盖新房所需的红砖，即是红砖厂用实物支付的程秀一年的工资。对此，程守义说："那个时候，他还是讲良心的，做事也比较有原则。"

建材厂的收入十分可观，除了工人的工资明显高于务农的社员之外，红砖厂第一年的利润就让程村大队扩张、新开了预制板厂。1978 年，程村大队利用建材厂赚的钱，买了两台手扶拖拉机，一台用于运输，一台用于犁田兼运输。1980 年，程村大队靠此又买了两台拖拉机。一开始，无法进到建材厂劳动的社员颇有微词，但拖拉机让犁田、耙田都变得十分容易后，他们开始承认确实得到了好处。再加上，在建材厂劳动，一年四季都像农忙的强度，于是，未能进厂的人也慢慢心理平衡了。例如，程守德就承认，即使让他去建材厂工作，他也肯定吃不消。

"分田到户"后，建材厂并未解散，仍属于程村集体企业。不过，原大队的四台拖拉机除保留了一台归建材厂使用之外，其他三台均折价卖给了私人。除了东河自然村一位村民买了其中的一台之外，其他两台均卖给了渡桥居委会的人。这笔钱被分到各生产队之后其实并不多，但村民对于能够分到这笔钱还是很高兴。只是到了要运东西时，不少村民才又感叹："这钱怎么就给他们赚了呢？" 1984 年，东河自然村司机依靠拖拉机赚钱后，办了一个养猪场。几年后，当人们还在议论"万元户"时，其产值已达 8 万元左右，被当作典型宣传。

1984 年，程村红砖厂与圩郊村及周边村庄新办的红砖厂竞争越来越激烈。时任程村村委会主任兼党支部副支书的程成信提议关闭红砖厂，另办一个铁丝厂和一个蜂窝煤厂。此提议得到了支书及其他村干部的同意，事后他们认为，程成信的眼光和经营能力确实不错。

此时，在程村及周边地区，人们开始越来越多地使用煤炭替代木柴作为生活燃料。但是，不少家庭都是采用直接烧煤球的办法（燃火慢、燃烧率低），只有少数家庭已开始使用手工操作的蜂窝煤器，每1—2个月做一次蜂窝煤（需要很大场地，且不能淋雨）。蜂窝煤厂的人均生产效率比家庭自制高好几倍，而且最重要的是采用厂棚内多层立体晾干，不受天气限制。因此，村民很快发现直接买成品蜂窝煤，比自制蜂窝煤不仅便捷，且成本并不高，还可以节省劳力。由于先行一步，虽然后来周边村庄也出现了几个蜂窝煤厂，但在很长时间内，程村蜂窝煤厂还是占据了渡桥蜂窝煤市场的半壁江山。即使到了1994年，程村蜂窝煤厂已经萎缩，至少也还占有本村的市场，仍能保证略有盈利。

程村铁丝厂的经营情况也不错。其利润虽然不如蜂窝煤厂高，但一直到1992年仍处于盈利状态。1992年下半年，程成信开始担任程村党支部书记。据他本人回忆，1992年底经他的手最后决算，铁丝厂的利润有一万多一点。依照当时的币值，这是一笔不小的钱。1993年初，程村在江北自然村通向渡桥圩镇的桥头，盖了一栋两层钢筋混凝土结构的办公楼。

程成信表示，1985—1992年，因为蜂窝煤厂和铁丝厂代为出钱，程村村民一直未交过“三提五统”[①]。村民也向我证实了这一点，在那几年确实只交了农业税，而按规定，原本每年每人还需另交10元—20元“三提五统”。

据程成信回忆，1993年，程村蜂窝煤厂和铁丝厂开始面临原材

① 指村级三项提留和乡（镇）级五项统筹，前者包括公积金、公益金和管理费，后者包括农村教育事业费附加及计划生育、优抚、民兵训练、乡村道路建设等民办公助事业的款项。

料价格上涨的冲击，而程村村委会没有办法得到贷款，经营遇到了困难。该年，蜂窝煤厂小有盈利，但铁丝厂因遇上珠三角地区的产品竞争，不再盈利。1994 年，因为通货快速膨胀，年尾原材料价格较年头几乎涨了一倍。程成信于年底宣告，程村蜂窝煤厂几近不再盈利，铁丝厂则出现了亏空。1995 年初，铁丝厂停办。1995—1996 年，程成信连续两年宣布蜂窝煤厂亏空，并于 1996 年底将之卖给了一个私人老板（该老板再经营了 5 年后才将之关闭）。1997 年，程村铁丝厂卖给私人老板，其中，废旧设备几乎以废铁的价格出卖。而后，1997—2001 年，在梧县经由渡桥镇传达“村村点火”、搞乡镇企业的口号下，程村还被迫办过米粉厂、酒厂等企业，均以亏空、失败告终。

不过，有不少村民认为，程成信等人谋私，也是村办企业出现亏损的原因之一。他们反映，在 1980 年代，包括程成信在内的村干部，最多还只是借企业招待的名义，在渡桥圩镇的餐馆里吃吃饭，而且规模、花销都还比较有限。其中有一位于 1988—1990 年担任村委委员的村民表示，当时有些担心将来群众查账时，难以解释得清楚。但在 1992 年程成信成为“一把手”后，除了在渡桥圩镇吃喝之外，村干部每年都组织一次旅游，从 1993 年游桐市开始，1996 年游香港，到 1997 年游北京。在程成信渡桥圩镇上的家里，我也曾见过一张他游八达岭长城的合影，照片中除了几位村干部外，还有他妻子以及一位渡桥镇时任副镇长。不少村民都知道这张照片，并对此颇有意见。可程成信表示，这并非公款旅游，而是几个人玩得来，自己凑钱一起出去旅游。普通村民对此并不相信，正如他们不相信程成信等人自己花钱买了商业医疗保险和养老保险一样。

此外，不少村民还怀疑，程成信等人在变卖村办企业时，也有“搞鬼”的行为。他们质疑，程村蜂窝煤厂的卖价太低，与买方和某镇领导有亲戚关系有关，或者程成信等人拿了“回扣”。因为，如果蜂窝煤厂真是由于无钱可赚且有债务而出卖的话，私人老板不可能在买得该厂后又经营了几年，而且明显赚了钱。程村铁丝厂的废旧设备以近似于废铁的价格出卖，也是这些村民眼中的“证据”之一。最后，据说村办企业和村委会的账本也找不到了，而且关于收支概况，所有村干部都表示“记不清了”。这些更是让村民生疑。

二、城建

1996年，程成信另一“大手笔”是提出规划并实施了“大队部一条街”。此街将北塘自然村西端的程村小学、江北自然村的牌坊以及程村“大队部”，与隔着一条宽约7米河涌[①]的渡桥圩镇老街连接起来，呈丁字形。

其基本规划思路倒不复杂，大体上就是沿着程村“大队部”门口马路，两旁各划出20米土地作为建设用地，然后将之分割成大门朝马路但与马路隔5米，规格为宽8米、长15米的宅基地，规定建房者必须沿着村委会划定的红线建设，但对建房高度不做限制。

这个简单的规划实施起来却并不容易。首先，它就遇到了土地使用性质转化的困难。[②]

除了马路属于“大集体”时期的产物，在土地管理的地籍上已属于建设用地之外，马路两旁的土地要么是耕地，要么是梧桐江故道而被视作园地（在村民眼里属于旱土）。1992年，程村“大队部”

① 河涌原为梧桐江的一部分，梧桐江改道后，此处缩窄为渡桥圩镇和程村之间的排水沟。

② 依当时土地管理规则，土地使用性质分三大类，分别为农用地、建设用地和未利用地。其中，农用地包括耕地（含灌溉水田、望天田、水浇地、旱地、菜地）、园地、林地、牧草地和其他农用地，建设用地包括居民点及独立工矿、交通运输用地、水利设施用地。政策对农用地（尤其是耕地中的灌溉水田）、未利用地转化为建设用地（尤其是居民点），有不同程度的限制。用地者除受用地指标限制之外，还须缴纳相应的税费。

建设地基约 300 平方米（含办公楼后的小院子和池塘），占用的即是梧桐江故道上的园地。因此，它也属于农业用地转建设用地，后在渡桥镇领导的协助下，象征性地缴纳了一点费用，在梧县国土局办理了用地手续。此时“大队部一条街”建设，涉及约 4 亩园地、4 亩耕地。梧县国土局根本给不了这么多建设用地指标，而且，即使有这么多指标，按照规定也需缴纳超过 20 万元的税费。程成信等人以农村宅基地的名义将此项目报到梧县国土局，国土局迟迟未批。此后，程成信等人干脆采取了先斩后奏、事实占用的办法。其他村干部有所担忧。程成信则坚信，只要农民把房子建起来了，且人数众多（涉及 50 户左右），梧县国土局就不可能强拆农民的房子，所以应该“赌一把”。

后来的事实证明，程成信“赌”赢了。在程村“大队部一条街”建起来之后，梧县国土局也无可奈何，加之渡桥镇领导做工作，程成信本人也请几位程村籍在梧县相关单位任职的人帮忙说情，程村村委会最后交了 5 万元了事。梧县也并未给程村“大队部一条街”办理用地手续，只是默认了已占的事实。所以，程成信表示，那 5 万元钱究竟是手续费还是罚款，性质其实不明，但总之此后村委会未因此事招来麻烦。

在征地的问题上，程成信等人也遇到了麻烦。为了避免村委会直接面对村民，程成信说服了渡桥镇的主要领导，自一开始就宣称这是镇政府的小城镇建设项目，以镇政府的名义征地。作为交换条件，程成信代表程村干部表态，在镇政府拟建设的“府前路”相关工作中（因在镇政府门口，当地老百姓称之为“政府一条街”或者“衙门一条街”），将尽力配合工作。当镇政府开出耕地每亩 5 万元、旱土每亩 2 万元的征地价格之后，遭到了所涉江北自然村农户的抵制。镇政府组织了若干轮座谈，其中镇委书记亲自参与的座谈即有两次，并在其中一次座谈中与程守智产生了口角。最后，镇政府与被征地农户达成协议，耕地每亩 7 万元、旱土每亩 3 万元。

之后，程成信等人开始按照规划图纸出售宅基地，每块门面房地基 120—200 平方米，根据位置不同售价 2 万—4 万元，预先交款 50%，宅基地交付后再交另外的 50%。同时，他们又跟购地农户签订协议，农户需在 1997 年农历年底前至少建好第一层楼。如程成信所料，不少村民有买宅基地的需求，而且由于该地段临近圩镇，交通方便，所有宅基地不到 10 天即被一抢而空。有好几个农户甚至同时买了两块。在获得农户的第一笔预付款后，程成信请了工程队将所征之地进行平整，使之高于马路约 20 厘米，同时建好宅基地后侧靠田野的沟渠，并用钢管将渡桥圩镇的自来水引到每片宅基地。

1997 年上半年，程村“大队部一条街”基础设施基本建成。在此过程中，程村村委会未出一分钱，还赚了 10 多万。至于具体数据，所有参与此事的村干部均表示已经记不清了。程成信表示，后来这笔款用来装修了“大队部”办公楼，垫交了一部分“农业税”（含附加），因为当时有一部分农民因农业税附加越来越高或其他原因，拒绝或拖延缴纳“农业税”，而县政府却要求镇政府必须每年缴清，并将之与计划生育同样列为“一票否决”的范围。不少村民则怀疑，在此过程中程成信等村干部肯定有贪污行为，但同时他们又表示，“具体什么情况，搞不清楚，管不着，也懒得管他们”。

同在 1997 年上半年，渡桥镇政府启动了约 1000 米的“府前路”建设计划。除了其中一部分土地属于渡桥居委会，以及镇政府大门左右侧各两个门面房归政府所有之外，其建设模式与程村“大队部一条街”一模一样。先是镇政府从渡桥居委会居民和程村、圩郊村委会村民手中征地（但主要来自程村），然后镇政府基于规划图卖宅基地，并用居民购买宅基地的预付款搞好土地平整及通水、通电工作，最后在宅基地交付给居民之后收取全款。

由于有了程村“大队部一条街”征地价格做参考，以及程成信等村干部的努力，程村的征地工作完成得很顺利。不久后，圩郊村委会少量土地也以同样价格得以征收。但在涉及渡桥居委会征地时，出现了争执。一开始镇政府声称与程村耕地同价征收，但居委会的居民纷纷表示反对，理由是他们的土地原本就是城镇建设用地的性质。这意味着，镇政府无须向梧县国土局缴纳农用地转为建设用地的税费，也可办得土地使用证。最后，渡桥居委会约 1.2 亩地以 11 万元的价格成交。

镇干部和不少村干部深知农用地和建设用地的性质差别，共有十来个镇干部和村干部优先挑选了位于渡桥居委会土地上的宅基地，并在盖房后办理了房产证。而其他购买宅基地的居民，以及原来购买程村“大队部一条街”宅基地的村民，根本不知道自家住房还需办理房产证一说。直到 1998 年底，梧县根据上级要求进行了第一轮土地利用总体规划，渡桥镇政府趁机将这两条已违规建起来的街道，以及未来打算在镇政府附近建的几条街道所需用地，全部规划成了建设用地。如此一来，宅基地上的建筑便可以办理用地手续，梧县国土局为了让各乡镇支持规划工作（用镇干部的话来说是“共同做局”），应付上级检查需要，对已成事实的建筑一律未收税费即办理了用地手续。

1998—2000 年，渡桥镇政府如法炮制，在圩镇老街与府前路之间、镇政府左侧，再建了两条约 700 米的街（3 排房屋），并新建了一个敞篷式钢筋混凝土结构的集贸市场。其征地价格与程村耕地征收价格大致相仿，但因本已在建设用地规划范围内，购买宅基地的居民比以前几条街的居民更顺利地拿到了房产证。渡桥镇的小城镇建设迅速出现了一个质的飞跃，于 2000 年受到了梧县城乡规划局的表彰，被授予小城镇建设先进单位称号。有镇干部对此评论道，应该感谢国土局用足了政策，为渡桥镇“打擦边球”做了很多后续工作，而“要做出点成绩来，只能剑走偏锋”。

1998 年初，在梧县组织的乡镇干部招考中，程成信考上了渡桥镇城乡规划办公室（简称“规划办”，与镇国土所合署办公）。这在当年被梧县作为重视“三农”工作，从优秀的村干部中招录乡镇干部及企事业单位工作人员的典型事例。程成信进入规划办，属于事业编制，每月工资 2000 元左右，所做工作与担任程村支书时一模一样，主要就是为小城镇建设征地，及建设监督工作。另外，程成信与国土所的同事陈金华参与了渡桥镇 1998 年的第一轮土地利用总体规划。程成信曾解释道，渡桥镇领导之所以会将他招录进规划办，主要就是看重他在小城镇建设中，有能力为镇政府征地。而“一直有一个吃国家粮的梦”的他，欣然接受了这一安排。

在程村“大队部一条街”建设时，程成信就已经知道镇政府即将要启动“府前路”建设。所以，在协助镇政府给江北自然村被征地农户做思想工作时，程成信一再声称，他完全是为他人作嫁衣裳。但在其后的“府前路”建设中，程成信和其他镇干部一道优先买了一块征自渡桥居委会的宅基地，几乎正对着镇政府大院门口，位置很好。然后，程成信盖了三层楼，一楼作为门面房出租，二、三楼自住，内部装修在当地属一流。而他家在江北自然村高达四层的楼房，则几乎闲置起来。

关于渡桥镇的街道建设，不少程村村民和渡桥居委会的居民都声称，那时候镇里的几个主要领导肯定捞了不少油水。不过，对此他们给不出什么证据。在他们的印象中，当时镇信用社主任“千真万确”赚了大钱。原来，1998 年渡桥镇政府虽然在“府前路”宅基地上赚了一笔钱，但很快全部用在“府前路”街道硬化上，还倒贴了不少钱（程成信认为，这毕竟是一个“政绩”“亮点”，因此镇领导还是划得来）。再加上，当时不少村委会无力再垫交农业税及附加，梧县信用联社也统一禁止其所属乡镇信用社再贷款给村委会。渡桥镇政府不得不东拼西凑一部分资金，用于垫交农业税及附加。

由此，2000 年，渡桥镇政府以 30% 预付款的形式将两条新建的街道硬化工程外包，要求承包方垫资 70%，政府分 3 年还清承包方垫款。渡桥镇信用社主任以私人的名义承接了这一工程。

三、掘地

在程成信看来，渡桥镇政府、程村村委会实际上跟农民是一样的，都是在土地里“搵食”（讨生活）。他表示，政府收入的来源当然靠工商、地税，但是好几笔大买卖其实都还是靠土地。在渡桥镇这样比较落后的地方，这是政府赖以生存的根本。在程成信任职期间，镇领导换了好几届，但不同的领导却都喜欢说“掘地三尺也要怎么样怎么样”之类的话。

据程成信回忆，大约在 1993 年及以前，渡桥镇政府还能从“三提五统”中拿到一点钱，外加少量税收返还，基本上可以维持政府运转。另外一个重要因素，如他说：

> 那个时候政府开支也小，只有一部小车。其他的干部上班连摩托都没有，都是自行车或者走路。大部分干部都住在政府大院里。不像后来，虽然大院里也给安排了房子，但基本上只有值夜班的时候才住，平时都住在城里，每天来回。（仿照学校）前面这种我们叫“住读生”，后面这种是“走读生”。我进规划办的时候，政府就有五六台小车了，书记、镇长都有专车，其他几个副职共用一台，计划生育办一台。我们国土所、规划办也有一台，但其实基本上都是镇领导在用，我们用不上。我住在村里，骑摩托上班，每个月报销 50 块汽油费。

程成信还提到，1990 年代那十来年，渡桥镇水利站、财政所、计划生育等部门的人员增加了约 2 倍。这部分人员的工资绝大部分靠镇政府自筹，在他进入政府工作时，这个数字每年已达 80 万元左右。

政府急剧增加的开支与日益萎缩的“三提五统”形成了尖锐的矛盾。同时，在大力发展乡镇企业的口号下，几乎所有村委会均出现了亏空，渡桥镇政府也债台高筑。而雪上加霜的是，自 1995 年起，渡桥镇开始面临税收任务倒算的局面，即每年能够完成多少税收并非根据实际情况而定，而是由梧县提出数字，渡桥镇必须将之作为“一票否决”的任务完成。上级提出的税收数据年年涨，而渡桥镇的经济并没有出现同步增长，以至于完成税收任务越来越吃力。

程成信后来颇感后悔，不该相信书记、镇长的话，进了镇政府工作。因为，正是在 1998 年，渡桥镇政府遇上了前所未有的困难，除了镇干部全员出动加班加点催收税费之外，还聘请了若干“协税员”。在程成信看来，这些“协税员”大部分都是人们常说的“烂仔”。“多管齐下”之后，渡桥镇税收进度略有加快。但按照税收“双过半”的要求（6 月底前需完成当年税收的一半），6 月中旬，渡桥镇仍有近 100 万元的缺口。于是，镇委班子会议决定，全体干部“主动出击”，到梧城和城郊等税源充足一些的乡镇去“拉税”，“掘地三尺”也要找到足够的税源完成任务。程成信介绍道，“拉税”的手法主要以减免税收的方式，诱使一些企业将地税交至渡桥镇地税所。原本说每个镇干部都有任务，但后来实在完不成的，镇领导也没办法。最后，镇委书记和镇长不得不亲自出马，找到城郊镇的领导“买税”。城郊镇早已远远完成上级分配的税收任务，故有余力划拨了 60 万元税收额度，算在渡桥镇名下。作为回报，渡桥镇支付城郊镇 5 万元征税“工作经费”（在镇干部口头语中为“辛苦费”）。程成信表示，因为两个镇委书记关系“铁”，这笔交易才能达成且价格这么便宜，否则即使能成，其成本也将更高。

1998 年下半年，渡桥镇加大了招商引资力度，镇政府征地并搞好“三通一平”，然后以比低于城郊镇数倍的地租，甚至零地租，引进了20余家石材企业。为降低成本，渡桥镇政府将这些企业布置在了国道边，因此只要征地、平整土地并通电、通水即可。为此，程成信被镇领导找去谈话好几次，被要求“千方百计”地发挥好本地干部的优势，协助镇领导做好征地工作。对此，程成信曾回忆道：

> 刚工作那一年压力太大了，先是要“拉税”。下半年匆匆忙忙要征地，但是只有一半左右在程村，还有一半左右在圩郊村。我都得去协调，起早贪黑去跟老百姓谈判，磨破嘴皮子。最关键的难点还在于，不是我们选好了哪块地，征收了再给老板，而是老板们先来看地，他们看中了哪块，我们就得给他们征收哪块。老板们当然都喜欢公路边平整的耕地啊，（用起来）方便啦。但是耕地是最麻烦的，跟老百姓很难谈，（老百姓）要价高，（镇）领导又不愿多给钱。不像原来宅基地，羊毛出在羊身上，政府做的是空手套白狼的事情。现在这个，老板不出钱，政府也拿不出钱，就靠我们去跟别人（老百姓）攀交情、讲道理，甚至连哄带骗加威胁。得罪了不少人。除此之外，这些地基本上办不了用地手续，严格说都是违法的，我们搞业务的，也有点担心国土部门查啦。没办法，这年头有钱的老板比天还大啦，我们得全心全意为老板服务。

20多家石材企业进驻渡桥镇后，当年下半年缴纳的税费终于让渡桥镇顺利地完成了任务。1999—2001年，渡桥镇又引进了20余家石材企业。此后，因为梧城、城郊镇地价上涨，一些小石材企业开始主动到渡桥镇落户。渡桥镇政府开始收取一定数量的地租，用后来的副镇长文质彬的话说，终于实现了从依靠土地完成税收任务，到依靠土地“吃饭”的“华丽转身”。再加上农业税费改革和机构精简，渡桥镇政府财力状况迅速好转。程成信曾就此说道："原来（工资）每月2000左右，经常发不下来，这个时候涨到2500块，每月能按时到账。连村里的主职干部（支书、主任、会计），每月都有1200块了。"

在程村，接替程成信担任支书的梁胜利对程村难以完成农业税及附加征收任务，也曾十分头痛。此时，程成信虽已到镇政府工作，但作为程村的包村干部，仍与程村的工作难以分开。曾经一度，梁胜利找到程成信要求辞去村党支部书记的职务，理由是不仅每月200元的补贴根本发不出来，而且根本没有完成征税任务的希望。程成信给梁胜利支着儿，村委会还有800亩左右集体山林，虽因此前村办企业亏空而砍掉了所有的树，但毕竟土地本身还是值钱的。于是，经程成信穿针引线，梧城的一位老板以每年每亩10元的价格承包了程村集体林地30年的经营权，合同签订后先付一半租金，另一半租金分5年付清。这位老板很快就请人将林地清理好，并种上了速生桉树（成材期5—7年），2005年即成材，并进行了第二期造林。据程成信、程守义等人估算，这位老板在2005年即已全部收回了30年的承包成本。

更让普通村民有意见的是，他们发现，速生桉树生长了几年后，就像是一台台抽水机，将泉水吸去了不少。尤其对江北自然村村民而言，不少田地即位于该山林下的坡上，饮用水也来自附近山谷中的泉水。速生桉树种植后，坡上的田地经常缺水。而山谷中的泉水，原本据估计可供江北自然村和渡桥圩镇所有人口使用，但在2001年程守智着手将此泉水引出来时，发现已仅够江北自然村村民使用。[1]此外，村民还发现，在坡上的水沟、水田里，水常常是黑色的，散发着浓浓的桉油味。这乃是桉树叶、树皮掉落后，经雨水冲刷所致。

---

① 渡桥圩镇随着街道建设、人口增加，不得不在梧桐江边另建了一个自来水厂。在仍不够用的情况下，也有些居民自打压水井提取生活用水。

为此，村民常抱怨桉树种植把他们坡上的水田、旱土都污染了。而程守义等几个比较富有的村民也批评说，那么便宜的林地，他们也承包得起，而且承包后会种杉树或马尾松，村干部却悄悄地承包给了外人种桉树。

2009—2010年，渡桥镇根据上级要求，推行了旨在“明晰产权”的林权改革。根据相关政策，程村集体山林，以及各村民小组的集体山林，须全部承包到农户（村民简称“分山到户”）。这其中也牵涉已种桉树的山林。承包方认为他与程村村委会签订的承包合同长期有效，拒绝交还山林使用权。不得已，对这800亩左右山林，程村采取了承包到户，但同时说服各个农户再将林地使用权承包给这位老板，承包期50年，价格每年每亩12元，头次付一半租金，另一半租金分5年付清。老板与村委会合同被解除，村委会退还该合同未履行的20年租金。

各村民小组的集体山林“分山到户”后，也几乎千篇一律地又整体性地承包给了一些老板。承包期30—50年，价格每年每亩15—25元。为了说明自己是做“正经事”的人，与其他很多镇、村干部有本质区别，程成信曾表示，这些老板大部分都是镇干部（或以亲戚的名义）、主职村干部或者“烂仔”。有少数村民不愿意转让承包权，干部就出面“说情”，甚至“烂仔”出面恐吓，很快就解决了问题。我问过一些受恐吓的村民，发现程成信所言非虚。但他们的心态却都是：一方面觉得“多一事不如少一事”，不愿为此抗争；另一方面，又常感叹“心痛”，甚至不乏怨恨。如有一位村民曾说道：

> 这山（林地）虽然不是说“私有”，只是“承包”，可是人生能有几个30年、50年呢？谁知道三五十年后是什么样子？我那时肯定是见“太公”（死）去了。山（的承包权）肯定拿不回啦，就当给他们和他们的子孙后代，做医药费或者买棺材算了

啦。我们这样的人无权无势，不要想那么多啦，只要老天保佑身体健康就好啦。

渡桥镇“掘地三尺”找财路的办法，最可观的“大手笔”无疑是陶瓷厂建设。为此事，程前进等村干部还和几个村民小组长闹出了矛盾。其中两个小组长当着村民们的面，掏出2000元丢给程前进，表示不要他的钱，也不再帮他征地。村民见程前进“收买”小组长，遂认定征地过程中有“暗箱操作”。之后，程成信出面“恩威并重”，一面略提高征地价格，另一面断言，村民声称拥有土地使用权却拿不出土地使用证，在法律上得不到支持，并说作为程村的老干部，他对此一清二楚。2008年，镇政府以极其廉价的2000亩土地支持陶瓷厂落户，此后从梧县得到的财税返回每年都达300万元以上。程成信表示，有了这次“飞跃”之后，他的工资已增至每月约3500元，而公务员编制的工资则从原来的约4500元涨到了约5000元。

不过，让包括程成信在内的本地人颇有意见的是，渡桥镇的空气质量从此一落千丈。2013年国庆节，我到程村调研。此季节，当地气温不再炎热，雨水较少，空气湿度适中，本是最宜人的季节。但这次正碰到风向为陶瓷厂向程村、渡桥圩镇方向吹的日子，天空灰蒙蒙一片，肉眼即可见飘浮的灰尘，空气闻起来有刺鼻的煤焦味。程成信曾发牢骚道，据梧县环保局的专业人士说，这味道来自空气中的二氧化硫。一位同在一起聊天的村民“回敬”他道：“你们这些镇干部，不是经常说要千方百计为子孙后代谋发展吗？我看这简直就是要我们断子绝孙。”

四、政商

程成信进入镇政府工作，并没有彻底把农事丢下。一方面，程成信和妻子都从农业体力劳动中脱离了出来，除了他妻子种一点蔬菜自食之外，其他田地都交给了亲戚耕种。另一方面，1998年，程成信承包了200亩左右山林，连同自家50余亩山林，请人种砂糖橘，平时管理也请人代劳。

在程成信承包山林时，几个发包的农户都因为建房办理宅基地用地手续，曾经或者打算请他帮忙。所以，其承包价格也很低，每年每亩10元，租期15年，头年支付一半租金，另一半分5年支付。同时，程成信请人种植、管理砂糖橘，也主要是请这几家的劳动力。劳力工资随市场价而定，但在用工紧张时节，如施肥、摘果时，他们都会优先考虑给程成信做工。2009年，一位村民曾跟我说道：

> 前几年，他（程成信）家种砂糖橘。砂糖橘摘果的时候要抢时间。摘太早了，果太生，不好吃、有酸味；摘太晚了，就会烂在树上……他在政府工作啦，我们说不好什么时候就需要麻烦他帮忙的。他家有事，不管怎么样，我们都要想办法帮忙啦。就算是大家相互帮忙吧。要不然，冇可能这么低的价格把山（林）租给他的，（我们）还每年都给他做工。他们两公婆（夫妻）自己什么都不做，直接等着卖橘子、收钱。你说，凭什么？是不是？

此外，渡桥圩镇一位农资店的老板说，程成信家种砂糖橘，每年要从他店里购买大量化肥、农药，而他全部以进货的价格卖给程成信（还得倒贴运费）。老板解释道，之所以如此，是因为他是渡桥镇水利站站长的弟弟，而程成信的哥哥程成恒在梧县水利局任职。老板说："他大佬（哥）'罩'着我大佬，我大佬'罩'着我。我能不给他面子吗？"

用程成信自己的话说，在种砂糖橘这件事情上，他"占尽了地利、人和，就算天时差一点也问题不大”。的确，从2001年挂果起至2010年，在常规年景，程成信每亩砂糖橘纯利润可达800—1000元。即使在砂糖橘“小年”（产量低的年份），而且市场价格也不景气的情况下，他的果场也未出现亏损。2008年后，由于渡桥镇及周边地区砂糖橘摘果成本从原来的每斤1.5角涨至5角，再加上橘树老化、部分患上了“黄龙病”[①]，程成信于2011年停止了果场经营。他主动提前一年将山地经营权，连同果树一起都交给了发包的农户，并常在人前自称“大方”“讲义气”。

程成信认为，镇干部如果想把生活过得好一点，就不得不“兼业”。2012年底，他跟我计算过如下主要开支：平均每月至少请人吃一餐饭，每餐500—1000元，一年至少1万元左右；每天1—2包烟，需30—50元，一年计1.5万元左右；逢年过节给领导送礼，如果多的话，每年3万元不算多，如果少的话，每年也得5000元以上；亲友间人情开支，每年需3万以上；家庭日常开支，每年需2万元以上。再加上其他开支，程成信估算，作为一个普通的渡桥镇干部，每月收入应在8000元以上才勉强够用，更不用想存钱的事情。他说道：

> 当然，也有极个别一毛不拔的“铁公鸡”，但这样的人名声不好，吃不开，工作也打不开局面的。或者家里有背景的，他们只有吃别人的份，很少请别人吃。送礼也是，他们收礼多、送礼少。这些人不包括在内，我说的是一般普普通通的人。

由此，程成信指出，除了书记、镇长要好好表现、争取升到县

① 一种让橘树叶黄化、橘子变得瘦小且很酸的病虫害，具有高传染性，被称为柑橘之癌。

里去，而一心一意扑在本职工作上之外，渡桥镇干部大部分都“兼业”。“兼业”分两种，一种是全资或入股亲友的商业活动，另一种是直接由配偶或子女等直系亲属经营商业。

为了说明镇干部“兼业”如何普遍而正常，程成信曾在不同场合给我提及过一些当事人公开承认的案例。

1996 年至今，原渡桥镇信用社主任出资支持女儿、女婿开一家餐馆。该餐馆一楼 3 张大桌，二楼 5 个包房，且在渡桥镇最先装有空调。据老板娘跟我说，2008 年底前，她的餐馆一直都是镇干部主要聚餐和招待客人的地方。

1999 年，曾在渡桥镇担任派出所所长的王某，经过邻镇派出所所长“穿针引线”，在邻镇承包了约 500 亩山林种植砂糖橘，平时负责打理果园的则为王某的弟弟。出于相互帮忙，王某几乎在同时给邻镇的派出所所长“铺路搭桥”，在渡桥镇的程村及另一个村共承包了山林约 800 亩，用于种桉树。

2000—2012 年，曾在渡桥镇担任副镇长的文质彬，在梧城及栖市下辖的另一个县城同时开有两家幼儿园，法人代表为其妻子。两家幼儿园的招生规模每年均在 100 人以上，其中梧城的幼儿园主要针对外来农民工子女，另一幼儿园主要招生对象为该县农民子女。文质彬说：“这只能赚几个小钱养家。大概一年（盈利）一二十万。”但据程成信估计，两家幼儿园每年总共盈利应在 40 万元以上。

2003—2009 年，镇国土所所长陈金华与圩郊村委会主任合伙，在该村承包了约 50 亩水面养鱼。养鱼的投资各出一半，收益各占一半，鱼塘日常管理由该村村委会主任负责。

2005—2011 年，镇派出所副所长李某在渡桥镇所辖的一个村里，承包了一个大型养鸭场。该养殖场同时能养 1000 余只鸭，每年出栏 4 期。其日常打理交由该村村支部书记负责，李某每月支付他 1500 元工资。

2006—2008年，副镇长麦某与同学合伙，在渡桥圩镇开餐馆。餐馆场地租赁及基础投资由麦某“搞定”，法人代表及日常经营为其同学。平时，麦某的主要作用是拉客（尤其是渡桥镇各单位的招待餐客源），并负责讨要这一部分餐费。

2008—2011年，镇人大主席麦某与哥哥合伙，在渡桥圩镇至国道的路边开农家乐餐馆，经营模式同上。不久后，上述麦副镇长与其同学主动关闭了自己的餐馆。

2009—2011年，原渡桥镇镇长（时任梧县某局副局长）之独生子，在渡桥镇开办采沙场。近十来年，因渡桥镇及周边地区有大量工程建设及老百姓盖房屋需要，采沙场的生意一直很好。同时，这也是采沙场老板们之间，甚至渡桥镇的一些“烂仔”之间经常产生矛盾的原因。用程成信的话说，“开采沙场最好是黑白（两道）都有人，或者至少要占一条（黑或白）”。2012年广东省开展“三打两建”[①]前，该采沙场已关闭。

至于其他未公开承认“兼业”的镇干部，程成信表示，还有很多，但不太好说。有些是周围的人都心知肚明，也有些隐藏得比较好，周围的人不敢确定。例如，他“估计”有两个镇干部在两个红砖厂有“干股”，但没有“确切”的证据。

在镇干部“兼业”的同时，他们的旁系、远房亲属及同学，朋友在渡桥圩镇也举足轻重。2011年，程成信曾为我点出过当时渡桥镇几家利润比较高的商店背后的“靠山”。

镇政府大院门口右侧的摩托行，店主为原镇委书记的表弟。渡桥圩镇共3家卖摩托的商店，另两家规模的总和还不及这家。因当地人越来越多用摩托代步，其生意一直很好。

---

① 广东省委、政府2012年1月6日起部署的专项行动，内容为“打击欺行霸市、制假售假、商业贿赂，建设社会信用体系、市场监管体系”。

镇政府大院门口对面，也即程成信门面房的租客，开有一家经营钢筋、水泥、瓷砖的建材店。其店主为渡桥镇某村支部书记的弟弟，同时又是某副镇长的连襟。渡桥镇另有十来家卖建材的商店，但一般品种单一，且规模很小。程成信形容这家建材店，“占渡桥镇半壁江山。现在这么多老百姓盖房，它的生意想不旺都不行”。

渡桥镇有3家大的农资店，其中一家店主为水利站站长的弟弟，一家为计生办主任的堂兄，一家为镇委副书记的同学。在圩镇上，另有几家商店也兼营农资。但程成信表示，如果3家大店算“批发”的话，其他几家就只能算“零售”。

渡桥镇唯一面向市场而非家庭食用的大米加工厂，其店主为农技站站长的妹夫。

渡桥镇尚存唯一的酒厂，其店主为某县农业局副局长的远房亲戚，与渡桥镇分管农业的副镇长曾是中学同学。

渡桥镇唯一的大型旅店（6层楼共计40间房、60多个床位），其店主为某县招商局副局长妻子的侄儿，渡桥镇派出所某干警的初中同学。圩镇上其他几家小旅店加起来的床位总和，还不如该旅店多。再加上该旅店位于国道与省道交界的路口，其装修也较现代（如有瓷砖地板、空调、彩电、热水器等），其生意是其他几家旅店难以望其项背的。此外，该旅店一楼有大型宴会厅，每年大量承接圩镇及周边村庄村民婚庆、生日等宴席，对镇政府、中学及大型石材厂等单位的大型宴会而言，也是不二的选择。

在这种“兼业”和照顾亲朋好友做生意的风气下，程成信也不甘落后。2011年停止经营砂糖橘后，他出资租下程村“大队部”后院，办幼儿园。入园老师即为儿媳妇及其妹妹，程成信的妻子也兼任老师。程成信在院子里盖了3间简易房间，安放了一些双层铁床供学生午睡，又填平了院子旁的水塘，安放了一些供学生玩耍的塑料器材。至于午餐，则由程成信夫妇亲自做，其中蔬菜来自程成信自家菜园。以至于，在豆角成熟的季节，他们往往连续几天让学生吃豆角，南瓜成熟时一个星期都吃南瓜，引起过不少家长不满。可是，除了渡桥镇中心小学（原程村小学）的幼儿园之外，该镇只有两家幼儿园可选（含程成信这家）。中心小学幼儿园每年只招 100 人，另一家招 100 人，程成信这家招 50—60 人。2012 年 3 月，程成信办理了退休手续，开始一心一意和妻子、儿媳一起经营幼儿园。

在程成信看来，不仅镇干部"兼业"很普遍，基层政府本身就是商人，所做的事情就是在做生意。他说，渡桥镇和梧县财政"分灶吃饭"，镇干部的工资和福利待遇与镇财政收入状况直接挂钩，所以整个镇政府基本思路就是要多赚钱。为了能够赚到更多的钱，镇干部就得想办法把地方的经济搞上去。因此，程成信表示，从正面的角度看，渡桥镇政府像做生意那样来经营政府，其作用是正面的。但他同时也表示，有时这套思路做过头了，也有负面的作用，比如说征地引起干群矛盾，种桉树破坏土壤，烧陶瓷污染空气、污染水质，等等。

不过，程成信表示，只有他这样的本地干部才会考虑负面的问题，因为他还得长期在渡桥镇住下去，在外打工的儿子将来也还得回程村。而一般情况下，镇里的主要领导都是外地人，他们的想法是搞好经济，有了政绩，就调往梧城或往更高处升迁。由此，程成信说："所以，这些领导个个都像打了鸡血一样，用政治（手段）促进经济发展，经济发展了又促进政治（地位）上升。然后，让我们在这里吸有毒的空气。"

五、站队

程成信对于当镇干部这段人生经历，另一个感触很深的话题是"站队"。尤其在忆及他和陈金华的对比时，程成信总是感叹，"站错了队”。

1998年，将程成信招录进渡桥镇规划办，乃是时任镇委副书记兼副镇长方立正的主意。其提议在获得镇委书记和镇长等人同意后，首先代表镇领导找程成信进行谈话的也是方立正。此后，在乡镇招干考试中，尤其是在面试中，程成信能够顺利过关，也与方立正分不开。对此，程成信回忆道：

> 方书记前前后后帮我打了不少招呼，不然我这初中文化的底子，（而且）荒废了那么多年，肯定考不上。不过，也正因为这样，我进镇政府，大家就把我看成是他的人，是站他这一队的……基层都这样啦，桌子上（正式制度）谁和谁是上下级关系、谁管谁是一回事，桌子下（私下）谁是谁的人，又是另外一回事。你直接管的下属，站队的时候，不一定跟你站在一起。摆到台上，谁也不会说的，但大家都心知肚明。不过，面子上的功夫也很重要。不到万不得已，不能把站队的小圈子表现得太明显。相反，要让人觉得，四面八方的关系都还过得去。较劲只能暗中较的啦。

程成信说，正式上班后，作为土生土长的干部，在镇政府两条新街道建设征地的工作中，他无疑表现出了优势。在这件事情上，镇委书记、镇长好几次在党政联席会议上表扬过他。在私底下聊天时，方立正也夸奖程成信：“还不错，算是给我长了脸。”几乎在同时，渡桥镇根据梧县及国土局要求，开始编制第一轮土地利用总体规划。由于渡桥镇规划办与国土所合署办公，在其他人看来，就是一套人马两块牌子，该项工作也便成了程成信的中心工作之一。但在这项工作中，程成信几乎成了“文盲”，而国土所的陈金华是中专毕业生，比程成信“专业”得多。

程成信回忆道，陈金华当时和一个排位比较靠后的副镇长肖某走得比较近，算是站一队。但是，“这种小圈子还几乎冇向心力”，因为肖某“在镇里完全说不上话”。除此之外，陈金华在梧县并没有可靠的关系。程成信则算是进了方立正的小圈子，而方立正在渡桥镇是有实权的“三把手”，除了“老大”（书记）之外，连镇长都要让他三分。因此，陈金华虽对程成信的工作水平不屑一顾，却又没办法。对此，程成信说：“当时，我觉得他（陈金华）有点书生意气，懒得去跟他计较这些。他能干，那就多干点啦，我乐得清闲。”

1999年下半年，渡桥镇党政班子面临换届。程成信认为，在通常的情况下，方立正接替镇长的职位，应算是顺理成章。但结果出人意料，渡桥镇书记、镇长均被调走后，方立正也被调往了山塘镇担任镇长，而且一走就是6年。渡桥镇新上任的书记、镇长全部从外地调入，其中镇长与陈金华是中专校友，办公室里的局面马上对程成信变得不利。对此，程成信回忆道：

> 新镇长是他（陈金华）的同学。估计原来关系其实也一般，没见有多少来往。不是学一个专业的。但现在（此时）在一个地方工作，又都是外地人，可能觉得还是同学比较值得信任吧。第一次见面喝酒，镇长就主动跟他喝酒。他也终于“醒目”了，马上就打得火热，站到他那一队去了。很多时候，下午下班回梧城的时候，镇长就说：“坐我的（专）车吧。”有时候，他们一块儿值夜班，不回梧城，就在饭店里喝酒喝到半夜。

在工作中，新镇长经常“鼓励”程成信加强“学习”，暗示其文化水平不够。不过，程成信说，新镇长做得也不算过分，毕竟涉及处理一些地方上的事务，他还是比较得力的。程成信自己则开始试图努力地跟新镇委书记拉近关系，但是他发现：

> 要拉近关系容易，但是，要真正取得一个陌生领导的信任，不是那么容易的，可能需要很长时间。原来（和）方书记打交道时间长，可以掏心窝子。新的（书记）不行，他是个谨慎的人。不是说你简简单单拿钱开道，多送点礼就行的。没有信任，礼送得太多了，反而不敢收啦，谁知道你有没有做手脚？

程成信感叹，“时间不等人”。在新局面下还没有稳固地站好队，很不凑巧，他人生的关键时刻却到了。2000年初，渡桥镇规划办主任兼国土所所长办理了提前内退手续，职位出现空缺。这对程成信、陈金华都很重要，它不仅意味着空出了一个正股级的干部岗位，而且意味着有了一个公务员编制名额。结果，镇领导把这个机会给了陈金华。据程成信说，在当时的渡桥镇，公务员编制和事业编制待遇已略有区别，此后差别更大。更何况，此时国土所还变成上级垂直管理的机构。陈金华从此主要以国土所所长身份活动，其工资待遇与县国土局其他正股级干部一样，约为程成信的2倍。

程成信也曾与副镇长肖某“走得比较近”，原因是肖某发现，自从新镇长到位后，陈金华即与之“走得比较远”了，于是主动有意向程成信示好。对此，程成信说：

> 当时换届，他（肖某）也算是升了一级，还是副镇长，但原来排名比较靠后，这个时候排在副书记兼人大主席后面，也算是“四把手”或者“五把手”了。（他）有事没事叫我去他办公室喝茶，有时候晚上叫我去陪他下象棋，其实我下象棋技术很差的。有时候出去办事，也喜欢叫上我。开会时，找机会表扬我。总之，有点叫我站他这一队的意思。

但是，程成信说，后来他主动退缩了。退缩的原因，是因为程成信了解到，肖某在更高一个层次站队时，和县政府办主任是一个圈子，他们原来是战友。而渡桥镇镇长和县委组织部部长有亲戚关系，他们是一个圈子。程成信“担心水太深”，就没深交，免得肖某和镇长两个圈子不和，“神仙打架、小鬼遭殃”。此外，程成信说，他一直摸不透新镇委书记的态度，所以更加不敢冒冒失失行动。他跟我感叹道：

> 人家都说，搞政治，没有永恒的朋友，只有永恒的利益。这话当然是对的，但也不全对。就拿我们基层来说，一个小小的镇，甚至一个县，都是一个小圈子，大家都熟悉。根据利益变化重新选择站队当然很正常，但你如果经常换来换去，站不同的队，名声就会坏掉。人家觉得没法信任你。谁知道你哪天会不会调转枪口，变成一个“反动派”？所以，真正站队的时候，其实也没多少选择。你如果跳来跳去，可能哪个队都站不进去。

程成信还分析过其办公室其他人站队的情况。1998 年他进镇政府工作时，办公室名义上共有 5 个工作人员，国土所、规划办各 2 人，另有许某兼任主任和所长。国土所除陈金华外，另有 25 岁的小伙子李哲文。规划办除程成信外，还有一位中年妇女曾某。

李哲文从某名牌大学毕业后即在国土所工作，事业编制，此时已被借调到镇党政办公室写材料达 3 年之久。在程成信看来，凭李哲文的文凭、能力，他不应该那么长时间被埋没，只能天天写材料，地位几乎就跟打印室的合同工差不多。究其缘由，就是李哲文比较清高。据说，他到渡桥镇后，不仅不懂得站队，还很快就得罪了书记、镇长及方立正，也就是渡桥镇几个主要圈子都被他得罪完了。程成信对此评价道：

> 这样不行的。开始可能是刚毕业，书呆子气，以为别人只是中专生或大专生，自己是名牌大学正规本科生。结果，还没适应社会，就被人摁倒在地了。但后来，交往多了，我觉得是性格问题，不善于处理人际关系。难得成熟得起来，或者说思想上成熟了，但因为性格原因，在行动上做不到。领导换了几茬，都没解决站队的问题。办公室所有的同事，别人都升了，就他一直是个写材料的“专业户”。

2005年，方立正、何平、文质彬调至渡桥镇分别任书记、镇长和副镇长。据文质彬和程成信说，方立正与何平勉强可算站一个队，他们都是梧城某几个石材老板的好朋友。虽然他们在政治上还有别的圈子，但并不冲突。何平与李哲文是大学校友。在何平的调和下，李哲文担任了渡桥镇党政办公室主任，级别上算正股级，但主要工作仍是写材料（2009年，李哲文在另一个担任某领导秘书的同学协助下，终于调往梧县某局工作）。

规划办的曾某，因年龄已达40多岁，不再思进取，其丈夫为栖市农业局某科长。曾某在渡桥镇基本上不站任何一个队，处理人际关系时“和稀泥”，跟谁都不冲突，也不深交。曾某在工作上，常应付了事，全部丢给程成信。但因其家庭背景虽不硬也不软，加之在渡桥镇一副“老好人”形象，包括程成信在内的所有同事，一般也不去得罪她。

至于办公室的“头头”许某，其丈夫为梧县某镇人大主席。在渡桥镇，许某也不站任何一个队。在工作上，许某表现平平，但书记、镇长均对她比较客气。程成信说：“大家心知肚明，她就等着内退，没人去拉她站队，也没人会去故意得罪她的。”

程成信还提到，人们常说的通过贿赂领导，跟领导站成一队，得到提拔的现象，也确实有。但如果不是最后被查处了的话，一般都没有直接证据（在 2012 年的“三打两建”中，渡桥镇有 1 人因行贿被查处）。

2005 年，方立正回渡桥镇任书记，对程成信而言自然也很重要。程成信回忆道，当他得知这一消息之后，感叹“最终还算是站队站对了”。确实，此后程成信在办公室的日子好过多了。方立正曾含蓄地跟陈金华说过几次，对程成信这样的老干部、本地干部，要多爱护，很多工作，这样的干部有不可替代的作用。陈金华也早已不再将程成信视作竞争对手。于是，在做包村干部时，文质彬、陈金华、程成信选择了在同一个小组，负责程村。不过，关于程成信想转成公务员的想法，方立正明确予以了拒绝。他说：“现在公务员逢进必考，没办法操作”，并劝程成信还不如在工作之余，多花点时间安安心心带好孙子、外孙。

“为什么必须要站队？”2010 年 8 月，在文质彬即将调走前，我趁和文质彬、程成信吃夜宵问他们。程成信答道：“别人都站队。你不站队，孤掌难鸣，遭人欺。”文质彬则说得更全面一些，其答案如下：

> 如果不想升迁，不站队当然也可以。如果想升迁，站队，进小圈子，提拔的机会就多点。否则，你就算干得好，上面也未必知道啦。或者，（上面）就算知道，赶上干部任命、推荐进修、组织外出考察等有好处的事情时，人家对你的成绩也可能会装作不知道。再说了，工作干得好的人，毕竟不止你一个啦。
>
> 当然了，领导也有主动拉下属站队的需要，要不然就是一厢情愿，站队也就站不成。领导之所以有需要，是因为你（领导）在工作中不可能亲自把所有的事情做完。但是，单纯靠制度要求下属去做，人家（下属）未必真心实意、百分之百尽力地给你去做。俗话说“打虎亲兄弟、上阵父子兵”，私人圈子

里的人才会尽力啦。再一个，尤其是在基层，现在好多工作都是“打擦边球”，是“变通”的，甚至是违规操作的。如果不是“自己人”，你敢信任他（她），交给他（她）去办吗？不用说，那些干违法勾当的人，他们就更加需要私家班底。

六、官运

程成信与文质彬的话题继续展开，牵扯出了一个叫“官运”的问题。

程成信说，他原来对“官运”的说法并不太信，相反，“年轻时，觉得做官的事情，都跟具体的人和事有关，跟神神道道的东西没关系”。我也曾跟不少村民确证过，程成信年轻时确实“不信邪”。在做“官”的问题上，无论是他对于“顺”的解释，还是对于“不顺”的解释，都跟村民常说的“命”“运”等神秘字眼无关。对于自己能当大队干部，能节节攀升至治保主任、大队副支书，程成信认为，那是因为他的能力突出，而且懂得处理人际关系。例如，程成信虽对程成仁不满，但可以十余年都不表现出来，相反，能处处讨得程成仁的喜欢、信任。对于最不顺的一件事情，即从部队转业时未能“吃国家粮”，程成信认为，那完全是因为程成仁迂腐、太老实、不够讲义气，未能在他第一次体检过关后就让他去当兵，以至于耽误了一年时间，结果赶上政策变化。几乎所有跟程成信比较熟的村民都跟我提起过，在程成仁下台之后，对他抱怨最多的不是别人，恰恰是他处处关照的程成信。至于那些被程成仁批斗过的“地富反坏右”，以及被强制执行计划生育的村民，虽然也对程成仁不满，但并不像程成信这样常常公开批评程成仁。或者即使批评，也很少将自己人生中所有不顺的事情，都归结为程成仁的“功劳”。

其他村民对程成信的记忆与程成信本人的说法基本吻合，他不是在做农民的时候，反而是在“吃国家粮”之后，开始相信“神神道道的东西”。例如，程成信原来对于修“香火堂”、拜“太公”等都很不积极，当了镇干部之后反而对此类事情热心起来。原来他从不拜菩萨，进了镇政府之后，才开始拜。对此，程成信坦言：

> 之所以慢慢相信了这些（“官运”）说法，一方面是因为好多次被提拔的机会，都眼睁睁看着擦肩而过，我觉得，好像再怎么努力也很难改变这种不利的局面。于是，（我）就开始觉得有些事情，不信可能也不行。另一方面，我发现，在渡桥（镇）干部中相信“官运”的人不在少数，可以说比普通老百姓还普遍，比普通老百姓还诚心诚意。大家都心知肚明，只是不明说。我反正本来就是从农村上来的，老婆也还是农民，（所以）我就在家里公开烧香拜佛的。××寺（梵县某寺庙）那里也可以公开去。其他的人一般不敢公开搞，去××寺那里也是偷偷摸摸的，说是陪朋友去旅游啦，或者什么的。而且，人多的时候不去，挑人少的日子去。

文质彬表示，他很少拜佛，尤其是担任副镇长之后，几乎再未拜过，“怕影响不好”。但文质彬同时表示，对于“官运”，“信还是信的”。为了求好运，他会“让太太在家里多烧点香”，住房风水也要有讲究。

对于为什么基层干部会如此普遍相信“官运”的说法，文质彬认为，“原因很复杂，一言难尽”。他说：“首先，这个应当还是跟我们的封建主义传统文化有关。这种文化深入到我们的骨髓里去了。你别看我们现在西装革履、戴着眼镜、斯斯文文，好像很现代似的。其实骨子里还是很封建的。”

除此之外，文质彬认为：“最重要的原因，可能还是因为工作成绩和你的提拔没有直接关系。从某种程度上来说，提拔，一半靠成绩，一半靠运气。”他指出，要想升迁，工作成绩肯定是要的，否则大家也就不会拼了命去搞“政绩”，“即使人家想提拔你，也要有个差不多说得过去的理由”。但是，这种东西不是投入就必然有产出的。与“光明正大”的“政绩”未必管用一样，文质彬认为，“歪门邪道”的“买官卖官”也未必管用，如他说：

这种现象当然有，而且很不好。干部一样也觉得很不好，至少基层干部是这样。你以为凑钱去行贿是一件很容易的事情啦？基层干部手中哪有什么钱？如果去找老百姓去搜刮，万一引发干群矛盾，出现极端事件，你还不照样倒霉？最后不仅提拔不成，反倒是把现成的乌纱帽给弄丢了，还不是鸡飞蛋打？而且，最关键的是，事情没有简单到这个程度。并不是说你只要花钱行贿，就一定能提拔的。如果真这么简单，事情就好办了，我找亲戚朋友怎么着也借出钱来去行贿，然后等我有一天能提拔别人的时候再收回来。如果真这么简单，有钱的商人也就不用求官员办事，直接买个官来当就得了。事情有这么简单吗？没有啦。

文质彬列举了不少身边活生生的案例，说明升迁一半靠运气，甚至“原地踏步”都常面临诸多不确定性。其中，最日常、最让人头痛的因素是系统性的。文质彬表示，他所理解的“中国官场文化”，最大的特点就是模糊不清。所有的文件、政策以及领导讲话，其精神都要去“领会”。换句话说，字面意思似乎不是真精神，弦外之音才是。对此，他说：

原来我跟你说很累，你可能还不理解。我说的不是身体上

> 的累，而是心累。回到家里或者跟真正的兄弟们在一起时，心才能放松下来。一到工作状态，就不行了。周围的人说话，真真假假。越是说话水平高的人，越是不会一目了然，让你一听就知道真假，而是同一句话既真又假，从这个角度看是真的，从另一个角度看可能就是假的，就看你怎么理解。（往）好处说，这叫工作“口才”“艺术”。（往）坏处说，可以说，假话就是日常工作语言，也就是人们常说的“官腔”。所以，你得去领会、去猜测，从一大堆假话当中，理出别人的真实意思来。这叫“悟性”。“悟性”高的人，自己善于说，也善于领会别人说的，甚至能想到说话的人自己都没有意识到的东西。做个一般的干部，起码要能领会八九分，俗话说“八九不离十”啦。你要是半懂不懂的，就只有倒霉的份。没办法，命运掌握在人的手里，而不是制度的手里，难免主观。这样，每天都像脑筋急转弯似的，你说我能不累吗？

由此，在文质彬看来，阻碍一个基层干部日常工作甚至升迁的因素，有时候甚至可能就因为某个场合会错了一次意、说错了一句话。这跟碰运气，确实有几分相似。

此外，文质彬还列举了一些“纯粹运气”的因素。在渡桥镇，2010年夏一场大洪水后，1978年竣工的梧桐江改道工程成果之一——连接程村与东山的大桥垮塌。为此，一位副镇长因“安全生产一票否决”被通报批评。不久后，文质彬在山塘镇任镇长的朋友，甚至因“安全生产一票否决”被“免职”。

山塘镇国道两边布满了石材厂，其后侧则是粪池和沼气池。当时为准备迎接省某部门检查、指导工作，山塘镇政府请了一批民工清理粪池和沼气池。其中有几位民工，在前期通风时间不够的情况下，进池做清理，结果4人因甲烷中毒死亡。这一“重大安全事故”

发于敏感时间点，次日即导致山塘镇镇委书记做检讨、镇长被免职。对此，文质彬分析道："这事不说彻底断送他（镇长）的政治生命，至少也是让他狠狠摔了一跤，正常提拔的路子被打乱，原来很可能存在的许多机会，也许就再没有了。"

数月后，该镇长被调往县文化局任正科级副局长，但情绪依然低落，感叹"背时"，38岁的他尚不知能否"混"到文化局局长的位置退休。据说按不成文规矩，40岁前如不能升到正科级"一把手"（如书记、局长），此后再升的概率将会变小很多。文质彬对此感叹道："做官确实有'官运'的，有时候，真是'谋事在人、成事在天'。"

对于程成信关于自己"官运"的说法，很多程村村民并不认可。在他们看来，程成信的"官运"已经是好得不能再好。如程守智就曾说："人心不足蛇吞象。他一个初中（毕业）生，从大队'弼马温'做起，做了副支书又做支书，最后还做了镇干部。这'官运'还能算不好吗？"

不过，无论程成信认为自己"官运"不好，还是其他村民认为他"官运"好，他们都认为，"官运"和最终的"命"、人生"圆满"并不是一回事。

程成信曾举例，原渡桥镇信用社主任一辈子"官运亨通"，退休后却得了脑血栓。程成信认为，这就是"命"。他"命"中本不该有这么好的"官运"，不该有这么多钱，但他都有了，结果便"命中注定"在别的地方缺一点。程成信说："反正命中注定，人生在世就是一本平衡账，这里多点，那里就会少点。"不少村民与程成信的看法相似，但略有区别。2008年9月某天，我和程守义、程守德、程守智等人前往信用社主任女儿的饭店吃饭，这位昔日的主任歪着头、拄着拐棍坐在门口的树荫下乘凉，口齿不清地跟程守义打招呼。之后在包厢里，程守义等人即说起原来该主任承包的街道硬化工程质量如何差，没过两年就出现了很多破坑，"亏心的黑钱吃多了，遭

‘报应’，结果现在这样”。他们甚至一再强调，这种“报应”绝对不是迷信，而有“科学”根据：因为“走后门”成了暴发户，钱就花得大手大脚，胡吃海喝，“很自然地”就引发了高血压、高血脂等心血管疾病。“再常常激动，发脾气，不就中风了吗？”

对于程成信的“好官运”，不少村民也认为与“走后门”有关，而且也有“报应”。程成信公开跟很多人提起过，他曾依靠梵城卫生局局长的私人关系，外加送礼5万元，于1994年安排其女儿到桐城读卫校。后来，程成信的女儿在桐城医院当护士，结婚后生了个耳聋的儿子。程成信曾说，女儿女婿仅买助听器就花去4万多元，“一下子被拖住了，屋漏偏逢连夜雨”。而程村不少村民却认为，这“连夜雨”即是“走后门”和“好官运”的“报应”。程成信对这种说法不以为然，他曾说：“这是他们眼红别人‘走后门’的牢骚话，是阴暗心理，心态不好……这年头，有权力、有关系，凭什么不用？要是他们有了（权力、关系），他们还不也一样？”

同样，很多中老年村民在说到程成仁、程成功晚年糟糕的生活情况时，也说是他们当年“官运”太“旺”之后的“恶报”。

此外，在程村茶余饭后，我还曾难以计数地听到各式各样关于“官运亨通”、行事霸道的官员，被神秘高官或者地方黑社会整得很惨的故事。其情节往往是官员作奸犯科或官员勾结黑社会，得罪了“微服私访”的高官或其亲属，被迅速查处、抓捕和送进监狱，甚至枪毙。又或是官员因与“江西帮”“湖南帮”“东北帮”[①]合伙赚钱后出现利益矛盾，被后者灭口。我曾有意打听过，最后发现村民讲的这些故事无一例外都是想象和谣言。

---

① 这可能是因为在梧城负责运输石材的司机有较多江西人，在石材企业及城里从事个体经营者有较多湖南人，在服务业和出租车司机中有较多东北人。这些前来梧城务工的人员，老乡间互动、互助频繁属常见现象，与黑社会性质的“帮”显然是两回事。从总体上看，栖市的治安状况在整个广东省算是比较好的。

第六章　普通农民

一、自由

在程村，从旁人看，程守宽是一个平淡无奇的“土农民”。如程守智曾表示，程守宽这一辈子，除了曾经是程村“红旗派”的“突击手”这一点之外，都是些琐碎之事，没什么可说的。在某种程度上，程守宽本人也认可程守智的说法。但当他真正谈起自己的人生时，很显然并非完全如此。从他的角度看，正是这些琐碎的事情构成了讲不完的人生。

1941 年，程守宽生于江北自然村一个极其贫困的家庭。程守宽的爷爷原属南塘自然村，因家境贫困，为一个大户人家跑船运，在江北自然村江边搭棚居住，后移居于此，生下程守宽的父亲。程守宽的父亲除了租田耕种之外，还会做裁缝，聊以糊口。程守宽的母亲麦某生于一个家道衰落的地主家，是个小脚女人，嫁到程村后不久，信了基督教。据程守宽说，因为在宗族房支上他们属于南塘而非江北自然村，所以在很多生活琐事上常受周边邻里欺负。但对于过日子来说，恰恰是琐事不好处理、只能忍受，如果是很出格的大事，反倒可以请南塘自然村的族老出面协调。程守宽表示，他母亲曾提起过，这是她信仰基督教的初始原因之一。

程守宽有两个弟弟，程守恕生于 1947 年，程守忠生于 1949 年。因经济拮据，1950 年“分配劳动果实”得到两间住房后，程守宽的父母才送孩子进小学读书。程守宽与长他两岁的程守德成为同班同学，直至初中毕业。

程守宽表示，他原本对程成仁这些干部是很尊重的，每次见到程成仁都以“阿叔”相称。但是，当程守宽参加生产队的劳动后，慢慢地发生了变化。对此，他回忆道：

> 那个时候年轻活泼，在学校里，我经常当体育委员，是个好动的人。到了生产队，哪里受得了那么严格的管理。凡事都要受管。那个陈林，好像一处不管就不能显示他的权力似的。比如说，有一回，我在食堂吃饭架二郎腿。你说这关他什么事啦？他看见了，也要管，说我懒懒散散。我又不是做工（干活）的时候懒懒散散，吃个饭懒懒散散，有什么可管的啦？他是大队支书，但是开工，有时候跟我们一个队。他管得更死，态度也更加不好。陈林还只是嘴巴上说说，程成仁经常会动手的呢。有一回，我们在东山挖红薯，有个老人家挖了一会儿就坐在坡上抽烟。程成仁看见了，直接就抢了他的烟斗，说：“别人都在挖，你为什么就在一边享福啊？不能一边挖一边抽啦？”

感到严重不自由的程守宽变得开始讨厌大队和生产队干部，常在与程守德等同龄人闲聊时，发表一些对干部们不满的看法。程守德因一向比程守宽稳重，常告诫他千万不能随便乱讲话，否则必定被“枪打出头鸟”。但是，程守宽对陈林“四不清”的问题未得到彻底处理而表示不满，还是传到了程成仁耳朵中。1965年，当程成仁将程守宽所在的第一生产队的“飞地”划拨给第十生产队时，程守宽终于当了“出头鸟”，被程成仁威胁要当作“坏分子”“法办”。

程守宽说：“干部们管得越严，如果是合理的，大家当然越赞成。但是，如果是不合理的，那大家还不就当面一套背后一套。”程守宽认为，“合理”的范围就是“糊口”或者说“温饱”。为此，程守宽举了1970年代初期偷红薯的例子来说明“合理”的限度。程守宽有一回在地里“偷”红薯时，正好碰上了一个曾与他有过矛盾的村民，事后后者并未举报他。更有一回，程守宽与另一村民都去“偷”红薯，碰在一块儿之后，双方几乎同时说了一句“你也在这里啊？”。在回忆过程中，程守宽就此事评价道：“人活着就要有吃的，种田的人都没有吃的，这样的社会就有问题。如果‘偷’一点吃的也算偷，那这样的法律也就有问题。”

就着程守宽的话，程守德曾做过更细致的解释：

> 仅仅“偷”价值一块钱的红薯不算偷，但如果直接偷一块钱现金当然就是偷，或者偷一条毛巾，也是偷。另外，就算是吃的东西，多了也不行，比如说你一下子偷一百斤红薯，那就真是偷了，（如果）被发现了，不但要退还赃物，还要挨整的。

程守宽则认为，程守德的说法不够严谨。程守宽说：

> 如果在大家都缺吃的情况下，哪怕偷一点吃的，也不对。像陈林那样就不对，那时大家都饿得要死，偷一点点都不行的，他还偷那么多。70年代初期那时，已经不那么缺粮了，但是这些干部们非要管那么死，那就是不合理啦。他们就是狐假虎威，生怕别人不怕他们。搞得我们冇一丁点自由。

1970年代中后期，程村已完全不缺口粮。此时，社员已经有一定的自由，可以养家禽，在农闲的时候可以申请花钱买断生产队的工分，去搞副业。买工分的计算方式为壮劳动力每天以10分计，每个工分的价格以全年生产队决算，以在生产队开工每个工分多少钱为准。但是，程守宽表示，反而在这个时候，对干部们有意见的人越来越多，主要是埋怨管得太死。

当我问他是不是认为干部与社员不公平时，程守宽答道："这个当然也有，但不是主要的，主要的是感觉不自由。"他表示，干部们有点工分补贴，甚至开工的时候有点挑肥拣瘦，搞"定额包干"时，把好一点的工具，如新锄头、镰刀之类的，优先安排给自己的家属用。[①]这些情况也让人感觉不公平，但没什么大不了，都是小事。最不公平的事情其实就是陈林多吃多占之类的行为，不过"四清"的时候已经被清算。另外，后来程守义挪用公款之类的事情，也算是不公平，但毕竟他也受了处分。

程守宽认为，当时程村的普通社员最希望的是有更多自由，而程成仁、程成功这样的干部们可能希望有更多的权力。于是，冲突就更深了，"单干"的趋势是不可避免的。对此，他说道：

> 你听说过"磨洋工"的事情吗？"磨洋工"说的就是大家干活慢悠悠的，出工不出力，磨时间。那个时候除了梧桐江改道，像我们这个地方，该要修的水利早就修完了。可是，冬天的时候，他们就是要我们开工，一起去修水沟，七七八八的。那点点事情，根本不需要那么多劳动力。但是你不去的话，就不给你工分，你要是自己搞副业，还得交钱给（生产）队上。那不大家都去磨洋工？我最不喜欢的是，就算磨洋工，你也得准时到场，睡个懒觉都不行的。你说这程成仁，就不能让我们

---

① 程守宽向我解释道，"三权四固定"之后，在农忙季节，为了激发社员干劲多干活，程村各生产队普遍将一部分劳动任务估算成一定数量的工分，然后采取自领任务或抓阄等方式包干给具体的社员。估算工分的办法是民主评议，如挖普通旱土 0.5 亩通常计 10 个工分，但有一些特别难挖的黄泥旱土则可能是 0.5 亩计 12 个工分。在这种情况下，因任务和工分都是固定的，劳动工具好，就意味着省力、速度快。

休息一下吗？他就见不得人休息。农忙的时候搞“定额包干”，农闲的时候也可以搞啦，我喜欢什么时候开工就什么时候开工，什么时候收工就什么时候收工，反正把事情做完不就行啦？呃，他偏不。本来嘛，要是那个时候的管理再松一点，我估计也就不会那么多人都觉得不自由、想单干了。

程守宽表示，虽然他搞“单干”搞得不怎么样，但在人民公社晚期，他在程村确实属于特别想自由单干的那一批人。为此事，程守德还曾劝过他几次不要乱说话，免得犯政治路线错误，将来搞起运动来要吃亏。

二、挣扎

在程守宽的回忆中，1980 年代是他人生最惬意的一段时光。他将之形容为：“就像一个坐了很长时间牢的人，刚刚（被）放出来，突然感觉天宽、地宽、精神爽。”

在“分田到户”时，程守宽夫妇有三个儿子，分得责任田近 2 亩。程守宽的两个弟弟也均已成家，且已有小孩。按照程村的习俗，原本麦老太应与程守忠同吃住，但因为麦老太跟思想颇有几分新潮、喜欢穿喇叭裤的小儿媳妇多有摩擦，于 1986 年经几个儿子协商，连人带责任田并入程守宽家。

程守宽种田在江北自然村是出了名的好手，而且非常勤快。除了自家食用之外，程守宽每年都可以卖出约 1000 斤粮食。但对于家庭开销来说，这点收入根本不够。

于是，程守宽将原来给程村大队修船的木工技术，用来制作其他木器。但是，相对于程守义而言，程守宽做木工也只能赚一点小钱补贴家用，根本没有办法存钱。他遇到的最大问题是木材原料跟不上，由于在林场没有熟人和过硬的关系，经常买不到木材。同时，缺少资金也制约了程守宽扩大生产规模。有好几次，他好不容易有了可能买到木材的机会，但都由于缺少资金而没有成功。再加上，在产品销路方面，程守宽的熟人大部分都是经济条件居中或中等偏下者，其购买力也有限。有时候，程守宽的木器家具生产出来之后，隔上好些天才能卖出去。如此一来，他的产品销售和资金循环速度与程守义完全不可比拟。其结果是，程守宽虽然在程村也是较早从事木材加工业的人，但其收入却与其他村民没有太大差别。1990 年代初，程守宽才终于积累了足够的资金购买了一套电动锯、刨等工具。但是，此时使用电动工具从事木材加工的村民已经较多，而且由于珠三角地区一些新款家具也开始流行，程守宽加工的家具款式已经老套，难以卖上好价钱。于是，在几乎没有来得及收回设备成本的时候，程守宽就停止了木材加工。

在程守义看来，程守宽在 1990 年代初还在继续从事木材加工，属于做人不知道变通，乃至有些呆板的表现。程守义表示，他的原则是，别人都能够做的事情，他就不会去做。在一次聊天中，程守宽曾当面反驳程守义的看法。他说道：

> 你说的当然没错。问题是，谁不想做一些别人不能做的事情呢？别人都能做的事情，我也不愿意做啦，但是有什么办法呢？（打一个）比方说，你做木工，我也做木工，你用电动机，我也想用，但我哪有这个本钱呀？再说了，就算有这个本钱，我没有关系，也搞定不了（买不到）那么多木料啦。杀牛也是（这样），你要是没有做木工赚到的钱，哪有本钱做（买牛杀）牛生意啦？

不过，程守宽的木工技术，毕竟还是为他改善了生活。当时程村农户盖房子都需要搭建木架子，称之为“装模”，然后在木架的模具上扎钢筋网、浇灌混凝土。由于程守宽木工技术比较好，而且干活特别认真、老实，不少村民都会请他做这些木工。同时，程守宽除了做木工，也帮这些村民打零工，手工扎钢筋、搅拌和浇灌混凝土等。程守宽说：“80 年代，我差不多也算万元户，就差一点点。”

程守宽自家于 1973 年建的新式青砖房已十分陈旧，且只有一层楼。因此，从 1989 年起，程守宽就计划盖一座新的红砖房，以备给长子程敬祖说亲、结婚用。为了省钱，程守宽和妻子冯兰决定凡是自己能做的工，全部都由自己做。他们自己动手烧红砖，自己到梧桐江捞沙、鹅卵石，然后用板车将之拉回家，自己挖地基、砌墙、装模。结果，一直到 1991 年，程守宽的新房仍只盖了一层楼，而按照程村村民普通红砖房的设计，需至少两层楼。

可能由于好几年超常规的劳动和缺乏保养，1991 年，冯兰得了很严重的风湿病，先后求助于西医和中医，共花去医药费 4000 余元，均未见有起色。由于冯兰生病，房子盖了一半便只好中断。不久后的一个深夜，程敬祖在朋友家喝酒后骑自行车回家。在省道上，一辆摩托把他撞倒并逃之夭夭。这次事故造成他腿部和右手骨折，花去医药费 6000 余元。此后数年，冯兰和程守宽的母亲麦老太常交替生病，每年的医药费支出都在五六千元。程守宽家的经济状况变得拮据起来。程敬祖于 1993 年结婚，靠两口子前往中山、珠海等地打工，1998 年才将红砖房加高到了两层。

与许多程村农民一样，程守宽也曾经想过通过养猪致富。由于没有足够的资金，和担心自己防疫的技术不够，程守宽不敢贸然行动。1993 年，程守宽停止做木工之后，终于下定决心养猪。程守宽将家中仅有的一点钱拿出来，再向弟弟程守恕、程守忠各借了 500 元，买了 6 头猪仔。但是，几个月后，程守宽家的猪仔得病，经渡桥镇兽医治疗后，仍死了4头。待年终卖掉2头猪，程守宽发现即使除掉劳动力和自种猪食不算钱，还亏去几百块。此后，程守宽不敢再大规模养猪，而只是跟其他普通农民一样，每年养一头猪。1999年，程守宽不再养猪，因为他发现渡桥圩镇的饲料猪肉（家养猪肉出售时价格与之一样）越来越多，单家独户养猪已经完全划不来，整个程村已无人再用传统的方式养猪。

程守宽还曾饲养过蜜蜂，并至今都还在从事这个行当。在渡桥圩镇，1985年的天然蜂蜜价格约为每斤5元，约相当于5斤猪肉。2013年，其价格约为每斤70元。按说，蜂蜜价格一直不菲，但程守宽也未能以此致富。这主要是因为程守宽只在家门口饲养蜂蜜，范围太小，一则不可能扩大饲养规模，二则可供蜂蜜采蜜的范围有限，再加上由于邻近稻田，每年在稻花盛开的时节都要死去一大批蜜蜂（水稻施农药，蜜蜂被毒死）。在通常的情况下，程守宽每年能收到的蜂蜜在20斤以下。除了自家食用和送亲友之外，程守宽靠卖蜂蜜所得，只能解决他抽烟的开支。程守宽估计，如果能够每年花几个月时间到深山老林中去饲养蜜蜂，其产量完全可以达到每年六七百斤。他曾认识一位梵县的养蜂人，跟他一样从1970年代末开始对照着《工农兵养蜂手册》学养蜂，他们两人经常有交流。眼看着这位朋友在深山里靠养蜂赚钱，给四个儿子各盖了一栋钢筋混凝土结构的房子，程守宽也多次产生过入深山养蜂的想法。但是，程守宽始终未能落实这一想法。言及理由，他说：

> 第一个原因是家庭条件限制。年轻的时候，我是家里的主要劳动力，老婆身体不太好。三个崽（儿子）要读书，我不可能不种田、去养蜂。虽然就只有那么一点田，但就是那么一点田把我拖住了。等三个崽长大了，他们却不愿意种田，要么就去打工，要么就吊儿郎当。再后来，我又得在家里照顾孙子了。

第二个原因是，我自己心里也还是有点怕，怕有风险。在家里养蜂，虽然说明我的技术完全没问题了，但要把这个（养蜂）作为主业，还是有点怕技术不过关。再一个就是，经常种田的人离开了田地，心里总是不踏实，不如种田时稳当。

程守宽曾提及，2000年是他唯一可能发财的一年。是年，程守宽拿出自己所有的积蓄，外加向亲戚们借的3000元，办了一个肉鸡养殖场。为降低成本，程守宽与一个经营龙眼果园的老板合作。程守宽为老板看守、打理50余亩龙眼园，老板允许程守宽在龙眼树下养鸡，并将管理龙眼园的厂棚免费给程守宽夜间关鸡。半年后，程守宽为老板摘收完龙眼，并向老板借了5000元，准备扩大生产，购买下一轮饲养的小鸡和饲料。程守宽承诺，一个月后他将卖掉第一轮养殖的肉鸡用于还款。此时，程守宽最小的儿子程敬业自告奋勇去张罗买小鸡和饲料的事情。但事实上，当天晚上程敬业与几个“朋友”在渡桥圩镇打牌，即将5000元输在了赌桌上。之后，程敬业担心挨打，连家都不回，直接去了东莞打工。程守宽出售了肉鸡，还了龙眼园老板的钱之后，已几乎身无分文，不得不放弃了再办养殖场的计划。程守宽说：“家里有了败家子，什么都搞不成的。（我）辛辛苦苦养了大半年鸡，除了欠几个亲戚3000多块钱的债，什么都没有。”

程守宽曾感叹道：“人生一晃就过去了，到最后一事无成，还是守着这2亩田、4分地，仅仅比‘一亩三分地’多一点点。”确实，除了种一点水稻之外，程守宽几乎将他绝大部分能用的时间都花在了种菜上。三个儿子都在外打工，大家庭的所有土地都归他耕种。但程守宽发现，近十多年以来，虽然电视里常常报道蔬菜价格在涨，但渡桥镇的蔬菜价格却一直没有太大起色。渡桥镇周边的城市，如梧城、桐城、梵城，都已经在自己的郊区发展了专业化的大棚蔬菜种植园，甚至从山东省寿光市运输来的蔬菜也出现在了梧城和桐城的超市里。程村的蔬菜主要只能卖给渡桥圩镇及周围一些石材加工企业，由于程村、圩郊村及周边另外几个村留守的农民都已将主要精力放在种菜上，渡桥镇的蔬菜往往出现卖不出去的情况。程守宽家每年都有不少蔬菜烂在地里。外来的菜贩子偶尔也到渡桥圩镇收购蔬菜，但往往将价格压得很低。对程村村民而言，稍有优势的是他们种植的芥菜在广州非常有名，价格稍有保证。但可惜因季节限制，传统方式种植芥菜，产量毕竟有限。所以，程守宽靠种菜几乎赚不到钱。

对于“分田到户”后的生活，程守宽说：“只能用‘挣扎’两个字来形容。”进而，程守宽抱怨道：“我们两公婆（夫妇）做工（干活），已经勤快得不能再勤快，但每当家庭稍有点起色，很快就被各种各样的事情压得喘气都喘不过来。”

三、公平

在“挣扎”的过程中，程守宽表示，“农民自由倒是自由了，但现在这个社会对农民太不公平”。

程守宽常说，农民靠种菜、卖菜，即使没有自然灾害，也常亏本。如果不种菜，仅种粮食，就亏得更加厉害。但是，菜贩子和城里的批发商、零售商却旱涝保收、稳赚不赔。2012年夏某天，程守宽曾邀我和他一起挑了一担青菜到渡桥圩镇去卖。我们和几位菜农努力地想计算出种菜的成本，却很难计算出来。首先，农药、化肥、菜种投入都不是一次性的，价格有波动，成本难计算。其次，每天都卖菜，价格波动更大，收入零散且极不稳定，难计算。绝大多数菜农只能笼统地表示，种菜的收入只够应付家庭的日常开销，所以种菜是老幼病残干的事情，壮劳动力不会留在家种菜。可菜贩子们算起成本来却很清楚，压低价格收菜时“振振有词”。经整理，其关键信息如下：

> 广州普通菜场零售摊常由夫妇2人经营。2人总收入每月应在9000元以上，方够应付包括烂菜损耗、摊位租费、市场管理费及其他家庭开支（小孩还必须放老家养，否则开支更大），并能有3000元左右存款。这就需要保证每天进出货的差价在300元以上。若以平均每天卖出100斤青菜计，则每斤须加价3元，纯利润1元。如果青菜零售价格维持在近几年较常见的每斤6元左右，其批发价必须低于3元。批发市场常赚取差价达30%—40%，给菜贩的价格约2元。扣除运输及损耗成本，外加自己要赚的钱，菜贩给出的收购价就只能在每斤1元左右，甚至更低。

一位菜贩以每斤0.65元、0.5元的价格，挑肥拣瘦地收购了程守宽的广东菜心和莜麦菜，留下几斤看相不太好的次品让程守宽自己带回。而我知道，此前一天在（广州）中山大学附近城中村门口的农贸市场，这两种菜的价格分别是每斤5元、4元，如在更好一点的菜场则应更高一点。程守宽抽着烟斗，苦涩地笑着说他已经习惯了这种场面，但同时还是抱怨道：

> 他们这个赚一块、那个赚一块。我们这些种菜的呢？一毛都赚不到！他们卖给我们的样样贵。化肥、农药、种子，哪样不贵？我们卖给他们的样样平（便宜）。卖菜刚得一点点，在荷包里还没热，化肥、农药、种子一涨价，又都回去了。劳动力根本不能算钱，要算的话，你会觉得基本上完全是白干活，更加不公平。再一个就是这些田、地，慢慢地都不行了。天天又是化肥又是农药的，要高产。这个就像女人一样，天天用化学

药品让她多生小孩，时间长了，那身子不就虚啦？现在我们种田、种土就是这样的，在拼命地榨取泥巴里的每一丁点养分和每一滴水。但是，问题是高产也没用啊，菜价一掉，还不是又都回去了……不过，只要你是个农民，也没办法。你不种，人家会种，而且是大规模地种，价格可以压得比你还低。你不种，又能做什么呢？你明明路见不平，还得一条路走到黑，这个不公平才真是不公平。

关于市场不公平，程守宽除了抱怨买进的贵、卖出的便宜之外，抱怨得更多的是买进的东西质量堪忧。其中，最让他受刺激的一次是“三鹿”牌问题婴幼儿奶粉。

2008年国庆节期间，程守宽通过看电视得知，“三鹿”牌婴幼儿奶粉里含有化工原料三聚氰胺，对婴幼儿健康造成重大损害。此时，程守宽的次子程敬宗夫妇在珠海打工，他们的第二个孩子尚只有3岁，已交给程守宽和冯兰在程村照料一年有余。程敬宗夫妇给这个儿子买的奶粉，正是“三鹿”牌的。程守宽惊慌失措，到程守德家用其座机打电话给程敬宗，让他迅速回家带儿子去广州做检查。万幸的是，医生告诉程敬宗，他儿子没有明显的问题，原因可能是喝“三鹿”奶粉的量不多，加之平时吃青菜、粗粮比较多。对此，程守宽自我解嘲道：“说白了，就是因为我们比较穷，反而躲过一劫。”程敬宗则说：“你倒说得穷还是好事情了。人家有钱的，根本就不喝国产奶，都是去香港买奶粉的。”此后，程守宽再也不让孙子喝奶粉，而改由自己炒大米，然后用石磨将之磨成米粉给他吃。程守宽还责怪程敬宗夫妇不该相信电视广告，误认为小孩就应该喝奶粉。他说：

为什么要相信这些假洋鬼子说的？吃奶粉就聪明，长得就

> 好？原来的人不吃奶粉，也没见谁比谁蠢啦，体格还比现在的强壮一些。你看现在这些小孩，个个都傻乎乎的虚胖。小孩子要变聪明，主要还是靠教育啦。广告就是骗傻子的啦。（广告）说得神乎其神，要想孩子将来竞争力比别人强，就得从宝宝开始抓起，从娘胎里抓起。有钱的人吃洋奶，这本来就是社会不公平，加上从小受教育，到长大找工作、找老婆，条件都比没钱的好。你们这些傻子就相信，这是因为人家吃的奶粉好，有营养，聪明，所以在社会上混得好。然后这些不讲良心的老板就完全没心肝了，在奶粉里下毒，然后还骗你们这些傻子说，吃了这个，你们的孩子也会变聪明……（在）一个不公平的社会（里），聪明又能怎么样呢？人家电视里都说是“拼爹”的啦，你就算聪明也拼不过人家啦，还何必去吃奶粉、给（被）人家下毒啦？

在程村，不少人都曾表示，程守宽是他们见过的少数极其豁达，而且说话很幽默的人。但为这事，程守宽出乎周围村民的意料，发火发得很大。直到 2012 年，有一次聊天时再说起此事，程守宽仍在指责“三鹿”公司的负责人“心狠手黑”。程守宽认为，命都是一样的，一命换一命。所以，这种人应该被当作故意杀人犯枪毙。但法院却只是让他们坐牢，很不公平。并且，程守宽还“预言”，“这些人交点钱，迟早又会从监狱里潇洒地出来，继续过着幸福快乐的生活”。

对其他事情，即使程守宽认为不公平，批评也相对温和，并留有余地。

如 2012 年 8 月某天在钟表修理店里聊天时，程守宽认为，程守义做牛肉生意相对公平，但做木工和买卖古董不公平。其理由是，程守义做木工靠的是关系，靠赊账都能买到木材，而别人有现金都很难买到，至于买卖古董，则靠讹诈，没有诚信。此外，关于程守义找“小姐”的事情，程守宽也认为不公平。程守宽指着程守义，向我和程守德说：“他总说他是付了钱的。付了钱也不公平啦。你一个糟老头去搞人家十多岁、二十多岁的靓女，怎么公平？有的东西是不能买卖的啦，只要买卖了，就是不公平的。”当我问他为什么时，程守宽想了一会儿说：

> 人是人，不是普普通通的什么东西。是人，就不能买卖。你不能说只要有了钱就什么都能买。如果说这个可以买卖，那手脚、脑壳是不是也可以买卖？那社会不就乱套了吗？有了钱，想怎么样就怎么样，那还怎么能叫公平呢？

程守义为自己辩护，说他买的当然不是心，但也不是身体，而只是一种服务，从根本上说就是一种劳动，身体只是它的外表。程守宽则坚持自己的观点道：

> 人没有心，光是个身体，就不是人，是动物，是骷髅变的白骨精。你这买的不是服务，不是劳动，是动物，是骷髅。你把人家活生生的靓女当动物，当骷髅，当然不公平。人家本来跟你一样，都是人啦。

此类关于公平的争论当然没有任何结果。不过，程守宽确实认为，这虽然不公平，但程守义总归还是用自己的钱在“买淫”。程守义赚钱的方式虽然也有些不公平，但比程成信那样变卖集体财产、“贪”公家的钱，仗着手中的职权让别人帮忙种砂糖橘、“吃”别人的劳动果实，又显得公平得多。说到程成信，程守宽又认为，比起派出所的副所长做事情霸道、贪婪，程成信做事又还算公平。而说到派出所的副所长等镇干部，程守宽又感叹，比起原广东政协主席陈绍基、原铁道部部长刘志军等人的贪、淫、霸，则毫无疑问是“小巫见大巫”。一方面，程守宽说：“有了这些人，这个社会怎么可能会公平？”另一方面，他又说：“反正他们也没直接从我碗里扒饭，他们吃他们的肉，我一个小老百姓就喝我自己碗里的汤吧。只要日子过得下去，大家各过各的日子，井水不犯河水。”

2013年国庆节期间，程守宽跟程守德和我聊天，在回忆自己的人生经历时曾表示，“分田到户”之后别的都好，唯独不满意的就是社会不公平。如往常一样，程守宽又拿出“大集体”时期的例子和当下做对比，用来说明当时社会比较公平，而当下社会很不公平。程守德插嘴道“那时对知识分子也不公平”，并问程守宽道：“难道你还想回到那个时代？”程守宽说：

> 不想！谁还会想回到那个时代呢？！不过，要说那时对你这种知识分子不公平，也不算太厉害啦。哪个时代都会有不公平的事情，就看是对哪些人不公平了……虽然不想回去，但确实比较怀念那时比较公平。可惜，那时又不自由。农民就是既想公平，又想自由。现在看来，要两全其美好像是难。既然鱼和熊掌不可兼得，那还是宁可要自由吧。不过，要是到了日子过不下去的份上，我相信，人首先要的还是公平。

针对程守宽这番话，程守德总结道：“中国历朝历代都不公平，农民只要日子过得下去，心里就能忍得下。这个在历史上就形成了习惯。但是，除了秦始皇那个时候，就只有‘大集体’那个时候，那么不自由。这个，农民心里忍不下。”程守宽认为，程守德的说法“故作高深，不过好像有点道理”。

四、三教

程守宽自认为，到了晚年，他变得好像鲁迅笔下的“闰土”，“三教九流”都相信。但是，在年轻的时候，他却是个“唯物主义者”。究其缘由，程守宽说：

> 我记得，小时候，我老窦（父亲）就不太信神神鬼鬼的东西，不知道是不是受了我老母的影响。我老母是个基督徒，除了“主”，不信其他鬼神的。后来（在）“大集体”时代，都说要打倒封建迷信的，更加不信啦。我老母都不敢再说自己还信“主”啦。（我）在学校里学的都是唯物主义，出来之后又是……（各种政治运动）。所以，年轻的时候，真不信鬼神。

程守宽第一次真正开始有点相信“神神鬼鬼的事情”，是因为求子。1966 年初，程守宽结婚时已 25 岁，在当时程村算是大龄青年（其父亲于 1962 年去世，程守宽须抚养两个未成年的弟弟。这是推迟婚龄的主要原因）。其母亲麦某盼望着第二年就抱孙子，却见冯兰一点动静都没有。于是，麦母偷偷祷告了几回，但没有结果。一开始，程守宽并不在意，而且怪母亲太心急。但到 1968 年夏，程守宽本人也开始有些着急。经人介绍，程守宽带冯兰看过两个中医，让冯兰吃了一些中药调理身体。同时，也有与麦母关系比较好的老人给了他一些“指点”。对此，程守宽回忆道：

> 他们就说，“要想生儿子，还是要拜拜‘太公’（祖宗）和观音。都像你老母那样，‘太公’都不拜，把‘太公’的‘香火’都给断了，那‘太公’还能保佑你有‘香火’吗？”。另

外，又说观音就是管生育的，这些东西不能不信。我想想，可能也对。不管三七二十一，死马当活马医，拜拜再说。讲起来真搞笑，一年之前，我还是“红旗派”的突击手呢……当时找不到菩萨，破“四旧”，没谁家里还敢留着菩萨。（我）就找一块木板，用毛笔写了几个字“救苦救难观世音菩萨”，歪歪扭扭的。（我）当时就想，哎呀，没办法啦，心中有佛就行了吧……菩萨应该也能理解的。

麦母虽然并不赞同程守宽拜“太公”和观音菩萨，但也没有阻拦。半年后，程守宽发现，其诚心“感动”了“太公”和观音，得到了“结果”，冯兰终于已孕。1969 年，冯兰生下一子（即程敬祖）。此后，程守宽虽然平时不敢有太多表现，但已开始相信“太公佑福”“世上有佛”的说法。至于程守宽的母亲，因为已经当了阿婆，而且所得正是她想要的孙子，也是满心高兴，再不提和程守宽的“主”“佛”之争，只感叹“命好”。

每回忆及此段人生细节，程守宽都会露出笑容。2009 年某次和我聊天时，程守宽高兴地用烟斗在空中画着圈，说他后来如法炮制，于 1972 年和 1975 年又生了两个儿子。尽管后来求生一女而未得，程守宽对拜祖和拜佛的事情已比较相信。

“分田到户”之后，程守宽和其他村民一样开始公开拜佛、拜祖。在江北自然村，他是比较早前往梵县某寺庙烧香的村民。此外，在参与组织宗亲前往桐城拜“太公”等事务上，程守宽也比程守德更早、更积极。尤其是第一次去桐城拜“太公”时，几个主事的村民都认为，他们应该效仿新中国成立前那样，坐着船，敲锣打鼓下桐城。程守宽也是持此观点的积极分子，并且义务做木工，维修了五六艘旧木船。后来，由于想去拜“太公”的人太多，程守宽又出面租了一艘捞沙的大铁船下桐城。1990 年代，因家里日子过得一直比较紧，程守宽才慢慢从组织宗亲拜“太公”、修“香火堂”等活动中退出来。

1990—1991年，冯兰经常生病。程守宽除了带她看西医、中医之外，拜佛治病，也是他们常有的选择。同时，道士、神汉、神婆等“各路神仙”都被请到过程守宽家，或直接为冯兰治病，或为其“清扫”房子。程守宽说，每一次开销在几十元到一百多元不等。程守宽和冯兰还曾怀疑自家风水不好，求助于一位堪舆先生。该堪舆先生认为，这是因为他们新房大门朝向的“煞气”太重。在其建议下，程守宽在新房的门口挖了一口小水塘，又在大门上悬挂了一面镜子，用以抵挡“煞气”。但事实“证明”，这招也未奏效。1991年圣诞节前夕，在婆婆麦老太的劝说下，冯兰信了基督教。对此，程守宽的态度依然是“各信各的、互不干涉”。而且，在麦老太为首的这个大家庭里，程守宽的两个弟弟和弟媳都还是跟他一样，“三教九流什么都信”。至于在整个程村，程守宽这种状态则更是“主流”。

不过，程守宽说，跟不少“假心假意”信佛的村民不一样，他从未想过靠拜佛发横财，而只是求福、保安康。我知道，程守宽所指的是村里不少人天天拜关公、地藏菩萨，求买彩票中大奖。甚至于，有一位村民贩毒时，在家里也拜关公、地藏菩萨，有时还跑到西江上游有名的龙母庙，去拜龙母。

1994年，程敬祖夫妇生得一子，程守宽夫妇十分重视这个长孙。尽管家境困难，程守宽还是坚持做了一场比较体面的添丁烧炮仪式。

在程村及其附近地区，农历二月初二是“添丁节”。但凡前一年生育了男孩的家庭，都要举行烧炮仪式（若家境特别困难而又想做得体面，也可缓一两年，但一般不超过3周岁）。主家开办酒席，宴请亲友，并在祠堂前的晒谷场上点放一个特制的冲天炮。该冲天炮尾部绑一个红包，在亲戚朋友及邻里们面前点放，等炮尾由天而降后，所有人都要争捡红包，以示祝愿并可沾福气。凡捡到红包者不仅能将红包据为己有，还将被认为是男孩的命中贵人，而被邀请参加另一场特别的酒宴。此外，她（他）还将得到主家的一只公鸡、两瓶白酒。即使捡到红包者原本与主家之间不和，此时双方也必须放下所有恩怨、重归于好。若有不愿者即会被人认为“不懂事”，瞧不起与主家同宗的所有男丁。

对于这个节日，程守宽说，它的意义在于，表示添丁是一个家庭最大的事情（程守德也认为，程守宽的理解不错）。程守宽回忆道，1995 年农历二月初二为其长孙举行烧炮仪式时，程敬祖还在打工还盖房的债，家里没有钱。为此，过年前，程守宽就将家里养的一头猪杀掉，除留了少量猪肉过年食用外，其他的全部卖掉，共得 1200 余元。在烧炮仪式时，程守宽放了 1080 元在红包当中，取其谐音意“要人发人”。据说，该数字的红包在当时的程村居中上水平，而程守宽的家境则属较差的。程敬祖出了办酒席的钱，送给捡红包者的公鸡则为程守宽提前 8 个月所饲养。

再后来，随着几个孙子、孙女陆续出生，程守宽夫妇“越来越像幼儿园的管理员”。程敬祖夫妇虽有自己的房屋，但基本上全年都空着，程敬宗夫妇则根本没有盖房。1998 年，麦老太去世后，程守宽把她的房间腾出来，算是专门划拨给程敬宗夫妇。在他那只有一层、四间的青砖房里，住着程守宽夫妇及 5 个孙辈子女。遇到孙女生病时，除了带他们看医生外，冯兰都会祷告，而程守宽则拜佛，甚至拜井、石头、树。

2010 年夏的一天，我见程守宽家附近的榕树下有烧香、烧纸的痕迹，树根上还贴着一张红纸，红纸上写着：“天皇皇，地皇皇，我家有个夜哭郎，过路君子念一念，一觉睡到大天光。”程守宽向我解释道：“小孙子这段时间不够乖，（所以我）搞点小迷信。”几天后，程守宽又请了一个“问仙婆”为这个孙子做法。被称为“问仙婆”的女子大约 50 多岁，她摸着程守宽孙子的手，然后像抽搐一样（一位在场的年轻村民告诉我，这是“仙人上身”的表现），说他半个月前在一个有很多水的地方受惊吓、丢了魂。程守宽回想了一会儿说，半个月前确曾带小孙子到梧桐江边干农活。“问仙婆”拿了一小袋大米，在米里加上茶叶，然后从程守宽家出来，口中念念有词地不时在路边撒一点米，走到江边。接着，她一边撒米一边大声唱道：“河公河婆心肠好，我给你们唱首歌，你们好心有好报，快快送崽来过河……”最后，程守宽封了一个 68 元的红包给“问仙婆”做酬劳。

对于请神婆祭树、祭路和“问仙婆”的做法，冯兰一开始并不同意。但在她祷告了好多天都“无效”后，也就同意了程守宽试试，同时表示，反正她不信。我曾到程村卫生室，问过给程守宽的孙子看病的医生。医生说，这种情况本来应该是缺钙，但在给他补了几天钙之后仍无明显缓解，可能是天气太湿热，所以就改开了一些中药给他调理脾胃。医生表示，如再不见效，建议程守宽叫程敬宗回家，带小孩去城里大医院看看。约一周后，程守宽高兴地说他孙子情况好了很多，“问仙婆还是有点用的”。冯兰在旁“抗议”道：“那还不是看郎中才好的……不管怎么样啦，好了就得啦。”程守宽附和说：“是呀，是呀，管它呢。三教九流，信什么都可以，只要够有用就得啦。”

五、性命

许多村民都说程守宽很豁达，确实有他们的道理。对于较差的家境，程守宽常说：“人到世上来，总避免不了要吃酸甜苦辣。”2012 年夏，有一次跟我聊天时，他感叹道：

> 人在这世上一辈子，就是个过客，生前从哪里来，死后到哪里去，我们都不知道，但那个时间比在世上活的时间肯定要

> 长得多。人在世上，命运好不（相）同，都是（不同的）本性决定的。比方我，本性就是老实巴交。我两个细佬（弟）也是这样。拍马（屁）的事不会做，在“大集体”那个时候就吃亏。昧良心的事也做不出，搞单干也吃亏。其实也知道那样（拍马屁、昧良心）会有好处，但就是做不到。自己没能力也是一回事，本性就这样也是一回事……想自由，又想公平，这个也是人的本性。要是本性就认为应该不自由、不公平的话，那他就不会觉得不自由、不公平（是问题）了。本性这样，就会朝这个方向去努力做事情，那命运也就朝这个方向发展啦。我们经常说“命中注定”，这个（说法）既对又不对。依我讲，人的“命”一半是前世注定的，一半是今生在世自己把握的。本性决定命运，你把握自己的本性，这样不就把握了一半的“命”？

此时，我才明白，为什么此前程守宽常用“本性”，来给我解释他自己及旁人的人生遭遇。对自己赚不到太多钱、物质生活苦楚，程守宽认为，很大程度上是其本性使然。冯兰之所以从一个跟他一样三教九流都相信的人转变成基督徒，在他看来，也有她本性的原因。如他曾说：“她（冯兰）本性就喜欢依赖。女人都这样，依赖老公，老公没本事，官老爷也依赖不上，就依赖神仙老爷，中国的神仙老爷也不行的话，就鬼佬（外国人）的啦。再不行就再冇别的可依赖的了，那就还是相信最后这个吧。”

甚至于，程守恕和程守忠的死，程守宽认为在相当程度上也是他们的“本性”所致。对此，他似不愿意讲得太细，只简单提及“他们就是太老实、不懂得变通的人”。程守忠“不懂照看自己”，身体不好却一直不曾在意，以至于死前都不知自己得了什么病。程守恕“太呆板”，其他人都弃种了梧桐江对岸的田地，他不但坚持种，而且不注意安全，“像是个没长大的人”。

此外，程守宽详细地用“本性决定命运”的“原理”，解释过程村另外两个有名的案例。

第一个案例是关于程成友抚养弟弟程成邦，而后程成邦“回报”程成友、照顾其子程南山的故事。

1960年代末1970年代初常“上龙眼树”的程南山，1983—1984年在程成邦的支持下，盖了一栋二层红砖房。但由于错过了最佳婚龄，程南山成家的事情进展不顺，他母亲及朋友都以为他可能将终生单身。1987年初，37岁的程南山与同属南塘自然村一个31岁的女青年结婚（有村民说，此前她身体不好，故也错过了最佳婚龄）。该年末，程南山就得一子（两年后又得一女）。因属高龄产妇，程成邦坚持出资，让程南山陪她到梧县人民医院分娩（因颇费资金，这种做法当时在程村还较为少见）。

2002年，程成邦在广东省政府某厅退休，不久他妻子亦从另一个厅退休。他们的四个子女，两个在美国工作，一个在香港工作，一个在广州工作。程南山一子一女从小到大全部的读书费用由程成邦承担。2008年，程南山之子从某铁路专科学校毕业，程成邦托熟人将之介绍到某地铁公司工作。2010年，程南山之女中专毕业，程成邦再托熟人将之介绍到东莞某外资企业做文员。近年，程成邦夫妇常居于美国、中国香港地区，他们在广州的房子委托给程南山夫妇看管。他们每月还支付基本生活费，以至于程南山夫妇将回程村看作了一种回乡度假式的享受。

不少程村人都认为，程成友、程南山父子的人生经历就是“善有善报”的典型例子。但是，程成友、程成邦为什么要“善”呢？程守宽认为，这只能说是本性。然后，善良的本性造就了好的命运。

程守宽解释“本性决定命运”的另一个案例与其堂侄程敬军有关。

程敬军曾于1977年参军，后参加过对越反击战，并曾立功。退伍回乡后，程敬军劳动勤快，能吃苦，头脑也灵活，得到了其他村民的普遍赞许。此外，程敬军为人大方，乐于帮助其他村民。甚至于，有时当村民受到镇、村干部不公正对待，程敬军也敢于站出来说话。而干部们认为程敬军见过世面，又有过战功，也往往会给他一点面子。因此，在程村，尤其是江北自然村，程敬军的人缘非常好，有一定威信。程敬军的妻子为人也较为友善，属于村民所认可的“好人”。

程敬军除了种地之外还承包过一片山场种竹子，同时又做牛生意，将小牛犊买回家养大之后出售。2000 年，程敬军不再种竹子和养牛，转而承包了一片荒地，将之改成鱼塘养鱼，同时还在鱼塘旁边建了一个小型的养鸡场。2002 年，程敬军又增加了另一个项目——承包了一大片山场种植砂糖橘。2007 年，这片山场产砂糖橘 2 万多斤。在不少村民看来，这些经营是两个劳动力几乎不可能完成的事情。他们都认为，程敬军夫妇真是勤快，身体也真好。可其实，程敬军患了严重的肝炎。2007 年，发现病情后，程敬军去广西某肝炎专科医院医治，花去医药费近 20 万，但最后还是在该年农历七月去世。据医生分析，程敬军的肝炎可能与他长期超负荷劳动和超量饮酒有很大的关系。

提及此事，不少村民都感叹程敬军和妻子虽然人很好，“命”却不好，家里的风水可能也不好。就连程敬军的妻子也一方面坚持认为医生的解释有道理，另一方面认为他们“命”不好。此后，程敬军的两个女儿外出打工，他妻子卖掉鱼塘和养鸡场，集中精力种地和管理砂糖橘，艰难地供儿子到桐城外国语学校上学。2010 年，程敬军之子毕业，并前往东莞某外资企业工作，其家境开始好转。2012 年，此家拆了旧房，盖了一座三层的新红砖楼。对此，不少村民的说法为“好人还是有好报”。

程守宽也认为“命”和“报”的说法是成立的，但他又认为，“命”并不完全是前生注定的。例如，2009 年夏某天他指出，程敬军得病与他自己对本性控制不好有关：

> 他这个人本性太豪爽，所以性格就格外躁。（他）说起话来粗声粗气；做起事来不要命，一肚子蛮力猛做、猛做，这样当然就伤身体啦；饮（喝）起酒来也不要命，一日三餐，每餐都差不多要一斤多白酒，这样饮酒，肝脏能不坏吗？他这条命啦，一半是阎王勾的，一半是自己送的。（他）本性就是豪爽的，加上当过兵，打过仗，把自己搞得像个土匪一样……（他）心肠很好，人也是忠厚人。忠厚"忠后"啦，估计将来后代还是应该有好"报"的吧。

2011年国庆节期间，我曾碰到程敬军的子女返回程村，商量准备盖新房的事情。之后，我和程守宽等人聊天时说及此事，程守宽则评论道："我就说忠厚'忠后'啦，（此说）不会错的。"

程守宽关于本性决定命运的说法，并非他个人的个别认识。实际上，在程村，不少中老年村民都认为程守宽这种说法有一定道理。就连特别看重能力，并认为自己致富主要是"靠脑袋"的程守义，也如此。在和程守宽同一次聊天中，程守义甚至"现身说法"以证程守宽说得有道理。程守义表示，他之所以能够享福，主要也是本性不坏，虽然赚别人的钱，但不是"亏心钱"，更不是"黑心钱"（他似乎忘记了，两天前还在梧城跟我说，他玩了不少"小姐"，有点"亏心"）。他还举例说，在渡桥居委会有一个人的经历与他相仿，与他一道参加武斗，并在武斗中扮演了重要角色。在与邻县某"造反派"的一次武斗中，此人曾打死过一个倒地求饶的人。这桩命案并未被追究责任。1980年代，此人与程守义一样也属于先富裕起来的人。但在1990年代，此人家里出现了诸多不幸：其女儿远嫁到河南之后不久离婚；大儿子患癫痫失踪后不久，小儿子也变成了痴呆；他本人因患癌症未能寿终正寝。程守宽也评论道："这个人确实是本性凶残。人家都已经倒到地上了，跪着跟他求饶，他都不放过人家。这心多硬、多凶残啊。结果后来恶有恶报啦，一家人的命都不好。当时要是不这么凶残，可能也就不至于落到这个下场了。"

在这次"总结性"的聊天中，程守宽认为，虽然说"江山易改、本性难移"，但本性并非完全不能改变的，只要一个人心性向善，就能让自己的本性向好的方面改变。并且，他一再强调，世界是公平的，凡事必有报，因此，"说不公平，其实最后也公平，人最后都是要死的。就看怎么死法"。一同参与聊天的程守智也相信程守宽这套说法，但故意打趣他道："那'三鹿'奶粉怎么冇像你讲的那样报啦？"程守宽严肃地说：

> 最后肯定要公平的，不是不报，是时候冇到。现在这样，你给我投毒，我给你投毒。你别以为，只可能有钱的人给别人投毒、赚黑心钱，别人就没办法给他们投毒。我就不信，有钱人都有特供米、特供菜、特供油、特供水，连空气都特供。除非他们都在中毒不深的时候，就赶紧跑到美国鬼子那里去，再也不回来了。否则，还不是逃不掉？本性不好，害人，同样也害己。这个是命中注定的，逃不掉。（他们）就是跑到美国鬼子那里去了，一样也逃不掉，只不过是迟和早的问题。

一如此说，在很多时候，程守宽都坚持认为，他本性老实是自己的优点，是对的，尽管因此得了个受穷的"命"。不久后的一天，我见程守宽挑了一担切碎的青菜准备去倒掉，便问其故。程守宽说，他本来准备摘些菜去卖，但发现前段时间洒的"高效低毒"农药是假的。经煮熟后，菜的颜色和气味均不对。他感叹道：

> 原来我们说的“假农药”，是说杀不死虫的（农药）。现在的“假农药”是杀死了菜上的虫，菜还可以杀人的。你说这些人（假农药生产商），心多坏！我看他们本性比这样的农药还毒，会短命的……你的农药让别人短命，自己肯定要遭报应短命啦。算我倒霉，这个菜不卖了，倒掉肥田。（我）穷就穷一点，本性不能坏。哎，我就是这个命啦。

不过，我发现，包括程守宽在内的不少程村中老年人，有时候也会反过来解释“本性”和“命”的关系。我常碰到这样的场景——当我碰到他们在干活，并打招呼说“您还在忙啊”，他们回答道（大意）：“没办法啊，我们农民天生就是做工（干活）的命。习惯了做工，不做工反而不习惯。”在此类村民中，不少人家境确实并不困难。按照程守宽的说法，这好像又是“命决定本性”。

第七章　年轻后生

一、投资

与老一辈村民相比，程村年轻的一代有着很不一样的人生经验。他们的足迹和眼界都远远超出了程村，而我在调研过程中接触到的绝大多数人，其人生轨迹却又与老一辈保持着某种延续性，可算是“续篇”。

在“续篇”中，程福稻在村民眼里以“明星”的方式继续着程守义的“传奇”。不过，虽然在程村人看来，程福稻已经是大老板，“有的是钱”，他却常对自己缺乏资本而苦恼。程福稻多次表示，2000年他方进入石材加工行业，已经落后“大佬”（大老板）们差不多十年，只能停留在利润比较低的生产环节。

在历史上，梧县就有加工石材的传统，1980年代转向装饰性石材加工，但设备仍较传统。1990年代初，少数手中已有一定资本的乡镇企业和私人老板开始从国外进口加工设备，生产效率大幅度提高。同时，随着珠三角地区建筑业的快速发展和装修层次的提升，石材加工业开始急剧扩张。1990年代中后期，最先积累了巨额资本的老板开始从国外进口石材原料，加工之后再销往世界各地。

当程福稻进入这个行业时，最大的十几个老板已占据利润最高的几个领域。对此，他具体介绍道：第一，在国外购买天然石头，加工成8—27立方米的石块（业内称“荒料”），为其他中下游加工企业提供原材料，某些天然石头被开后，可能发现品质不佳甚至几近废料，故此环节风险较大；第二，将荒料运到中国海关，进入批发市场，但涉及种种海关手续及市场周期波动，一旦荒料积压，资金周转风险很大；第三，用巨型水刀[①]将荒料切割成半成品，巨型水刀投资较大；第四，少数企业回收石材加工后的边角料，然后将之粉碎，再重新压缩成石板，此类项目技术含量高、投资大。程福稻非常羡慕这些领域的高利润，而且这些企业家往往是梧县的政协委员、人大代表，在与地方政府部门打交道时，也非常顺畅。可是，因为资金实力不够，程福稻对这些领域可望而不可即。

2000 年，小型水刀切割工艺开始越来越多地被梧城石材加工业采用，但对投资、操作技术等方面的要求也比电锯要高不少。程福稻表示，因为资金限制，他甚至没有办法像他妻兄那样，从事水刀拼图和工艺石雕等利润比较高的业务，而只能从事一般性的装饰石材加工，如石板、石条等。他常感叹，因为资金限制，只能眼睁睁看着机会与自己擦肩而过。直到 2009 年，程福稻花了 200 万元买了两台水刀机器，仍只能做小件加工。

2000—2005 年，程福稻与妻兄从梧城的“大佬”们手中购买半成品进行加工。在产品销售方面，此时程福稻夫妇也还没有形成自己的网络，其经营状况一直不算太好。他将之形容为：“小有利润，但赚得不多。一年毛利不到 100 万，交税，买房，买车，还要陪客户吃饭、打牌（送回扣）。最后落（赚）不到几个钱。”

2006 年，程福稻开始与妻兄合伙直接前往厦门石材市场批量购买荒料。然后，他们将荒料拖到梧县城郊镇切割成石板，做出成品

---

① 水刀是一种切割设备，它用超高压技术把水变成可切割石材的工具。其优点是可对石材进行任意曲线的一次性切割加工，且在切割时不产生热量和粉尘，比电锯切割更安全、灵活、高效、环保。

销售。同时，2006年起珠三角地区持续升温的房地产业为程福稻创造了巨大的机会。而且，经过几年积累，程福稻从企业管理到拉订单都已有一套比较成熟的经验，在销售网络建设上，也已小有成就。所以，虽然程福稻主要只加工普通建筑板材，单件利润率比大型水刀拼图低，但因为他能持续保证比较大的销售量，总利润仍相当可观。他表示，此后石材加工厂每年纯利润终于过了百万。对此，程守义曾补充道："120万—150万左右。这是比较准确的。（如果）不是你，这个数字（我们）一般不说的。我们广东人做生意比较低调，不喜欢声张，闷声才能发大财啦。尤其（如果）是当官的来，（我们）肯定就说只有五六十万啦。多了，你（我们）就要多交税的啦。"程福稻则表示，有时候到外面去跟客户谈生意时，这个道理可能就是反过来的，要夸大自己的资产规模和营业利润，才能拉到更多、更好的订单。他总结道："一句话，少出多进。这个跟你们教授说的'一加一等于二'不同。"

在石材厂的经营过程中，程福稻继续坚持了程守义做生意的原则，"亲戚归亲戚，生意归生意"。并且，程福稻用新式的语言将之发挥阐释道："按照市场经济规律办事，按照资本增值本身的规律要求办事。"2000—2013年，除了曾聘用过南塘自然村一个中年妇女做厨师之外，程福稻从未在程村聘请过一个工人。他说，来自湖南、四川、贵州和广西的民工工价低，而且听话，因身处外地，这些民工一般不敢"调皮"。而如果聘请本村的村民，虽然说关系本来很明确，但总难免会掺杂一些其他的东西进来，处理起来要比陌生的外地人复杂得多。他举例道：

我这里从不过分要求加班、赶工，平时管理也较细致，有明确的操作规范，所以从来没发生过工伤事故。但是，也要以防万一。真要是有这些事情，外地生人嘛，反正就按照政府的规则来，公事公办，比较好处理，要是本地熟人反而复杂。我有个朋友，就是（我工厂）斜对门那家的。他厂里，前两年有两个工人锯断手指。那后来处理起来，本地熟人明显不像外地陌生人那么简单。（本地熟人）赔钱赔得多是一回事，还得买礼物去医院、去家里看望啦，一次还不行，得要看好几次……在平常的管理当中也是（如此）。本地人，你正是赶工、缺人手的时候，她（他）可能偏偏就说家里有事要请假回家。你同意也不是，不同意也不是。不同意，不近人情，面子上过不去，传出去也不好听。同意，你不能按合同交货，得罪客户也好，赔违约金也好，那是你的事，跟她（他）无关。

进而，程福稻分析道，只有厨师这个位置是随时可以找人替代的。即使厨师突然因故请假，他也可以从外面的餐馆里叫一些“外卖”临时解决问题。这是他仅在厨师这一位置上聘用本村人的缘故。

在厂里，程福稻本人主要负责前往厦门采购原料，前往珠三角地区接洽客户、拉取订单，一年约有一半时间在外。他妻子主要负责账目和工人的日常管理，及接待主动上门买货的零散客户。程福稻以每月8000元的高工资聘请了两位湖南工人，负责技术操作及设备管理，其他负责打磨、清洗等工作的普通工人，则据工作熟练程度每月发工资2000—4000元（有时也按件计工资）。近年，长期在程福稻厂里工作的工人为10人左右。

投资成功，除给程福稻带来大量财富之外，也正在改变他的生活。对此，他说：

比方说饮食习惯，我原来是滴酒不沾，完全不吃辣椒。但是，十多年久经沙场，现在我也可以吃你们的（湖南菜）“剁椒鱼头”、四川的“水煮牛肉”啦。喝酒也是，每个礼拜总有那么几顿酒，逢年过节就更多。你知道，我们广东老百姓喝酒本来一般是比较随意的啦，不会拼命劝酒的，更不会拼酒。但是，生意应酬就不是这样。要是请官员吃饭就更加（厉害），拼命地喝，喝洋酒。你知道的啦，我们渡桥（镇）人本来就算喝酒也就是喝点米酒。现在喝的都是“XO”“人头马”（牌的洋酒），估计十有八九都是勾兑的（假酒）……（说到）睡觉，在农村都不会太晚啦，现在完全习惯了一两点钟睡、九十点钟起，完全是夜猫子了。哎，没办法，生意应酬就是这样啦。

当我和他讨论为什么“没办法”时，程福稻表示，主要原因是生意规模“不大不小”。这种“不大不小”的生意，在原材料、销售订单、工人劳务、税收、用地甚至环保等环节，都或多或少需要通过一些制度外“变通”的方式，才能处理得比较好。要是生意做大了，“就可以斯斯文文喝红酒，每天早睡早起，打打太极拳，其他的事交给手下去处理”。或者，如果只是做点小买卖，也不用这么多应酬。

程福稻还曾提及，投资石材加工，也有好几件很不称心的事情。首先，2006年后不少石材加工业的“大佬”开始投资房地产，而不少资产规模与程福稻大体相当的老板则干脆退出石材加工业，转而投资房地产。程福稻说，2006年下半年他买第三套房子时，梧城的房产均价还只有每平方米约1600元，但仅在2007年，就涨了约一倍。2012年下半年，梧城房价已平均约每平方米6500元。程福稻与我聊天时估计，投资房地产的利润至少比普通的石材加工业高一倍。他有几分懊恼地说：

我还没听说哪个同行，在7年的时间里，资产能够连续翻番的……毫不夸张地说，今天梧城的房地产（业），至少有半壁江山在石材老板手中。“大佬”炒地皮，“中佬”搞建筑，“小佬”炒房子。我当时就是太老实，以为做石材（加工）刚刚上了路，还是脚踏实地继续搞这个。我本来也在梧城买了三套（房子），都是200平方米左右的复式结构。我的打算是将来自己住一套，另外两套，两个儿子各一套。（我）这个还是小农的思维，房子买了就是住的，没想过去投资、炒作。本来我也可以算得上是个小老板啦，思想还是不够解放，搞大市场投资还是不行，只能小打小闹赚个“两餐”（讨生活）。

对于这种情况，程福稻最后自我安慰道：“谋事在人，成事在天。命中有的终将有，命中冇的求不来。”但当我安慰他“已经赚得不少”时，程福稻却又笑道：“钱是不会嫌多的。这个就像抽鸦片一样，你越赚得多，就越想赚更多，没有止境。”

此外，程福稻还感叹，随着生意越做越大，自己的关系网络也越来越广，朋友越来越多，但能说真心话的朋友却越来越少。他曾向一个朋友感叹道：“原来说‘一起扛过枪的’（本指战友，但此处为性暗示‘共嫖’），关系应该就够铁了。现在看来，其实也就那样，真到利益问题上，还是该怎么样就怎么样。”但是，他同时又强调，在很多场合下，为了促进生意上哪怕是有限度的信任，“请客”或相互“请客”仍是必要的。甚至于，有时因为此类应酬太密，根本没有任何欲望。他的妻子对此也了解几分，但她说：“革命靠自觉，靠管是管不过来的”，同时又表示，生意应酬不管，但“二奶”坚决不能有，否则就离婚，带着儿子，分一半家产，单独过。夫妇俩都关心而又都没时间管的是两个儿子的教育，为此不得不请双方老人轮流看管。对此，程福稻说：“现在的小孩好难搞……真有点担心人家说的‘富不过三代’。”

程守义的大女儿和二女儿在桐城各开设了一个服装加工厂，前者总资产超过2000万元，后者约200万元，只有小女儿靠在自己大姐的厂里从事管理工作养家。对此，程守义再次强调，四个子女只有小女儿高中毕业，其他均为初中毕业。“事实证明，不读书不行，读多了也不行。（对我说）我们广东人就这样，不讲虚文，要讲究实用，要让读书多的人来给我们打工……”

二、打工

对当代程村大多数年轻人而言，打工是他们的唯一选择。程守德的次子程敬道、女儿程敬思和女婿陈生，程守宽的长子程敬祖，以及程守智的儿子程敬山、女婿李生等人就属于这个庞大群体当中的成员。

程敬道生于1968年，从渡桥中学高中毕业后，在家“玩”了两年多，于1990年外出打工。第一站，程敬道到了中山市小榄镇。程敬道先后在制鞋厂、制衣厂和五金厂干过，开始几年稍微存了一点钱。据他回忆，第一个月工资是一个运动鞋厂发的800元，三个月试用期满后为1000元（而当时在渡桥镇，程敬道的高中老师，工龄长的才600多元，工龄短的不到500元）。工厂包住不包吃，自己在工厂食堂吃饭，一天7—8元。由于工厂经常要加班，程敬道很少到厂外花钱，“顶多个把星期出去看一回录像，也就是三五块（钱）”。这样，他每月可存600—700元。一年半后，程敬道离开鞋厂，转到制衣厂做车工。忆及此处，他说：

> 那个时候跳槽，主要有两个原因。第一个是鞋厂加班太厉害。通常只有星期天晚上不上班，其他时间除了吃饭、睡觉都在开工，每天工作14个小时，甚至更多。加班时间按计件算工资，多劳多得，但通常平均每个小时只能赚到2.5—3块。第二个原因是，我的工作主要是站着做工，久而久之，感觉实在

是受不了。多亏那时年轻啦，现在要这样哪受得了？你们“捞仔”“捞妹”（北方人）厉害，我们老广（广东人）不行。我那些湖南、四川、贵州还有江西的同事，赶工的时候一天只睡三四个钟（头），我坚持不了。现在叫这种（工厂）叫“血汗工厂”，那时我就觉得这工实在不是人做的，工资虽然还可以，我还是不做这个工，吃不消。

程敬道在制衣厂的工资与此前的鞋厂基本相当。不久后，程敬道感觉自己每天坐 14 小时左右，也非常难受。所以，不到一年，程敬道换到了工资略低一点，但工作身体姿态可稍微自由一点的五金厂。

2011 年清明节返回程村时，忆及这段常加班的打工经历，程敬道说：

那时真是太苦了，心里说不出的滋味。人就像是个麻木了的木头人，除了加班什么都不知道了，吃饭的时候，饭菜是什么味道都不知道。私底下大家都骂娘啊，好多同事都说，“这些老板赚那么多黑心钱，他们该断子绝孙的”。直到现在想起来，我心里都怕，真不知道当时怎么熬过来了。现在有时看到网络上人家说小榄（镇）怎么好、怎么好，我就很不爽……他们如果不是从我们身上榨取那么多血汗钱，哪有这么好？吊（神气）什么吊？不是开玩笑的啦，真的是血汗钱啊。汗就不用说了。我好多同事受工伤，比如说手被剪到，多少血啊？更不要说那些花季靓女熬掉了青春。招工的时候就明确说只招 18—25 岁的啊。

虽然艰难，1990 年代初期的打工经历还是为程敬道积累了一点存款。利用这些存款，他将江北自然村的房子和渡桥圩镇钟表修理店装修了一番，瓷板地砖、皮革沙发、录音机和彩色电视机曾在程村引来不少羡慕的眼光。程守德夫妇对此高兴不已，并常用程敬道的例子教训长子程敬修。同时，他们还张罗着为程敬道说亲，程敬道本人却并未将此事放在心上。他说，外面想跟他谈恋爱的女孩多得很。但是，程守德夫妇认为，外面的“捞妹”让人难放心，而且将来到太远的地方走亲戚也不方便。

1994 年，程敬道执拗不过父母“唠叨”，于农历年底回程村定亲，春节后即结婚。女方来自渡桥镇另一个村，读初中时曾与程敬道同属一个年级，两人同在中山市小榄镇打工时又碰到了一起。这场婚礼花掉了程敬道的所有积蓄。

接下来的几年里，程敬道的日子越过越紧。首先，程敬道分别于 1996、1998 年生得一女一子，家庭开支突然增大了很多。其次，1996—2000 年，他妻子一直在家哺育和照顾小孩，没有收入。再次，程守德夫妇与程敬道同灶吃饭，但他们种田、种菜及修理钟表也只够应付家庭小额开支。最后，更为重要的是，程敬道的工资状况一直不如人意。1995—2000 年，程敬道常辗转于东莞市常平、黄江等镇，工资涨幅并不大。2000 年，程敬道重操旧业，到一家制鞋厂工作，平均日工作时间约为 11 小时（他表示这是能接受的最高限度），每月工资 1800—2000 元。但是，程敬道说，如果扣除通货膨胀的因素，他的工资跟 1990 年相比实际上不但没有增加，反而下降了。同时，即使排除通货膨胀因素，其他所有的物价都上涨了约一倍。由此，程敬道说，1990 年代后期是他人生最艰难的一段时间。

2001 年起，程敬道与妻子一道外出打工，两个小孩交给程守德夫妇照看。据程敬道说，约在 2005—2006 年，他们的工资才有所提高，两人合起来终于有 7000 元毛收入。他认为，排除通货膨胀，这个时候的工资感觉上好像比 1990 年代初高一点。不过，程敬道的家庭开支也在逐步增大。两小孩读幼儿园每个月学费要1000元以上，生活费也要1000元以上。在他们读小学之后，虽然不需要交学费，但每人每月买零食需要100多块。对此，他说：

现在感觉每个地方都要很多钱花，怎么都不够用。幸亏老窦（爸）生我们生的地点还不错，靠近街上（圩镇）。要不然，像我们镇有的村离街上远一点，小孩到街上读幼儿园、小学，还要老人在街上租房住，陪读。（这些人）家里的田土都顾不上种，得要在街上买米、买菜，那成本就更高了。

近年，程敬道与妻子仍一直在东莞、珠海等地打工。但是，他们的生活并没有实质性改善。程敬道曾想把程守德在圩镇上的老铺头拆掉，盖一座三层楼的门面房，一楼做门面招租，二、三楼自住。但是，他一直未能攒积到足够的资金（约需25万元）实施这个计划。

程敬祖的经历与程敬道几乎如出一辙。1990年代初，程敬祖靠打工缓慢积攒的一点点钱，将父亲程守宽已经盖了一层的红砖楼，加高到了两层。但此后，程敬祖夫妇也一直疲于应付小孩生病、上学等开支。直到2013年为止，程敬祖的红砖房都没有进行细致的室内装修，墙壁仍是当年的石灰墙，而地板仍是水泥地板，未能赶上贴瓷砖的“潮流”。

不过，在分析打工收入状况不如人意的原因时，程敬祖更倾向于认为，主要是因为自己没能力。2008年国庆节期间，他跟我聊天时说：

好难讲。社会总是难得公平。但是，对于有能力的人来说，社会越是不公平越好啊，可以赚很多钱啦。只有我们这些老老实实的人，才想着社会应该公平一点。靠老窦（爸），我们老窦不如他人的老实。靠亲戚，我们亲戚不如他人的亲戚。靠读书，我们读不过他人。靠坑蒙拐骗偷，走歪门邪道，我们也搞不过他人。搞这些可以发财的，但也要够能力、够胆（大）。能力冇他人强，又不如他人够胆，还不就只能这样？日子慢慢过啦，冇所谓。

相比而言，程敬山打工的经历似乎稍微“亮丽”一些。程敬山说，程敬道、程敬祖是老实人，这是好事情，但人不能太老实，否则就是呆板。进而，他认为，程敬道、程敬祖应该在一个行当内积累做工的技术和经验，然后争取成为部门主管，或者至少成为做样品的熟练技术工。那样的话，他们的工作会轻松很多，工资还会高很多。不过，程敬山同时又说：“当然，刚开始的时候也确实有难度，你要比别人更能吃苦，头脑更灵活。那么多人，谁不想轻松点、工资高点啊？”

程敬山认为，他本人的经验是另外一条路。1994—1996 年，刚刚初中毕业不久的程敬山在广州某服装厂打工。他有意识地在同一个工厂内调整工作，熟悉了一整套生产技术。同时，他又经常注意跟做样板的师傅学习。几位师傅都有意识地避免自己的技术外漏，程敬山则跟他们了解裁剪技术以外的知识，如布料的质地特点、价格信息等。1997 年起，程敬山跳槽到另外一家服装厂，负责协助部门经理进购布料及招揽批发销售商。由于程敬山十几年一直在该厂打工，深得老板器重，工资一直维持在普通工人的 2 倍左右。1998 年，他与打工时认识的一位粤东女子结婚，1999 年得一子，2006 年再超生一子，被罚款 2 万元。程敬山表示，两个小孩如带到广州读书，经济上承受不了（即使有广州户口），而像现在这样由程守智夫妇在程村照看，则绰绰有余。他认为，打工只要“混”得稍微好点，攒上七八年的钱，在老家盖栋房子，一般都没问题，但他不愿把程村的老房再拆掉重建。2012 年 12 月某天，程敬山和我在广州相聚时说："我现在也是不上不下的。回农村？不想回。住城里？住不下……可能老了之后，不得不要回的时候，自然也就回了吧。"

李生是程敬山的妹夫，也是其初中同学。1994—2000 年，李生在广州打工，帮人卖海鲜，每月工资 1500—1800 元。2001 年起，李生就在渡桥镇的一家石材加工厂打工。虽然直到 2012 年，其月工资仍只有 2500 元左右，但因为离家特别近，李生每天骑摩托即可上下班，倒也自得其乐。

程守德的女儿程敬思和女婿陈生曾于 1996 年在渡桥镇的国道边开过一家小餐馆，投资失败。程敬思多次到镇派出所讨要其 1996 年所欠的 4 万多元餐费，均未果。1998 年农历五月某天，程敬思再到派出所讨账。该所所长表示，要钱是没有的，但他办公室刚装了空调，两台落地扇已经没用，若她愿意要，倒是可以给她。程敬思大骂了所长一通，将两台落地扇背走，顺便送了一台给程守德。不久，即出现了城郊镇计生办到渡桥镇抓押程守德，催逼程敬思交超生罚款 5 万元的事情。此后，程敬思、陈生不仅再未讨到渡桥镇派出所的餐费，还得靠打工还罚款。2009 年夏某天，我偶然问起程守德钟表修理店里的落地扇，他愤愤地说："说起这电扇还是很有来历的呢，它值两万多块钱呢。"2000 年后至近年，程敬思、陈生一直在渡桥镇某石材厂打工，做一些较轻松的工作，人均月工资约 1500 元。程敬思表示，反正孩子已经大了，有这么多工资也过得去了，其他的事情不再多想，就盼着早点抱孙子。

三、晃悠

程守德常说他的长子程敬修"亦正亦邪"。我曾问其他村民"程敬修究竟是干什么的"，他们说："他是个到处晃悠的人。"有时候，我碰到程敬修，问他“又在忙什么呢”，他也会说：“没做什么。晃悠一下。”

“晃悠”究竟是什么意思呢？程村人告诉我，一般来说，如果一个人“不好好做工（干活），两天打鱼三天晒网，不干活时就游手好闲”，就叫“晃悠”。但是，比较严重的“晃悠”，就可能是“不务正业”，甚至违法犯罪。

在村民看来，程敬修算是“晃悠”得比较轻的人。自1986年结婚至1987年生得一子后，程敬修即很少干农活，总想着做轻松的事情赚钱，结果每次做生意都失败。为此，程敬修不仅遭到了程守德多次责骂，甚至连程守义都明确地劝说过他，即使做生意，刚开始起步也要吃得起苦。程守智也曾主动表示愿意教程敬修养肉鸽，程敬修则认为养肉鸽利润还是太低、发不起财，不愿学，却乐得把时间花在和一些年轻人在程村或渡桥圩镇打牌上。程守智曾批评程敬修说：“我看你就是个贫下中农的命，却老把自己当个高干子弟。”程敬修对这些责骂、劝说和批评充耳不闻，由妻子种地养小孩，小孩上学的学费有时竟也要程守德支付。开始几年，妻子还闹一闹，后来也干脆不再管。

据程敬修本人说，他也曾于1994—1998年外出到珠海、深圳等地打工（周围有些村民甚至忘记了他曾外出打工）。但很可惜，他是个吃不起苦的人，所以没存过钱。对他而言，建筑工地的体力消耗太大，南方的太阳太大、温度太高，吃不消；制衣厂、制鞋厂的工作虽不用冒酷暑，但一天十几个小时在一个地方不能动，他的性格接受不了；干跑腿的业务，又需要嘴巴能说会道，而他并不善于此。由此，他常换工作，很少有哪份工作超过半年。其中，不少工作都按照当时的惯例，第一个月不发工资，如不干满一年就辞职，第一个月的工资即被扣掉。可程敬修说，他是个看得开的人，很多时候宁愿损失一个月的工资，也不愿受别人的气。在后面几年里，他干脆就像打“散工”一样，从不进工厂、上生产流水线，只做一两个月的短期工作，甚至按天付工资的工作。此外，与弟弟程敬道一年只在春节回家一次不同，程敬修每年都会在中途辞掉一份工作后，回程村待上十天半个月。

2003年，程敬修的儿子程远文初中毕业后外出打工。程敬修宣称已有人“接班”打工，自己绝不再去给别人打工受苦、受窝囊气。最近十多年里，程敬修住着程守德在江北自然村的青砖房，种田、种地基本上是妻子的事情。偶尔，程敬修也会到渡桥镇的石材厂打工，做一点通常由妇女做的工作，如打磨和清洗石板。可就是这种轻活，他也很少长期去做，以至于不少老板都只在赶工需要时，才叫他去帮忙。程敬修不抽烟、不喝酒，赚得一点钱后，主要花在麻将桌和牌桌上。不过，他从不买“码”。他认为，那是愚蠢地送钱给别人用，而打牌和打麻将，从长期看，其实每个牌友的手气都差不多，如果自己“技术”过硬的话，就能小赚一点。他还多次强调，他“晃悠”自有其“道理”。如在2011年夏某天，他曾说：

“晃悠”也没什么不好。我反正不犯大错，就中意（喜欢）点小赌而已。大赌不能搞，搞得不好就家破人亡，那是大老板才能搞的。小赌，（牌友）都是熟人，大家凭（拼）手气，靠技术，输赢都不大，心服口服……打工发不了财的，对这个问题，我去打工的第一天就看透了。我当时把话说死了，“靠打工发财，还不如买彩票”。你看他们打工累成那样，还不也就比我多盖了个（一栋）新房子？我反正就住着老窦（爸）这青砖房算了，以后老人家过身（去世）了，这个就是我的，（圩镇上的）铺头给我细佬（弟）。这种钢筋混凝土楼板的青砖房，住上一两百年应该都不会倒的。（我）小孩将来要是有本事，他就自己盖，没本事就继续住这个。我非要累死累活盖个新的干什么？

人活一世，草木一秋，都不容易的，重要的是活得轻松、自在。要真能成就一番事业，累点倒也还值得。靠种田，靠打工，反正也发不了大财，何苦搞那么累？人无百岁命，却怀千年忧。何必呢？人家笑我吊儿郎当，我笑人家看不开。

据说，程敬业也是个爱“晃悠”，但不犯大错的人。我从未碰到过程敬业，却从他父亲程守宽和哥哥程敬祖、程敬宗那里听了他不少“晃悠”的故事。在赌博输掉父亲买鸡饲料的资金之前，程敬业也常在外打工。对此，程敬宗在2008年国庆节期间回程村时对我说：

他吃不了苦，用现在的话来说就是典型的“月光族”（每月花光所有收入），甚至还没到下一轮发工资，就没钱了。打台球、打电游（电子游戏）就熟练得很，抽烟、吃夜宵、喝啤酒都要好的，差的不要。开始那几年，没钱了就括（Call）我，揩我的油，让我打一点（钱）给他。我也没赚到什么钱，后来我也结婚了，就不管他了。他倒是“常回家看看”啦，但不是回家来看父母的，是回来休息的。反正在家有人包吃包住啦。过一阵子觉得不好玩了，又出去。

程敬祖则提及，程敬业在赌博输掉父亲的钱之后，好长时间未回家，但在东莞仍是“晃悠”，不愿意长期待在工厂里好好做工。他说：

我倒是每年都能在东莞见到这个败家子几回。（他）经常跳槽，一有一点什么事情不爽就跳槽。跳来跳去，也没见找到一份什么好工作。享受起来呢，倒是特别讲究。白衬衣、西裤、黑皮鞋的，头发梳得整整齐齐，看上去像给大老板拎包的高级秘书，靓（帅）得很。我们在一起，人家都以为（他）是我侄儿。就是口袋里永远剩不了几块钱。

让父母极不满意的还在于，程敬业不仅“晃悠”，而且至今都未婚。每谈及程敬业，冯兰都感叹：“天天就知道晃悠的人，历来就没好下场。”程守宽则又往往宽慰道：“只要不犯法就让他晃悠去吧，反正（我们）孙子、孙女都已经有了。他不结婚是他自己的事。生得这样的浪子，有什么办法？（我们）老了四脚朝天，什么烦心的事都没了，管他呢。”

不过，程村年轻人“晃悠”起来，似乎也并不总是在不犯法的前提下犯点“小错”。有时候，稍不注意，有人就“晃悠”出格了。例如，经我在有限接触的村民中不完全统计，2007—2013 年底，程村至少有 17 个年轻人在“晃悠”的过程中，被骗到南宁、柳州、东莞等地加入传销组织。诱使他们的说教很简单：投入几万元钱，然后再介绍其他人加入投钱，不久的将来就可以实现暴富的梦想。他们被“洗脑”后，不断劝说亲朋好友进入，即使经人指出来是传销，仍然执迷不悟，直至最后耗尽自己，乃至周边亲友所有的血汗钱，方发现一切只是幻境。

再如，程成仁的孙子程敬华甚至“晃悠”进了监狱。程敬华于 2001 年初中毕业后，一直在渡桥圩镇“晃悠”，除了打电子游戏之外，最喜欢的事情就是打牌。对他哥哥打工的生活，程敬华不屑一顾。他父亲程守望说：“家里攒了点钱，他（程敬华）就拿去买摩托。一到晚上，一帮狐朋狗友就骑着摩托出去了。在外面鬼混一个晚上，天亮了就回家来睡觉。我就说迟早会出问题的，他偏不听。”2005 年一天，某石材厂的几个外地民工在渡桥圩镇国道边的一家饭店里吃夜宵、赌博，并与店主发生口角。而此饭店，平常是由店主的儿子及其“兄弟”们（包括程敬华）看管的“地盘”。双方发生纠纷至斗殴，一个外地民工受重伤，店主的儿子及程敬华因此而被判刑。店主花重金请律师后，他儿子仅因“连带”责任被判有期徒刑 1 年、缓期 1 年。程敬华则因直接伤人而获刑 8 年。

有一些在渡桥镇“晃悠”的程村年轻人和来自其他村前来“晃悠”的年轻人“混”在一起，成了村民眼中的“烂仔”（混混）。刚到程村调研时，我住在程村“大队部”办公室。“大队部”旁即是渡桥镇卫生院的旧楼，门窗全无。一开始，我误以为是卫生院建新楼之后，将旧楼的门窗拆下来再利用去了。经较长时间调查之后，我方从村民口中得知，这些“杰作”都是在渡桥圩镇“晃悠”的“烂仔”所为。2006 年卫生院搬走数日后的一个晚上，几个“粉仔”便将其所有的铁门、铁窗拆下来卖到了废品收购站。每一个铁门、铁窗可得 50—60 元，够他们吸毒两次。

2008 年农历二月初二，程守智家为孙子举行烧炮仪式。程守智的一个堂侄、江北自然村的一个“粉仔”前来喝喜酒，倒在祠堂的一个角落里爬不起来。他讪讪地对程守智说：“阿叔，不好意思啊，打老鼠药（注射毒品）打多了一点，你这么多亲戚在这里，给你丢脸了啊。”2009 年夏，我和程守智曾在江北自然村祠堂大门口碰到这个“粉仔”。他当时已经瘦骨嶙峋、目光呆滞。程守智劝他戒毒，他说：“晚了，已经戒不掉了，可能也不用戒了，快要死了。”之后，这个“粉仔”其言也善起来。他说：“真后悔当初冇去打工。要是进了厂，好好做工，就不会在外面晃悠，也不会沾上这鬼东西。这辈子是完了，下辈子打死也不敢再沾（毒）。”2010 年 4 月，程守智告诉我，这个曾经“晃悠”了很多年的“粉仔”确实死了。

除了这样的戏剧性场面之外，“晃悠”的“粉仔”带给普通村民的往往是恐惧。因为担心被报复，普通村民在公开场合不敢说“粉仔”的是非。2007 年，江北自然村一个中年村民曾指责一个外村的“粉仔”到程村偷东西（后者曾因此被派出所抓住）。“粉仔”知道此事后，于某晚趁该村民从渡桥圩镇回家时，在程村村口的一个树影下，将其殴打了一顿，并将一个钥匙扣环套住其阴茎。之后，该村民到桐市人民医院，花了数百元动手术才将钥匙扣环取下。此外，由于“晃悠”的年轻人容易滋事，渡桥中学担心学生晚上回家不安全，甚至不要求程村、渡桥居委会和圩郊村的走读生参加晚自习。

少数年轻人“晃悠”，还诱惑了个别“老实人”为实现暴富铤而走险。江北自然村有一个叫程求富的村民，是邻里眼中公认的“老实人”。他家境比较困难，曾靠地下婚姻中介介绍，娶了一个越南女子为妻。一开始，程求富担心妻子会逃跑，所以对家中值钱的东西看得比较紧，并招呼周围村民帮他多注意新娘的动向。这位越南女子跟程求富一起生活了四年多，并生了两个孩子。因他们无法办理结婚手续，小孩没有办法取得户口，在生活上增添了诸多不便。但让程求富比较满意的是，总算有了一个完整的家庭。可就在他们结婚近四年半左右的某天，程求富外出干活时，妻子带了家中所有的现金和值钱的“细软”消失得无影无踪。两年后，家境陷入极度困难的程求富把目光转向了“晃悠”的年轻人，试图通过贩卖海洛因一劳永逸地解决经济上的后顾之忧。2004年，当程求富第三次从广州将海洛因带至渡桥镇时，在渡桥圩镇车站被抓，至今仍在服刑。程求富的两个孩子跟着年迈的爷爷，过着十分困难的生活。

四、守土

近年仍在程村干活的人，基本上都是五十来岁的中年人和一些年龄更大的老年人。在年轻人当中，仍坚守在家并在土地上干活的，只有少数妇女。程守智的女儿程敬娴，是这少数当中的一位。

从户籍上说，程敬娴结婚后即已是圩郊村人。不过，在大部分时间里，程敬娴白天都待在程村的父母家。不少村民开玩笑说：“她是每天早出晚归到娘家来上班的。”程敬娴对此不予置否，但她表示，公婆家种田、种菜的事情还是归她管的，公婆只负责日常打理和做饭。实际上，在近年的程村，外嫁女长住娘家已非个别现象。我走访过不少这样的外嫁女。她们说，老公是在外打工认识的，公婆住在她们从没去过几次的农村，所以她们要么待在城里打工，要不然就还是愿意住在程村，生活习惯不用调整，而且还可减少和公婆产生矛盾的机会。如此一来，我发现，竟有不少在程村外公、外婆家成长的小孩，表示和爷爷、奶奶及父亲老家其他的亲戚没见过几次面。所以，对于程敬娴这样的外嫁女，程村人感觉她们和外出打工的男青年一样，仍是程村人，“从未真正离开过”。

程敬娴生于1979年，1995年初中毕业后，曾前往东莞某制鞋厂打工。但是，程敬娴很快也发现根本受不了那么高强度的劳动。对此经历，她说：

> 我从小到大都没做过这么苦的工。读书的时候，最多帮爸妈做点轻松的事情，其他的都是他们做。再加上，上边还有我哥罩着，我不用做工（干活）做太厉害啦。结果去打工就适应不了。要说（制鞋）算多重的体力活倒也不算，关键是一天十多个小时做个不停，就那么几个动作，站就站着，坐就坐着，不能随便改变的。还有人管着，上厕所都要请假。做工做得我哭了好多回，真想早点回家。但是，回来又怕人笑话，说闲话，说你“怎么‘晃悠’一下就回来了？”，就咬紧牙关做了一年，再也不去了。给爸妈买了点东西，其他的都买衣服、鞋子、手镯、项链什么的，没存钱。

1996—1998年，程敬娴在家协助母亲李静种菜，另种了两亩多砂糖橘。1997年底，程敬山回家过春节，其初中同学李生到程敬山家玩，认识了程敬娴。李静对李生十分满意，在其催促下，程敬娴与李生于1998年底结婚。此后，李生继续到广州打工，程敬娴吃住几乎都在娘家。不久后，李静表示，家里种菜的事情不需要程敬娴帮太多忙，并提醒她必须要到圩郊村帮公婆干点活。从此，程敬娴开始包揽公婆家种菜的体力活。公婆对此十分满意，表示菜园的日常管理他们足可应付，让她多帮着娘家种菜。

2000年，程敬娴也到广州与李生一起在一个海鲜档口打工。她说，这次外出打工目的是和丈夫住在一起早点怀孕。因为，他们结婚两年未孕，圩郊村不少村民说闲话，或猜测他们夫妻感情不和，或猜测她身体不好。几个月后，程敬娴怀孕，回到程村休养，公婆常到程村看望。2001年初，程敬娴生下一子，李生也不再外出打工，而转在渡桥镇的石材厂打工。2008年夏，程敬娴再次怀孕。有一次，我曾问傍晚前往程村接她的李生，是否有生育指标。他说：

> 现在镇政府也不管什么计生不计生的了，只管收罚款。生下来之后去交罚款给他们就得啦。这笔钱早就准备好啦，3万块。冇钱也没关系，现在越是冇钱的人，生得还越多，反正政府也没办法。你（政府）不能拆她（他）的房子、抓她（他）的人。要罚款，一分钱没有。政府也奈何不了她（他）啦。她（他）种点田、种点菜，反正也饿不死，至于小孩能不能读书、出人头地，那就管不了那么多了……人活在世上，还不都是为子孙后代吗？3万块小意思啦。现在不像原来在泥巴里找饭吃，靠打工的收入，3万块说少不算少，说多也不算多。她（程敬娴）守着家里这点田土，就只能解决温饱。当然了，这个也很重要。要是米、菜样样都要我去花钱买，那我这点工资就搞不定了，哪里还敢超生。

2009年初，程敬娴生下一子。据程敬娴说，她公婆对此非常高兴，对她说："以后种田、种菜这些事，你只负责大方向就行了。具体怎么做，我们来负责……你要带好两个小孩，教育好他们。”她公婆希望将来孙子们一定要做有出息的人，不能只是守着家中的田土。

程敬娴认为，守住家中的田地属于夫妇配合的一部分。在她看来，如果打工的收入比较高，两口子都在城里打工，能把小孩带到身边培养，当然更好。如果打工的收入不足以把小孩放在城里培养，就不能够两口子都在城里打工。否则，小孩变成留守儿童，家里的老年人完全没有办法把他们教育好。因此，像她和李生这种情况，只能是男的进工厂打工，女的必须要守住家里的田土，才能既有钱花，又照顾到家庭，尤其是照顾好小孩。对此，2009年夏某天，她说：

> 一个家庭要过得好，小孩必须带在身边。要是打工的钱不够，女的就不如待在家里种点田、种点菜，甚至哪怕什么都不做，至少也照看好了小孩。现在的年轻人很少有在家种田的，都出去打工，或者是“晃悠”。这是不对的。不说别的，对小孩就不好。在家的，一般都是女的，勤快一点的，一边带小孩一边种一点东西，不勤快的，带着小孩就不错啦。像我们这种，两个人都在家里，小孩就不敢太调皮，再怎么搞坏事情，都还有个谱。他们怕老爸的啦。那些老爸不在家的，尤其是老爸、老妈都不在家的小孩，小小年纪，好多都打游戏、打牌、抽烟，每天大摇大摆从家里拿大把钱去买垃圾食品吃，老人根本管不住。没办法，不打工，没钱花，打工，小孩又没人管，小孩要是学坏了，工就白打了。所以，我在家守着这点田土，也是没办法。种田、种菜都赚不到什么钱，也就是别让田土荒掉了，另一个（好处）就是可以吃点自己的粮食、蔬菜、水果，比市场上买的放心点。不靠老公打工是不行的。

我曾问程敬娴，为什么不多承包一点别人的田土，用机械化的方式耕种。她说，原因主要是：第一，靠一个女的要种很多地还是不行；第二，不少人怕将来把地再要回去太麻烦，所以在经济价值不高的情况下，宁愿撂荒也不愿转包给别人，而仅靠亲戚们转包一点，则数量十分有限且地块分散，没法集中耕种。

2010 年春节，程敬娴提出了一个养猪的计划，将程守智家已废弃多年的猪圈利用起来，另给两个邻居各送一条烟，“借用”他们的猪圈。对这个计划，回家过春节的程敬山持反对态度。他认为，程敬娴在程村养猪，必然要父母提供帮助，而父母照看两个孙子就已经够累了。所以，他认为，如果程敬娴非要养猪的话，应该在圩郊村养。程敬娴则表示，她明白自己是外嫁女，但并没有要占取娘家田土的意思。况且，父亲身体不好，程敬山夫妇虽然给了钱看病，但一直没有时间在家照看，是她常在娘家照看父母。两人吵了一架之后，程敬山的妻子劝他，既然自己没时间在家种田，家里的事情就不要干涉太多，不要像传统的大男子主义，事事都要做主。同时，程守智和李静对程敬娴给予了支持。他们说，程敬山的妻子也在广州打工，家里光靠他们两个老人忙不过来，程敬娴每天回程村还可以相互帮一下，而如果她在圩郊村养猪，就没有时间常到程村来了。

于是，程敬娴养了 2 头母猪、6 头肉猪。给父母添麻烦是不可避免的。早上程敬娴需在圩郊村照顾两个儿子吃早餐，一般要 10 点多钟才能骑摩托带他们一块儿到程村，因此早上一般是程守智帮她喂猪。中午，程敬娴给父母做中饭，下午喂猪，傍晚再带小孩回圩郊村。若时间太晚，则由李生下班后到程村来接。空闲时间里，程敬娴到菜园里给父母帮忙，或边看电视边帮母亲做一种用于出售的小竹垫[①]。而她在圩郊村的田土，确如其公婆所说，她只负责“大方

① 这是一种为做早点的蒸笼而设计的竹制品。2007 年，每片竹垫价格为 0.3 元，2013 年已升至 0.8 元。通常，她们每天能做 15—20 片。

向”，如播种、收割及其他重体力活，日常管理则由公婆负责。

2010 年，程敬娴养猪赚了约 4000 元，“孝敬”父母 1000 元。而程守智夫妇转手即给两个外孙、两个孙子，各买了一套 100 多元的衣裤。2011 年，因为猪肉价格下跌，程敬娴亏了约 2000 元。2012—2013 年，她又各赚了约 3000 元。对此，程敬娴表示，没指望靠养猪赚大钱，只不过是想守住家里的田土之外，稍微能赚点补贴家用，主要收入还是靠李生打工。

程敬娴坚持守在家乡的田土上，却也认为“土”是很不好的。2011 年夏某天下午，程守智在监督孙子、外孙做暑假作业，程敬娴和母亲一边做竹垫，一边看电视。电视里正播着一部港剧，其女主角说了一句：“就算冇 candle 也算得上够 sweet 嘎啦。”程敬娴即说，女主角好像在粤语里夹了英文单词，并问我是什么意思。我告诉她，其意为“就算没有蜡烛也算得上够甜蜜的啦”。她即发了一通感慨，觉得自己太“土”，竟然连粤语电视都看不懂了，以后说不定会被社会淘汰。我跟她开玩笑说：“是他们不讲人话。”程敬娴却认真地说：

> 每天在泥巴里混，感觉是很“土”。别说香港，就是跟去城里打工的比，也“土”很多啦。人家从城市里回来，这也知道，那也知道，你（我）这个也不知道，那个也不知道。人家用这个牌子的包包，穿那个牌子的裙子，鞋子也是名牌，哪怕是假名牌，用的化妆品也是洋气的。在家里守着这点田土，天天围着灶台、小孩转，出门提的是塑料袋，衣服、鞋子都冇牌，化妆品呢，干脆基本上不用。这样几年下来还不土得掉渣啦？人也比她们老得快得多啦……好在还有电视，在家多的是时间看电视。她们打工没时间看电视。要不然我们就更“土”啦。看电视，多少还能跟得上形势，冇吃过猪肉，至少也还见过猪跑路。要说韩剧，我看得保准比她们多，这个潮流她们可能不如

我。要不然，就真的是“土”到家啦。我老妈喜欢看清官戏，我不喜欢，太土。(清官戏里)男的就知道考状元、当皇帝，女的就知道相夫教子，什么都靠老公。

五、育人

在人生经历循环中，程村大部分青少年，经过初中、高中学习后，即进入年轻的劳动力大军。可是，让后代好好读书、改变人生，却是不少程村人一贯的想法。在我调查古村落时，不少村民不断跟我强调，村中心已经坍塌的房子原来是书院，以示其祖先是何等重视教育。在“大集体”时期，程村终于有了自己的小学，渡桥圩镇有了中学，之后又有了高中部。除参军外，读书曾经几乎是村民唯一能走出程村的通道(况且参军也得至少初中毕业)。从1980年代初至1990年代中期，虽然少数村民仅靠着初中甚至小学文化程度，也发了大财，但在程村人眼里，读书应该还是后代过上好生活的主要出路。

可是，这种情况自1990年代中后期起出现了重要的变化。程前进的儿子程远方，程守宽的三子程敬业，程敬修的儿子程远文，程敬道的儿子程志远，以及程福稻的儿子程思源等人，即正赶上这种变化。

程敬业原本长程远方一岁，但因家境困难曾在小学停学一年，故与程远方一道于1994年进入渡桥中学初中部学习。据仍工作于该中学的老教师梁某说，1994年因为财税体制改变，渡桥镇这种农村中学教师的工资就开始出现不能按月到账的情况，至于陆续新出台的文件规定上涨的那部分工资，则更是“画饼充饥”。与此相对，位于梧城和城郊镇的中小学老师则有保障。于是，能想到办法的老师都纷纷调往梧城和城郊镇，导致“师满为患”，而渡桥中学则“生满为患”。不得已，渡桥中学招聘了大批新老师，有一部分是从湖南、江西、广西和贵州的中学“挖”来的老师，有一部分则是本地的高中毕业生。此外，梁老师说，除了少数老教师因为良心上过不去而继续认真执教外，很多任教的老师开始心不在焉。不时有老师办理停薪留职“下海”，有些本来就是合同工的老师，甚至在学期中撂下教务就去珠三角地区打工。直到2001年，这种情况才得以好转。

程远方说，他当时作为学生都知道老师水平有限。例如，他在渡桥中学读了三个学期，英语课程由一个代课老师教。他和程敬业等同学发现，英语老师根本不会说英语，只能让学生跟着录音机念课文，至于语法则从来没讲清楚过，学生们问课后练习题，老师常没法提供辅导。而在考试科目中，语文、数学、英语历来被认为是主干课程。除此之外，程远方说，当时渡桥中学的校风、学风也不行。学校政教处管得不够严，不少男同学常在教学楼后或树林里抽烟，甚至旷课到圩镇上打游戏机。一些体格粗壮的同学威胁其他同学，索要零花钱买零食或香烟，这种情况也一直未得到杜绝。

在初中第三个学期结束后的寒假，程远方跟父亲说，要么安排他转学，要么他干脆就不读书，像有的同学那样去打工。身为村干部的程前进托了一位镇干部说情，将程远方送至梧城的一家民办农民工子弟学校就读（该校学位也紧张），每学期学费1500元（约为公办中学的2倍），另交住宿费300元，生活费自理。1997年，程远方考入广州某中专学校。由此，程前进认为，当时送他到梧城读中学，终归还是划得来。尤其与四处“晃悠”的程敬业相对照，程前进感叹，自己的儿子至少还是上了个台阶，比父辈生活得好一点。对程前进这种说法，程守宽在某种程度上也是认可的。他有时候会说，程敬业之所以后来爱“晃悠”，其实与他在中学里就已经学坏有关系。

2000—2003年，程远文也就读于渡桥中学初中部。据程远文说，他读初中时，老师们的水平应该算不错，大部分任课老师都是正规师范大专或中专毕业的年轻老师。但是，从村民重视升学率的眼光看，其办学效果并未得到实质性提高。2013年清明节，我在程村碰到程远文，他回忆此事说：

> 不知道为什么，反正教学效果就是不好，成绩好的同学少之又少。家里稍微有点钱的，都花钱去梧城读。在这里读的，都是家里没钱的……可能也跟小学的基础有关系，人家城里现在都从小学就开始学英语、电脑。我们读小学天天玩泥巴、抓青蛙、捉蜻蜓，到了初中，什么英语、生物、物理、化学完全都是新东西，好难跟上。校风也不好，老师也没办法。那个时候我们成绩稍微好点的，可能还有点希望升学的，老师就把我们的位置排在前面几排。后面的同学就在课堂上打游戏机、玩魔方，还有打牌的。（他们）太过分的时候，老师就说："你们不学习的，声音小一点，自己不想学，别影响其他同学。"要是不太过分，就不管。他们要是旷课，老师简直是求之不得，免得要管他们。（老师）不敢管，学生惹急了，会打老师，派出所又爱管不管的。真的，有老师被打过的。其实，学生也是自己害了自己，怪不得老师。

在同班同学当中，程远文的成绩虽然尚算较好的，但在中考时仍是"连升学的边都没沾上"，不得不选择此外唯一的"大路"——打工。程远文说，他有近 60 个同学，升学者只有 15 人，其中 3 人考上中专，10 人就读本校高中部（三年后 5 人考入高职），2 人前往梧城读高中（三年后 1 人考入二本院校，1 人考入三本院校）。2013 年春节，程远文和一部分初中同学在渡桥圩镇搞了一次毕业 10 年聚会。除极个别同学杳无音信外，大家汇集了绝大部分同学的现况信息，发现基本上依然都没什么起色。程远文说，一方面老同学见面唏嘘不已，有的已结婚生子，还在珠三角地区"漂着"的人也不少，还有一些则到处"晃悠"，感叹当年求学时不该太"潇洒"，结果现在“潇洒”不起来了；另一方面，大家又出奇一致地认为，就算当年认真读书，命运可能也差不多，还不如看开点。大家打了一通宵麻将，次日再各奔东西。

我曾就程远文的例子和梁老师聊过一次。梁老师承认，1980年代曾考出不少本科生的渡桥中学，如今连梧城的农民工子弟学校都不如。对此，他说：

> 说起原因来，很复杂。作为老师，我首先觉得我们有一定责任。包括我在内，我们这里的老师水平还是有限。不过，要说水平，我们80年代那个时候，水平更低，却不像现在这样，所以关键是没有用心教。
>
> 但是，从总体上来说，这个和政策也有关。现在都拼命地在城里建学校，政府的钱集中投在城里的重点中学上面，越是好中学越能得到更多的钱。这样下去，农村的中学当然就只能是越来越差啦。但是，城里的学校总是有限的嘛，农村子弟去了，挤破头也抢不到一个学位，要么就只能花钱进贵族学校。你说怎么办？我看一些房地产广告也不理解，一说是“学位房”，价格就高高的。我很不理解，为什么政府不把学校质量办得均匀一些，老百姓子弟就近就能进一个差不多的学校？应该让大家低成本而不是高成本上学嘛。这个道理怎么就反过来了？
>
> 农村的家长们不太重视教育，也是一个原因。现在教育真的是拼资本。你看人家城里人，交给学校的只是九牛一毛，请各种家教辅导、报各种培训班、买各种高端学习辅助工具，那才是教育投资的大头。农村家长，一方面很多人投资不起，另一方面也有人不愿意这样投资。有些家长以为，懂一点文化，能看、能写、能说几句普通话，能出去跟别人打交道就行。甚

至于，没有文化照样可能也会发大财。

梁老师极其痛心渡桥中学的升学率，自1990年代中期掉下来之后，就再未能实质性地提升。近年，按照统计数字，渡桥中学高中部每年也有三四十人考取“大学”。但在梁老师看来，这些实际上都不算大学，基本上都是高职、高专。梁老师还认为，虽然说升学对于教书育人来说不等于一切，但年轻的学子如果不升学，似乎更加没有好的出路。

此外，梁老师提及，不少学生向他反馈，在很多职业技术学院里学的知识和技术也不实用。学生从这些学校毕业后，和直接外出打工没有本质区别，而为此父母却需要付出3万—4万元学费。作为一个老师，他非常赞同要把职业教育办好，但是如果让农村子弟就只能受职业教育，则既不公平，也浪费潜在的人才（他反复强调，农村子弟中也有很多人头脑非常聪明）。我告诉梁老师，曾连续三年在中山大学面向全校各个专业的通识教育课堂上做过粗略的调查，只有约30%的学生来自农村，而“在农村生活过15年以上的”只有约15%。[①]梁老师表示，对此丝毫都不感到惊讶。据他所知，在1980年代，渡桥中学每年都有人考上中山大学，但最近20年一个都没有，而自此初中毕业后到梧城读高中，再考上者也寥寥无几。在梧县的农村中学中，渡桥中学尚属较好者（正由此才保留了高中部）。梁老师由此估计，“要想从梧县考上中山大学，基本上可以说，读初中就必须在梧城”。他进而感叹，在职业技术学校暂时还难以学到实用的职业技术的情况下，读书几乎很难再说是渡桥

① 设问隐含考察的范围是，出生于农村并在农村完成义务教育的学生（6—7岁开始读小学，15—16岁初中毕业）。由此推论，约15%的学生虽为农村户口，却是在城市就读初中甚至小学。

镇的年轻学子改变人生之路的一个办法——除非到梧城去读中学甚至小学。

一同陪我去找梁老师的程守德表示，很难说梁老师的具体表达方式，没有因痛心农村教育而略有偏激的地方，但是他说的基本情况是属实的。此后，我又问过程守义，他也认为梁老师的分析确属事实。他还举例道，2005 年，他原本提议让 6 岁的孙子程思源在程村启蒙读书，但程福稻夫妇坚决不同意。在梧城的公办小学进不去，而对农民工子弟学校又不放心的情况下，他们将程思源送到了一个封闭式管理的“贵族”学校。从小学至初中毕业，学费共 30 万元（含学期中周一至周五的食宿费），每学期安排的主题活动（如春游、秋游、前往广州参观等）另核算和收取费用。2010 年，程福稻夫妇将 2004 年超生的第二个儿子也送到了该学校。对此，程福稻表示，不指望两个儿子将来读太多书，反正他们将来应该也不需要靠读书来改变人生、命运，但希望能让他们有一个比较好的成长环境，至少不能学坏。程守义也终于认为，程福稻的选择是对的，并对孙子会说英语、弹钢琴、画画感到很高兴。

与程思源相比，程敬道的儿子程志远说，他们“是完全不同的世界”里的人。程志远从小跟程守德、程菊长大，在程村小学和渡桥中学受教育。程村大部分村民的育人方式还在继续，大体上都如程志远，而非程思源。

六、命脉

在程村，从物质生活条件来说，无论眼前生活多么困难的年轻人，比起他们的父辈、爷爷辈来说，都要好得多。为此，不少中老年人说及一些年轻人所作所为时，常会说“他们没吃过苦”，并动辄“忆苦思甜”，说当年如何困难，有时连饭都吃不饱。程守智也是如此。而对父亲这种“唠叨”，程敬娴却有自己的看法。她说，老人们说的当然是事实，而且也确实有一定道理，但他们却不能体会到现在年轻人也有自己的烦恼。她认为，时代在变，人也在变，各个时代的人，各个年龄阶段的人，有不同的烦恼。

年轻人的烦恼是什么呢？对我提的这个问题，程敬娴在不同场合给出过好几个答案。它们大体上可归结为“钱不够花”“没权没势”“没劲”“总感觉少点什么”等。在我的追问下，程敬娴曾对后两个答案做出过具体解释。

她说，“没劲”并不表示不愿干活。尤其在还需要养育小孩的情况下，她和李生毫无疑问都得千方百计想办法，鼓足干劲干活。但是，她常觉得这种生活没意思，再怎么努力干活，似乎都很难想象生活会有多大实质性的改善。甚至于，程敬娴认为，现在就几乎可以想象得出来几十年之后生活的样子，无非就像她母亲现在做的事情一样，带着孙子、孙女，天天围着锅碗瓢盆转。她说：

> 这样一辈子，好像除了生了两个儿子，把他们养大，其实什么都做不成。其实也就是重复上一代人、上上代人的生活，在这个世界上转了一圈，然后又回去了。这有什么劲？要是像他们有钱的人，或者像你们这种读了书、有工作的人，还可以说搞点事业，多少还有点劲。我们这种，其实一辈子还是为了吃、穿。有时候想想，真的好没意思。

当时在场的李生批评程敬娴说：“你这说得有点消极。人活着不都是这些事情吗？有钱的（人）不也是这样？难道他们还能（把钱）带进棺材去？这些东西都是生不带来、死不带去的。”程敬娴辩驳道：“死是不带去。（但）生怎么不带来？像人家程福稻的儿子，一出生就已经很有钱了，将来完全可以不用想赚钱的事，吃利息都够啦。这不是生就带来的吗？”李生则认为，不管生活有没有意思，反正父母都是为子女尽力而为。程敬娴说：“那当然是的，那是另外一回事。尽力去做是尽力去做，没劲是没劲。”

至于“总感觉少点什么”的说法，2012年夏的一天，程敬娴说，并不是指缺钱这样具体的东西，而是缺少生活的乐趣、闲情，缺少机会到外面看世界。在她看来，打工不算到外面看世界，而只是在外面讨生活。我问：“是旅游吗？”她说：

> 可能吧，差不多就是旅游吧。好像也不是。你要是说因为打工到了这城市、那城市的，都不算。完全是为了吃、穿才去这些地方，你哪有悠闲的心情去到处看风景，去体验生活啦？比方说，你要是在广州塔上做建筑工人，当然也可以看珠江啦。但是，这个和你上去一边喝早茶一边看珠江，感觉肯定不同的啦。风景并不缺，缺的就是这种感觉啦。
>
> 对了，就像一个电视（剧）的名字，叫《激情燃烧的岁月》。我们现在的生活条件很不错，但激情就没有了。（现在）说得严重点就好像《僵尸大战》（游戏《植物大战僵尸》）里面的僵尸一样，会动，但没生命。每天就想着赚钱、赚钱，千方百计要把吃的、穿的、住的搞好一点。说得不那么严重点呢，就像我们农村迷信的说法，“丢了魂”。吃饭、睡觉、赚钱，样样都可以，就是少了个“魂”。

经过一番讨论，程敬娴认为，好的生活既要有“命”，也要有“魂”。“命”就像人的身体，而“魂”就像人的脉搏。如果一个人没有了脉搏，身体却还能动，就是“僵尸”。对年轻人生活的感受，她总结道：“俗话说‘命脉’‘命脉’，有‘命’就该有‘脉’，有‘脉’才算有‘命’。有时候，觉得我们（年轻人）的生活比我爸妈他们那时候好多了，有时候却又觉得，现在是有‘命’但没有‘脉’。”

不过，和程敬娴想象得很不一样，程福稻之类的有钱人并不总是觉得生活很带劲。相反，程福稻抱怨生活“没意思”，并不比程敬娴、李生这样的人少。

由于常需忙着生意上的各种事情，且常在外地，程福稻静下来接受我做正式访谈的机会并不多，我们的接触多是在他石材厂或者外出吃饭时。好几次吃饭时，程福稻不止一次地被电话打断，或是有关石材厂的工作安排，或是生意伙伴谈事情。接完电话，他往往会说“唉，吃饭都不得安宁”，并表示，每天都是如此，真不是人过的日子，日子过成这样，真没意思。但这并不意味着，他不会接下一个打进来的电话，不会想尽各种理由增加谈判的筹码，与生意伙伴锱铢必较地争取自己的利益。甚至于，他也常在吃饭过程中跟我说：“抱歉，我先打个电话，怕待会儿忘记了。”接着，他主动打电话给别人聊起生意上的事情来，短则一两分钟，长则一二十分钟。

2011 年 12 月 24 日晚，我在房东程守智家正准备吃晚饭。程福稻回了程村，以他“一年四季都难得有空回老家来吃餐饭”为由，邀我改去程守义家吃。在饭桌上，他说：

> 今天终于不用喝洋酒了。我知道，你们捞仔中意（北方人喜欢）白酒，其实我也中意白酒、讨厌洋酒，平时应酬，没办法。平时要是没应酬，要么就在厂里吃，要么在外面忙得只够时间吃快餐，难得静下心来吃餐饭、喝杯酒……这样喝点小酒、聊聊天，简直就是放松头脑、净化心灵。别以为（我）比你们多赚了几块（钱），要从内心说，我真的很羡慕你们读书人，不用操这么多心。有时候，我觉得，要不是为了给小孩再多赚点，真不想再过这种生活，一天到晚紧张兮兮的，不是算计着从他人那里多赚一点，就是算计着不要被他人从我这里赚太多。好

没意思，太累。身累，心更累。要说赚钱，是赚了点，但除了赚钱，生活其实好像空得很……干脆以后你来给我讲讲佛经吧。

饭未吃完，程福稻又接到了电话，要“和几个兄弟去吃夜宵”。他原本推说已经喝了酒，不能开车前往，而且家里有朋友要陪。对方则让他带上朋友一块儿去，并说马上开车到程村来接人。挂完电话，他说：“跟这帮衰仔（坏家伙）去吃夜宵，今晚恐怕起码又得一瓶洋酒下肚了。我们这刚聊出点气氛，又被破坏了。真没意思。”不过，半个小时后，他就有说有笑地跟前来接他的朋友离开了程村。

关于年轻人生活的烦恼，那些比程敬娴、程福稻更年轻，且没有结婚的人，似乎并不那么关心。2013年清明节，我在程村碰到程远文，曾问他此前和初中同学聚会时，大家有没有聊到这类话题。程远文说，已经结婚的人多少得有些责任心，但除了钱之外，抱怨的都是些鸡毛蒜皮的小事。而像他这种没结婚的，要说有烦恼，主要也是赚的钱不够用，其他倒没什么烦恼在同龄人面前可抱怨的。他说：“没结婚的，反正一个人吃饱全家饱，家里的事情父母搞定。搞那么沉重干什么？还不抓紧时间玩？等结婚了就没这么自由啦。”

至于程远文的堂弟程志远这样的青少年，对这个问题则显然还没什么概念。不过，他们受程远文这样的年轻人影响却不小。2013年8月某天，我碰到即将进入初中三年级学习的程志远，问他对人生有什么打算。他告诉我，以成绩来看，升学估计没有希望，准备读完最后一年去打工，[1]并说，“我们农村的年轻人就这个命，还能有什么好的打算？下辈子别再出生在这里就得了”。

程志远一边和我聊天，一边用“山寨”手机看着小说。我问他

---

① 2014年7月，我正在伦敦访学并写作本章书稿。程敬娴通过QQ告诉我，她这个堂侄已去珠海打工。

是否在看金庸的小说，却得到了一番很“高深”的回答：“金庸啊？不是。他那些破玩意儿太写实，毫无想象力，就像历史教科书。我巨（最）喜欢‘穿越’的官场小说，超有想象力。”

程志远说，他的同学基本上都喜欢“穿越”小说，不少女生喜欢言情题材，男生则喜欢武侠、科幻或官场题材。读初中一年级时，程志远喜欢“穿越”到未来（而非从前）的科幻题材。读二年级时，在程远文的介绍下读了官场题材的“穿越”小说后，程志远认为，喜欢言情、武侠、科幻题材属于不成熟的表现，只有“穿越”的官场小说既有趣，又逼真。他说，程远文介绍了几本他们打工的同事都喜欢看的，分别是《官道之色戒》《官道之权色撩人》《官道之枭雄》《重生之风流仕途》等。这些单篇超百万字的小说，在网络上的点击量或下载量，动辄几十万甚至几百万。程志远表示，一方面，非常清楚它们是彻头彻尾的幻想；另一方面，明知是幻想还常幻想自己也能“穿越”一回。

程志远还常把自己喜欢的小说推荐给其他同学看。结果，在他班上，竟有八九个女生和十多个男生喜欢上了这类小说。对此，他说：

> 一开始，我以为女同学可能会说这些小说都是大男子主义，不会喜欢。没想到她们也很喜欢。后来我才知道，她们觉得男主角对所有女主角都真有感情，对她们真心真意好，而且有花不完的钱，享不尽的荣华富贵，非要结婚干什么呢？现代社会不用那么封建、保守，只要有真爱，形式不重要。别人要是爱议论，就让别人议论去好了。

此前，我读过《官道之色戒》，并曾推荐给程福稻看。程福稻说，勉强看了不到 1/10 就完全没了兴趣，因为它“尽是一些无聊的空想”。

后来，我快速浏览了程志远提及的几本小说。它们的情节与《官道之色戒》基本相似，辑要如下：

男主角生于某家族，因叛逆不愿从政而被家族抛弃、死去。在死的一瞬间进入时光隧道，“穿越”至1980年代或1990年代初，决定换一种活法，到农村做基层干部。因为知道后来社会的变化，他在官场上每次都能比竞争对手做出更有利的选择，不断被飞速提拔。他工作能力突出，处理人际关系游刃有余，重视群众利益，有正义感，有江湖“兄弟”，为官一任，其辖区经济突飞猛进、社会从大乱到大治。

他是顶级美男子，格斗能力超过特种兵，深谙诗词歌赋，音乐、美术造诣极好，会流利的英文，对世界历史了如指掌。此外，他对佛、道的悟性极高，让修禅、悟道数十年的禅师、道士自愧不如。他有难以数计的情人，她们美如天仙，或出自贫寒之家甚至曾沦为娼妓或被人包养，或出自富可敌国之家甚至是重要官员的独生女，或为大学在读校花，或已为他人妇、他人母多年。他拥有超凡的性能力，常可一天做爱四五次，每次两三个小时（有大量可意会但不直接的性描写[①]）。她们仅基于纯洁的爱情，心甘情愿为他付出一切，却从不奢望和强求婚姻。他能指点、支持她们做生意、获得巨额财富，或成为重要的官员、超凡的艺术家。

最后，他为其“穿越”前的家族所承认、器重和依赖，成为家族的命脉所在。而其“穿越”的人生本就是“命”中注定，或是由世外高人为其改“命”的结果。

---

① 程志远将之形容为，“就像纯美的三级片，而不是A片”。这个初中二年级的学生言及此类话题，不仅“无所不知”，而且并无羞涩的表现。

第二部分

阅读与反思

第八章　转型悖论

一、小农

自近代起，中国小农转向现代的命运即备受关注。陈翰笙认为，地主和农民在土地产权上严重不对等，是小农落后的根本原因（1984：16—18）。其潜在解决方案是农民革命。梁漱溟（2006a：348）、晏阳初（1989：172—173）则认为，农民“愚”才是根本原因，应重视农民教育，尤其是职业教育。费孝通指出，农民遇到了生产要素，尤其是金融，流出乡村的困境（1999a：186），陷入了托尼所称的农业发展“难题”（2014：83），对策应是乡村工业化（1999a：201）。然而，“患土地饥饿症”的农民“被土地束缚”（费孝通，1999a：439；1999b：133），更青睐于“消遣经济”（1999a：476）。1980年代，费孝通关于“离土不离乡”的讨论，深化了其乡村工业化思路（1999c：218；1999d：87；1999e：372）。不过，中国外向型经济和大城市发展催生的却是“离土又离乡”的农民工（黄平，1997：3），这也成为“改变中国”的重要因素（墨菲，2009）。乡村普遍出现了妇女、老人经营农业的现象。黄宗智称之为“制度化了的半工半耕”（2007：476），但它实现了农业经济由劳动密集型转向资本密集型的“隐性的革命”（2010：127），给中国发展带来了“历史性契机”（103）。小农经济转型，给农民个体带来了经济观念上的巨变，以致他们常被指责为陷入了拜金主义（Yan，2014）。

中国乡村政治也经历了几场巨变。近代中国国家官僚机器虽开始尝试延伸到乡村，但乡下实际上仍主要是绅士和家族长老的政治舞台（费孝通，1999f：340—343；黄宗智，2003；杜赞奇，1996：13；Shue，1988：106—107）。由上而下的国家权力和由下而上的家族、绅士权力，形成了一种“双轨政治”（费孝通，1999f：340—343）。在村庄政治层面，它表现为“家族政治”（1999g：344），以及“长老统治”（368）。许烺光（2001）、林耀华（1989）、杨懋春（2001）等人关于“父子同一”理念及宗亲伦理对村庄政治的描述，可佐证以上分析。对此，梁漱溟认为，“伦理本位”作为中国文化的“要义”，在政治上表现为“一切政治皆伦理”（2006b：85—86）。1980年代起，常规的农村基层政权建设和村民自治得以开展（张厚安，1992：473—480；徐勇，1997：22—25）。尤其是村民自治，甚至一度被认为是中国自下而上的民主“宪政”起点（徐勇，2003）。社会记忆、符号象征等文化资源在乡村政治转型中开始发挥作用（景军，2013：160—170）。Liu Xin 提到，政治教育运动失败形成了一种“不道德的政治”（2000：157）。国家“送法下乡”（苏力，2000：40—43），塑造“公民”、改变社区公共权威（王斯福，1997），成为国家权力建构的一部分。类似于格尔茨所说的“语言混乱”（1999：12；2000：243），规则重叠和混乱给治理带来了困难。在“压力型”体制下（荣敬本等，1998：27），农民上访（应星，2001；赵鼎新，2006），“依法抗争”（O’Brien，Li，2004），成了引人注目的现象。不过，人情关系网络对基层政治仍有影响（刘能，2008；Tan，2016a），甚至有人称之为新时期的“家族政治”（冯军旗，2010）。

在社会层面，近代中国乡村具有“差序格局”的特点，“好像把一块石头丢在水面上所发生的一圈圈推出去的波纹。每个人都是他社会影响所推出去的圈子的中心”（费孝通，1999d：334）。由此，葛学溥（2006：121）、弗里德曼（2000：2）强调家族主义、宗族是理解中国社会的关键。但鲁比·沃森发现，“患难相恤”的宗族也存在阶级分化（2008：230—241）。在家庭中，父权和夫权占主导地位（费孝通，1999a：26—29；1999f：72—74）。在处理家庭内部人与人关系的原则方面，强调孝道中心、忍让、勤俭和性爱受限制（潘光旦，1993：129—232；梁漱溟，2006b：67—122；费孝通，1999g：316—381；许烺光 2001：205—221；1990：66—71）。这些结构性分析，也被 Gallin（1966）、Potter（1970）、Pasternak（1972）、Baker（1979）、谢继昌（1985）、庄英章（1981）等人的田野调查所确证。而在现代市场经济条件下，家庭中的个体对于财产的重视程度则在上升（Gallin，1966：143—144；Cohen，1976）。受城市化的影响，汉族乡村形成了松散的家庭模式（庄英章，1972；1981）。Diamond（1975）、Croll（1981：185）、Wolf（1985）、Daves and Harrell（1993）、阎云翔（2006：72；153）等人发现，年轻一代村民的自主性意识明显增强。Stafford 还指出，女性在维系“养”和“来往”关系的互惠网络上，具有重要的作用（2000：122—126）。但持女性主义视角者，如 Gates（1989）、Judd（1989）、Bossen（1999）、艾华（2008）等人则认为，真正的妇女“解放”仍是未竟之事。不过，吴飞认为，家庭内部的两性和代际关系恐怕不能太过侧重从权力的角度去看待其松紧、高低（2009：117），它们与人们对人伦、正义、命运、情理、礼义及“过日子”的理解密切相关（32—38）。在家庭之外，阎云翔认为，在“无情的市场逻辑”下（2006：207—208），村民已成为“无公德的个人”（243）。Liu Xin 认为，村民已生活在自我的阴影之下（2000），人格不确定且易变（流心，2005：144—145）。与此相反的观点则认为，农民还是“饮水思源”的（欧爱玲，2013）。关于货币在人际关系中的作用，杨美惠注意到了礼物性质从“使用价值”到“交换价值”的变化（2009：135—141），阎云翔则将利益交换性的礼物称为“工具性礼物”（2000：64）。Nee（1985：171—178）、项飚（2000：448—450）、张鹂（2014：59—61）、吴重庆（2014：141—155）及笔者（Tan，2016b）关注到另一番景象，那就是村民依靠传统社会关系网络，来抵御货币等价交换规则带来的市场风险。Steinmüller 还发现，因为官方表述和地方实践间的差异，正式科层制中被认为是封建、腐败之处，在地方知识中有可能被认为是传统礼仪与人情互惠（2013：174）。此外，还有研究者注意到，以金钱为标志的乡村社会分化引起了“仇富”“郁闷”等社会心态（薛勇，2009），但不少农民利用“命”“报”等机制将“妒忌”限制在可控的范围之内（Zhang，2010），反倒是暴富者不可避免焦虑心态（Osburg，2013）。

在信仰方面，从总体上看，传统中国农民对祖先的关注超过宗教。对此，费孝通认为，近代西方社会中人与人的结合方式是“团体格局”，就像几根稻草束成一把，几把束成一扎（1999g：333）。这样的社会需要一个“上帝”统领独立的个体，“神对每个个人是公道的，是一视同仁的，是爱的”（341）。而中国乡土社会的“差序格局”，“是由无数私人关系搭成的网络。这网络的每一个结附着一种道德要素，因之，传统的道德里不另找出一个笼统性的道德观念来，所有的价值标准也不能超脱于差序的人伦而存在了”（344）。梁漱溟认为，由于“伦理本位”的社会能让人在现世人伦关系当中获得人生意义的满足，道德便代替了宗教（2006b：88—89）。许烺光也强调，农民的祖先崇拜与“父子同一”的社会结构是相互加强的，“从血缘组织的整体出发，父子同一仅只是一个大家庭范围内所必须的一条纽带，它一边连接着众多的祖先，另一边是无数的子孙后代”（2001：205），“家庭是家庭宗教的一部分，家庭宗教也是家庭的一部分”（210）。林耀华（2000：189）、弗里德曼（2000：58）关于家族制度以及宗族的研究，也表明祖先崇拜的“香火”意识对于农民而言，是最重要的。在祖先崇拜以外，杨庆堃较早系统地研究了中国社会中的宗教。他发现，中国社会中的宗教，几乎与祖先崇拜一样和儒家学说及人伦道德秩序有着紧密的联系（2007：225；260），因此可称之为 diffused religion（270—274）。武雅士稍后基于台湾乡村的田野调查认为，祖先崇拜无疑是重要的，但在子孙疏怠祭祀祖先或没有合宜地延续家系时，祖先会惩罚子孙，因此不无功利主义的成分（2014：160；169）。Ahern 则更极端地认为，汉族农民祖先崇拜的核心逻辑即是功利主义，如无财产继承，子孙可不祭祀祖先（1973：154；200）。李亦园指出：汉文化下的祖先崇拜其实包括亲子、世系、权力三种关系，亲子关系是常态；武雅士的依据是台湾移民社会，因此亲子关系色彩稍弱；Ahern 依据的是极端案例，非正常亲属关系占了主导地位，因此在祖先崇拜上也表现为权力关系占主导地位（2002：154—155；2006）。[①] 从 Gallin（1966：142—145）、Pasternak（1972：65—69）、庄英章（1981）等人的调查研究来看，李亦园的分析无疑具有很强的综合解释力。另有研究者从国家与社会关系的角度，发现民间信仰中有诸多国家的“影子”（Sangren，1987；Dean，1993；Dean，1998；Dean，2003；王斯福，2008；科大卫，2009）。詹姆斯·沃森称之为神明的“标准化”（2006：57），而科大卫、刘志伟指出，在中国历史与文化情境中，更准确的说法应该是“正统化”（2013）。Chau（2006：214）、Notar（2006：136）则强调，国家渗入乡村社会民间信仰，会塑造出与乡村社会有张力的权力结构。流心尝试论证，农民只在乎“今日之今日性”，而不再考虑过去

---

① 余光弘则直接指责 Ahern 为牵强附会而刻意混淆是非（1986）：将遗产的标准仅定为水田，而不承认旱田、工厂、砖窑也属于遗产（Ahern，1973：154）；只用村中四个宗族的数据，而把与之结论相反但在其书中其他地方提到的李姓宗族材料排除在外（140）；极为强调 Johnston 提到的山东谚语“没有产业，没有神主”（141），而 Johnston 曾明确指出这句谚语只用于“倒房”之时的存亡绝续关头（1910：285）。

与将来（2005：144—145），完全陷入了“虚无”（146—152）。阎云翔也认为农民信仰世界已为市场经济所冲垮（2006：205—206）。但是，Tan（2012）、Chu（2010：165—217）、郑振满与郑莉（2012）等人发现，民间信仰仍是东南中国农民与海外华人维持关系网络的基石。此外，基督教在中国乡村传播，也再次引起了人们的关注。有研究者对它或将再次成为西方侵蚀中国社会的“工具”存有担忧（陈柏峰，2012），因为在历史上当基督教进入中国乡村社会时，它与宗族的冲突便从未中断过（张先清，2009：80—83）。卢云峰（2010）、李华伟（2012）、胡卫清（2013）认为，农民改信基督教与“苦难”有关。不过，鉴于国家原本也是农民解决“苦难”的希望（郭于华、孙立平，2003），而今农民将希望诉诸基督教，应该另有值得深究的原因。

总之，相对于传统中国乡村“被土地束缚”的消遣经济、“双轨政治”、“差序格局”的社会结构，以及以祖先崇拜为核心的信仰体系，经历了革命和市场的双重影响，当代中国乡村毫无疑问发生了一场大转型。但当代农民生活随着现代性因素不断增强，果真如以上部分研究者所分析，小农经济已发生革命性变化，只有物欲横流、政治保守、自我中心、信仰坍塌、只在乎当下的一面吗？从程村及渡桥镇的历史与现实经验看，此类判断着实令人生疑。

二、农工

考察“土改”作为一种农业经济制度安排是否有充足的阶级分化依据，并非本书关注的重点。不过，从1950—1951年程村村民对“分配劳动果实”的拥护程度，以及农会主席陈新因被冤枉在“分配劳动果实”中谋私而自杀的事例来看，普通农民对“土改”的理念毫无疑问有着高度认同。不过，农业合作化及其后的公社制度，虽然克服了单家独户在农业生产上面临的自然和市场风险，却并未从根本上防止农村经济要素外流。相反，农业剩余被更大限度地汲取出了农村。程村人再也没有了“消遣经济”的影子。“浮夸风”以及程成仁生硬地执行政策的方式，都是为这个经济逻辑转化过程所做的一个个极端的注脚。1970年代中后期农民不再有饥饿的经历，应该可作为农业增长的一种确证。但在程守宽那段渴望“自由”的回忆中，不难发现，农民对以家庭为生产单位的经济形式，有一种强烈的欲望。

1990年代中期，农业对于大部分程村农民家庭收入的重要性，开始退居其次。不过，大部分程村人却仍不敢将土地彻底放弃。对于耕地使用权的流转，尤其是不可逆转的流转，程村农民仍倾向于像保命一样警惕。这一点从渡桥镇政府与程村农民因征地问题而形成的冲突当中，可见一斑。从根本上说，这似乎不是财产权利的问题，而是以土地为基础的农业仍对农民家庭具有“保命底线”的价值。由于农民将土地分为了用于“保命”和“赚钱”的两个类别，程村人对林地使用权的流转就显得并不那么固执。由此，在程村这类中度发展的农村地区，出现了经济要素流动的“悖论”。一方面，农业已经无法容纳农村的主要劳动力，并让他们过上有尊严的生活，从而导致了劳动力大规模外流；另一方面，不少老板以建厂、发展规模农业，甚至暂不改变农地经营方式、只图将土地囤积起来等升值，而正在逐步进入农村占据土地、优质水源等稀缺资源。相比于近代乡村生产要素单向外流的历史经验，当代中国中度发展地区农村的经济格局，显得更为复杂。在工商资本尝试与农地结合的过程中，在林地上并无太大阻力，但在耕地这根“红线”上，效率与保命出现了矛盾。对资本来说，效率就是命根子，但对仍不能彻底摆脱农地生存的农民而言，坚守“半农”，本就不为效率，而只为保命留后路。只要虽“无百岁命”的程村普通农民所怀的“千年忧”未得到解决，对于他们的“半农”而言，以资本为中心的效率农业就可能要他们的命。

可在微观生产层面上，略有几分悖论意味的是，“半农”状态下的普通程村家庭却又处处精打细算，尽力追求效率。如程成仁在1980年代就不仅开始用化肥种水稻，还用来种菜。1990年代中后期起，购买化肥、农药变得容易之后，更是家家户户以超出农作物所需极限的标准，投放化肥，喷洒农药。只要条件具备，他们在山上种树也优先考虑经济价值偏高的砂糖橘（而这也依赖大量化肥、农药），甚至种植有“抽水机”之称的速生桉树。程守宽所感叹的“拼命地榨取泥巴里的每一丁点养分和每一滴水”的做法，无疑是着眼于短期、微观效率农业的最生动写照。更具讽刺意味的“悖论”还在于，大多数程村农户以“半农”的形式减轻人口对农地的压力之后，农民每斤青菜“一毛都赚不到”，而菜贩子、运输商、批发商、城市零售商却“这个赚一块、那个赚一块”。稍懂些现代养殖技术的年轻人，如程敬娴，也有时小赚、有时赔本，最多只敢把养猪当作补贴家用的办法，家庭经济“顶梁”还是靠丈夫打工。由此看来，在“半农”状态下，程村这类中度发展地区的小农，虽然在农业资本密集化意义上实现了“隐性革命”，但离“历史性契机”却似乎还很远。

如果把所有“非农”经济方式看作宽泛意义上的“工”，程村这类中度发展地区的农民自“分田到户”起，就已开始追求“半工”。且不说程守义、程守宽做木工，程守德开钟表修理店，程成信偶尔承包搞基建，就连一向被认为“死板”“不懂得变通”的程成仁，也开始在渡桥及周边几个圩镇摆摊卖烟丝。可是，对程村人而言，从农业转向非农业，挣脱“土地束缚”，并非易事。程守义是极少数靠着做“工”而实现了脱贫致富的村民，但其“秘诀”却不在“工”，而在社会关系网络。凭着经验智慧，程守义早已清楚，关系网意义上的“人脉”具有转为资本的能力[①]。但有时候，作为一个成功者，程守义会忘记，“人脉”除了可以依赖个人能力主动去经营，也往往与给定条件有关，并非人人都能有如此好的“人脉”。

除了农民单家独户做“工”之外，社队企业原本也是一条让农民挣脱土地束缚的道路。事实上，自1970年代末开始起步之后，一直在整个1980年代，程村的社队企业都发展得还算不错。但是，这些社队企业未能像后来人们看到的苏南、温州、珠三角地区的乡镇企业那样发展壮大，而是在1990年代初开始衰弱，至1990年代中期乡镇企业口号最响亮的时候，彻底垮塌。若细究程村这类中度发展地区社队企业终归失败的缘由，似乎既有客观原因，也有主观原因。从外部条件看，在1970年代末和1980年代，程村社队企业面对的几乎是一个区域局部市场。可自1990年代中期起，此类条件发生了巨大变化。更何况，在1990年代末，中度发展地区基层政府为解决“饥饿财政”而强行推动的乡镇、村办企业遍地开花。程村村办企业仅有的一点生命力，也便因“杀鸡取卵”而消耗殆尽。从内部条件看，在1970年代末和1980年代，村（大队）干部比较简朴、清廉也是社队企业得以存在的一个重要前提。1990年代中期，村干部贪腐、账目不清，最终压垮了社队企业。

既然没有机会“离土不离乡”地转向“工”，对大部分农民家庭而言，也就剩下了外出打工这条路。然而，程村人在二十余年里“前赴后继”的打工浪潮中，能彻底变为“工”者，可谓“寥若晨星”。程敬山、程敬道、程敬祖等人的家庭，无一能彻底放弃农业。还有不少像程敬业、程敬修那样打工的年轻人，或因“吊儿郎当”，或因“看得开”，一边打工一边“晃悠”。这固然与其主观价值观不无关系，但更与打工的收入过低关系密切。他们在“工”里看不到

① 这类似于学者常说的“社会资本”（林南，2005：18）。

人生长远的奔头，“工”对其人生的分量也就很轻。

对于基层政府而言，“发展经济”是最重要的口号。不用说，“经济”应是为人而“发展”的，“发展”是手段，人是目的。但让人惊异的是，在农工混合经济条件下，为了追求效率，在程村及渡桥镇，“发展”究竟是手段还是目的，有时也会变得模糊起来，甚至明显易位。在程村“古村落”的开发冲动中，隐含着的主要不是保护传统建筑与文化的导向，而是渡桥镇领导偷梁换柱的“阴谋”。这里并非要从道德上批评基层干部在“发展”上动机不纯。事实上，程村普通农民与干部们相比，虽然考虑的“发展”目的有所不同，但对“发展”本身的认可却高度一致。归根结底，如果“古老”本身不能换成钱的话，村落再怎么“古老”也没有用。对此格局中的深层矛盾，程成信这样的干部无疑洞察很深。由此，他将“发展”直截了当地理解为“掘地”。这很快也成了渡桥镇政府的“发展契机”。可是，这些都属于“打擦边球”。它们绕过了既定土地、税收等方面的正式制度，牺牲了基本农田，只是一种“局部效率”（张永宏，2009）。

而且，为“发展”而盲目上马乡镇企业时，包括程村在内的农村即被迅速掏空，镇政府自身也债台高筑。做“工”不成，反倒把已有的“半农”搞垮，进而导致在中度发展的农村地区“老板比天还大”，基层政府得“全心全意为老板服务”。为摆脱“饥饿财政”，渡桥镇想方设法上马陶瓷项目，饱受空气污染之害。在农民看来，以“断子绝孙”的方式“千方百计为子孙后代谋发展”，还有什么比这更讽刺的悖论？然而，在效率逻辑的支配下，不仅是基层政府，纵然是程村的普通农民，也未尝没有陷入此悖论当中。例如，不少农民将使用了超标农药的蔬菜卖给他人。作为农民，程村人都知道本来不能拼命地“榨取”土地，就像不能天天用化学药品让女人多生孩子一样。但是，大多数程村农民家庭在抛弃了“消遣经济”观念后，其耕作方式却正是在为“发展”而如程守宽所说的“一条路走到黑”。

基层干部和普通农民都常“端起碗来吃肉，放下筷子骂娘”。然而，“苦行僧”的消费观并不被赞赏（王宁，2009：43），“消费主义”开始渗透到乡村社会。复又因为“半农”“半工”的混合经济水平仍比较低，欲望与“消费”能力之间的矛盾随即制造出更多悖论。程守义富了，却总认为赚得不够；认为有钱不能“显摆”，却又表示只在花钱的那一瞬间才感觉有钱；明知常嫖、过度纵欲伤身，却歪曲孔子“食色，性也”和理学“存天理、灭人欲”之说，为自己开脱。程守德虽豁达，却明显难以摆脱以“消费”为标准的世俗评价压力。在利润比种菜高得多的农产品加工中，如“三鹿”牌婴幼儿奶粉，生产者为了追求更高利润，甚至不惜“心狠手黑”给人“下毒”。充满讽刺的是，程守宽庆幸自家经济条件差，孙子喝不起奶粉，因此躲过一劫。程守智的“心”更是因“半农”“半工”的经济收入不高，满足不了“消费”欲望的增长，而被弄乱了，执迷于地下“六合彩”。程福稻已是千万富翁，有时厌倦每天只想着赚钱的生活，但这并不能改变其“消费”观念。至于性“消费”，他一方面津津乐道，另一方面却又感叹它并不能解决商业合作伙伴间的信任问题，[①]甚至还败坏了性欲。曾做“小姐”的“湖南妹”认为，被人“消费”的时候，“我”并非真实的“我”，而是另一个“我”。

三、做主

在程村，地方权力从宗族精英手中转至“分配劳动果实”的干

---

① 流心（2005：49）对华南某城市官员、“小姐”与老板关系的调查，郭宇宽（2012：250）对温州商人应酬的调查，Osburg（2013：176）对成都新富人商业运作的调查，发现此类现象已绝非个案。类似于“共谋”的机制（Steinmüller，2013：227），其主要指向是建构亲密关系，以促进商业合作。但此处经验表明，“共嫖”建构亲密关系的作用也有其限度。

部手中，至少在政治话语层面上，“人民当家做主”替代了绅士、族老“为民做主”。“人民当家做主”，从权力流向来看恰恰是走向“集权”。这种悖论乃是源自国家权力下沉到乡村社会后，首先要做的便是从绅士、家族长老手中把权力收过来。否则，国家根本就没有权力可拿出来供“民主”“分权”。“双轨政治”其中的一“轨”已拆除，国家政治理念也已不再是儒家学说，但农民却仍在按照“双轨”的思维方式想象乡村政治，甚至认为人民“当家做主”与国家“为民做主”是一样的逻辑。

“集权”时期的乡村政治实践，最终向农民“说”清楚了，国家的需要与农民的有区别。在饥饿年代，“浮夸风”和粮食调拨再清楚不过地“说明”了这一点。但是，程村人并没有按照“民主”的路数去尝试改变乡村政治，而是认定基层干部没有“为民做主”。这为乡村政治留下了传统“封建思想”的空间，如何对干部进行约束、监督，成了难题。尽管普通农民并不认可，但程成仁还是将程成六判定为“坏分子”。程村大搞“浮夸风”，当然也与基层干部脱不了干系。程成功动不动就抓人“上龙眼树”，搞计划生育时威胁人，被村民称为“打手”。更不用说，在极端饥饿的年代，陈林等人不仅“多吃多占”，而且宁愿将粮票烧掉也不愿发给普通村民用。程守义曾抵制程成仁随意使用“坏分子”的“武器”批斗程守宽，甚至因鸣不平而带领“红旗派”与“东风派”武斗，但在管理修水库的工程款时，却也出现了挪用巨额公款的行为。这表明，基层权力实践确实出现了某种“为民做主”式的“家长制社会主义”气息（Stacey，1983：15；华尔德，1996：251）。不过，值得注意，乡村政治“集权”对于普通农民间关系的“切割”（Siu，1989：170），并不像“阶级”话语要求的那般彻底（Madsen，1984；Chan，Madsen，Unger，1984）。程成仁仍注重“义气”，程守义靠与“四清”工作队队员的“朋友”关系进入干部队伍，程守德靠着“同学”关系躲避政治纷争冲击和获得钱粮周济、渡过家庭生活难关。这些关系不仅未被彻底“切割”掉，反倒是部分地渗透到了“集权”的政治实践中。

程村实施村民自治制度后，无论是在村干部还是在普通村民眼里，程成信无疑是迄今为止最“成功”的干部。不过，程成信经营村庄政治最重要的资本，都来自原有社队体制的积累。一方面，其“说一不二”的威信与原来长期担任大队干部有关；另一方面，他的主要“政绩”即是经营村办企业，而这也是在直接继承社队企业基础上展开的。但是，村民自治制度的各项“民主”落实起来，并不见得比以往更容易。尽管普通村民认为程成信不是一个“好人”，他还是在村庄政治更迭的情况下，顺利地占据了权力中心。一方面，这可能是因为人们常说的，村民的民主意识还未充分发育起来（何包钢、郎友兴，2002：5）。另一方面，悖论还在于，在村民尚缺乏“民主意识”这一既定基础上，从上而下的权力设置和知识界的舆论却寄希望于“为民做主”的基层干部去推动“民主”，从而让绝大多数普通村民实现“当家做主”。

可是，村民是否满意是一回事，能否站出来有效地行使民主监督权利又是另外一回事。程村普通村民几乎都认为程成信等人在村办企业中有贪污行为，并在各种私下场合议论村干部在渡桥圩镇大吃大喝、外出旅游、购买社会保险，甚至贱卖集体资产。但是，没有任何村民公开站出来指认这些事实，或要求村干部哪怕是做出一个从形式上说得过去的说明。相反，大家千篇一律地选择了在正式场合保持沉默。程守智带人抵制“大队部一条街”征地，则因此失去了作为候选人参与村委会选举的机会，甚至还被扣上了“破坏选举”的政治“帽子”。他还曾尝试通过信访，为程村几个自然村“梧桐江改道项目”粮食补贴的事情“讨说法”。但是，面对基层政府和村干部组成的利益共同体，他未能讨到任何“说法”。

由此，在程村，针对村民自治中不“为民做主”的村干部，普通村民并没有那么多丰富多彩的“抵抗艺术”（斯科特，2007：3）。针对自治事务中村干部的种种不满，最常见的现象不是抵抗，而是悄无声息地“忍”。他们希望有“好人”做干部或掌管公共媒体，“为民做主”。乡村中当然不乏“好人”，可一旦大多数普通村民将乡村政治寄希望于“好人”时，“好人”反而离村民自治的核心舞台更遥远了。实践中的村民自治仍在某种程度上被人民“当家做主”和干部“为民做主”的悖论所困。

村庄政治如此，那基层政府又如何呢？如前所述，在渡桥镇，1980年代后，尤其是1990年代，基层官员的中心工作主要有三：一是发展地方经济，二是征收税费，三是计划生育。

随着税费征收日益困难，镇政府治理也陷入困难。为了完成税费收缴任务，计生工作的逻辑悄悄发生了颠倒。原本征收超生罚款是一种手段，目的是控制超生。可是，当超生罚款成了帮助镇政府完成税费征缴任务的“救命稻草”之一，它便慢慢变成了计生工作实践中的目的。[①] 可依据正式规则，计划生育却仍是众多“一票否决”当中的一“票”。为了镇政府收入而形成的这种治理状况，并不适宜于明明白白地呈现给上级有关部门。反过来，因为涉及如此众多镇干部的活动经费，即使上级部门的工作人员通过私人渠道知道实际情况，也不能轻易将之摆到桌面上加以对待，而只能“视”而“不见”。这样，一旦上级部门组织检查，检查与迎检的互动就转为一场基层治理仪式。

很多镇级官员认为“人在江湖，身不由己”，“不得不”这样做。客观地说，在“压力型体制”下，“上面千根线，下面一根针”，镇

---

① 鉴于当下中国已经“全面放开三孩”，有必要指出，这里关注的是政策实践逻辑，而非计生政策本身在人口学上是否合适。

级官员有权办事的余地很小，责任却很大，确实有不得已的地方。但同时，这里面也牵涉镇级官僚体系，乃至官员个人的利益。渡桥镇官员压低价格征收农民土地，国土局容忍了其“打擦边球”的行为。如果不是上级部门“视”而“不见”，不仅渡桥镇因征地而起的“非正规经济”没有发展空间，甚至以“发展”为中心的镇级治理从根本上就无法展开。在某些环节，事情甚至走到了更为尴尬的地步。为了尽早完成上级对其治理业绩考核最为看重的税费指标，镇级官员“不得不”“主动”走上了“拉税”“买税”之路，甚至邀请在乡村治理中本属于打击对象的“烂仔”，充当“协税员”。

既然基层政府治理不断产生悖论，官员就一方面要善于协调矛盾，将隐含了多重悖论的行为融入治理当中，另一方面还得防止这些悖论被公开、“穿帮”。否则，轻则带来尴尬，重则会导致治理失败，不仅没有治理政绩，反而可能丧失政治前途。渡桥镇领导推出程村“古村落”旅游开发计划，即包含了多重考虑：成功则已，不成功也能一次性解决程村洼地的征地问题，“虚实结合”，左右都是政绩。这种“表里不一”的考虑，文质彬作为“局内人”必须得懂，否则就“该出局”。可是，这“底牌”却绝不能被亮出来。以至于，他对记者“又爱又恨”。颇有几分讽刺的是，在这种状态下，再怎么善于治理的政治精英，能否创造、保持良好的治理业绩，达到做“政绩”本想达到的目的，在某种程度上也取决于“官运”。

乡村政治实践毕竟不像儒家伦理中的“善”“恶”那般黑白分明，不同的利益诉求、政治表达及政治上的分歧，基于亲属关系网络构成派系，对内团结与对外排斥，均是半公开的。现代国家权力“下乡”的过程，无疑就是打破这种政治格局的过程。程成仁被从“阶级”而非道德上塑造成新的乡村政治精英，就是一个例证。更不用说，在政治纷争中，不同政治派系斗争，都是围绕“革命”身份差别，而非亲属支系差别而展开。但是，私人关系网络在政治中无疑还是起作用的，即使在“武斗”这么极端的情况下，宗亲、同学关系仍为人们所重视。村民自治的实施，给了程村人重新以亲属关系网络维护利益，并在政治上得到表达的机会。程村人围绕村委会选举、“古村落”旅游开发计划和陶瓷厂征地而产生的种种争论，以及由此引发干部间、干群间的博弈，无疑说明基于亲属关系网络形成的派系在村民自治中不仅存在，而且很重要。不过，这种派系虽以亲属关系网络为基础，却也掺杂了大量现实的利益考虑。在村干部与普通村民之间，关系并不平等，从而构成了派系的立体结构。在派系内部，出现了某种“庇护关系”（华尔德，1996：12）。但值得注意，在乡村政治场域中，庇护关系不是纯粹存在的，而是往往夹杂着互惠关系，或者至少要以互惠关系作为外部装饰。程成信以“帮忙”的形式给一些普通村民提供各种照顾。反过来，这些村民也以“帮忙”的形式为他种砂糖橘。

在比村民自治更科层化的基层“官场”，派系并没有因为更理性化的制度管理而消失。产生派系的首要原因是政绩与机会“供需”关系严重不平衡，“站队”、进“小圈子”，能得到更多被提拔的机会，而非基层官员从道德上天然就“恶”。过分“书生气”、不够“醒目”或无能者，如李哲文比较“清高”、不懂得“站队”，结果好几年都是写材料的“专业户”，地位就像打印室的合同工。由私人关系网络构成的派系，在某种程度上主导着镇官的政治命运和人生。可如此重要的、结构性存在的政治关系，在正式场合却并不被承认，甚至根本上就是非法地嵌入“公”的“私”。这是一个悖论。而更深刻的悖论还在于，实际上之所以这种“私”要嵌入“公”，在某种程度上还是为了把“公”搞好。在转型时代背景下，基层有相当一部分工作属于原本没有条件，而强行要求完成的。没有吸引资本投资的条件，而“不得不”以土地、环境为代价，强求“发展”。没有足够的税源，而“不得不”完成高额缴税指标。面对这些需要通过

“打擦边球”“变通”，甚至违规操作才能“搞定”的任务，上级不能仅靠正式制度和命令，还需要有“私”的交情，才能让下属“真心实意、百分之百尽力”去完成。作为回报，在下级需要提携时，上级当然就得为其“做主”。

亲属无疑是最常见、“自然”的私人关系。在渡桥镇，我们看到程成恒、程成信的兄弟关系与水利站站长及其弟弟之间，发生了交集。不过，亲属关系毕竟数量有限。在渡桥镇这样的基层“官场”中，更多的是拟制的“亲属”关系。跟有信任基础的同学、战友，甚至围绕某个大老板而形成的共同利益关系，也是维系派系的重要机制。陈金华的校友上任渡桥镇镇长后，两人很“自然”地就“站”在一个“队”。何平关照李哲文的理由，也与此相同。方立正与何平因为都是梧城某几个石材老板的好朋友，勉强可算“站”一个“队”，虽然他们在别的层面上属于不同的“圈子”。由此可见，将涵括基层“官场”的县域政治称为新时期的“家族政治”，不能说毫无道理，但或许“有限派系政治”才是其更加根本的特征。

四、自我

1949年后，在程成友与程成邦兄弟“手足情深”的故事中，孝道、忍让、勤俭、人伦为本等家庭关系特征无疑得到了鲜明的呈现。不过，在乡村社会急剧变动中，权力的确代替财富及其他所有标准，开始主导社会分层，并伴着诸多家庭关系变动。这从程守德及其兄弟的家庭变动中可见一斑。程守德坚持传统的家庭人伦原则，而程守礼一方面急于从这种人伦责任中脱离，另一方面却又仍按照人伦原则赋予的权利，对大家庭关系指手画脚。与程守德家相比，在家庭内部关系上，程成仁家可算贯彻“革命”原则相当彻底。1970年代，他充分发挥了父权的威力，在子女婚姻的问题上施加了很大的影响。家境同样比较困难的程守宽，却是另外一番景象。他是个看得开的人，与弟弟程守恕、程守忠的关系多少还保持着“患难与共”的色彩。程成功则是反面典型。他不仅对程南山不讲“五服”内的叔侄之情，甚至对自己亲兄弟也常看不起。

在家庭外的关系中，若程守德为自我的实际利益考量多一些的话，毫无疑问应向手握“革命”权力的程成仁靠拢。但是，他选择的却是与程守宽这样的人，保持良好的朋友关系。在与程守义的交往中，程守德无疑受到了“革命”意识的影响，积极支持“红旗派”，但他并未表现出想实现自我利益的冲动，而只是充当出谋划策的“黑参谋”。相比较而言，就实现自我利益来看，程守义的选择当然更有效。更不用说，程成信在不得不转业回到程村之后，为了实现自我实利，对心底里原本怨恨的程成仁，表现出无限的“忠诚”。

改革开放后，尤其是1990年代中期起，程守义这样的村民在近似于暴富的同时，自我急剧膨胀，随即威胁到了自己的家庭。程守义当然有自己独特的“自我”理论。做过“小姐”的准“二奶”“湖南妹”曾向他表示，作为“小姐”与人发生性关系时，已非真实的“我”，而是另外一个“我”。程守义不仅相信了这种说法，甚至还认为他在钱色交易中，买的不是有形的身体，更不是有头脑的主体，而是抽象的“服务”。但悖论在于，程守义本人有时候也会感叹，不知道哪一个是“真我”。程守义家的经济状况很好，羡慕他的村民也很多，但对其家庭关系却颇有微词。他妻子程秀隔三岔五吵闹，却想极力保留这个权力极不平等的家庭。她在保住家庭关系不崩溃的同时，心态上却很不平衡。于是，宗教成了她的选择。颇有几分讽刺却又不难理解的是，程福稻的妻子将丈夫婚外性关系划分类别，一类是出于资本积累需要的“生意应酬”，一类是可能威胁家庭的，前者可当作没发生，而后者则不能容忍。在程村普通的年轻人，如程敬修、程敬道、程敬山、程敬娴等人的家庭中，相比较于祖辈、父辈而言，夫妻关系平等了很多，但在代际关系上，则显然偏向年轻的一辈。与隐藏在宗亲权力下、只掌握“后台权力”的情况相比（李霞，2010：234），姻亲关系正趋向于变成家庭“前台”显性权力的一部分。

程村年轻的一辈在“自我”观念方面，表现得更为直接、突出。无论是老实打工的程敬祖、程敬宗、程敬山、程敬道、程文远，还是“晃悠”的程敬修、程敬业，都更看重同学、朋友关系，将它们排在了比宗亲关系更靠近“自我”的位置。在家庭关系方面，年轻村民对大家庭的意识较之于祖辈、父辈已经淡漠很多。家庭富裕者，如程福稻及其三个姐姐之间，除了象征性的礼物之外，作为生意上的资本不能再互通有无。家境较一般者，如程守德、程守智家也如此。程敬修、程敬道兄弟对各自核心家庭的盘算是一清二楚的。至于经济状况较差的程守宽家，程敬祖、程敬宗、程敬业三兄弟更是各家管自家事。可见，在年轻一辈的兄弟姐妹间，以核心家庭为单位的“自我”边界是十分清楚的。此即笔者所说的“核心家庭本位”特征（谭同学，2010：448—449）。

在利益色彩更浓厚的领域，如基层“官场”中，“自我”中心和实利化的现象则显得更为严重。虽然程成信表示，由于基层“官场”本身不大，所以真正能够根据利益不断更换派系的机会并不太多，但很显然，派系的产生和维系，与镇官们以“自我”为中心的实利算计分不开。总之，在“自我”为中心的圈层结构中，将谁放在与“我”的关系更加紧密的位置上，其原则首先是工具性的。这是笔者所称典型的“工具性圈层格局”（谭同学，2010：440）。

就社会层级结构而言，在1949年前的程村，贫富分化确实严重。这从程守宽的爷辈、程守德以及程南山的父辈们的遭遇中可见一斑。不过，同样从这些人的人生苦难中，也可看到宗族组织毕竟还是为贫富分化编织了一张具有微弱作用的社会保障之网。1949年后，贫富分化被“阶级”话语所隐含的平均主义所抑制。社会分层的表现主要在于政治身份和权力，而不在财富。从总体上看，乡村社会进入了一个经济上大致平均的时期。“分田到户”后，政治身份不再是——但政治权力仍是——社会分层的标准之一，村干部仍在乡村社会层级结构中居很高的地位。当然，对普通农民而言，财富是更重要的社会分层标准。经济状况较好者，如程守义成了令人羡慕的“万元户”。较一般者，如程守德靠务农兼营修理钟表，虽较紧张但总算盖了新房，程成仁依靠农业经营加做小生意，也很快买了电视机之类的“现代”电器。稍差者，如程守宽、程守恕、程守忠以务农为主，偶尔以务工补贴家用，家庭生活条件也有了明显改善。几乎所有程村人都相信经济会改善，对更为剧烈的贫富分化，在心态上尚无准备。

1990年代，尤其是1990年代中期起，程村的社会分层出现了急剧的变化。村干部不仅在以权力为标志的社会分层中占优势地位，而且在以财富为标志的社会分层中也占优势地位。让普通村民最不满的则是，他们的财富并非辛勤劳动或善于经济经营所得。几乎就在同时，程村的村办企业全部都垮掉、关张。甚至于，某些镇级机构直接侵占了农民的经营所得。如程敬思、陈生夫妇所经营的饭店因镇派出所打白条吃喝，不仅无处申告，未能索到餐费，还摊上了巨额计生罚款（当然，若从程序正义而言，我们很难断定二者有直接的、“阴谋式”的联系。但考察社会心态，重要的是当事人坚信，计生罚款事件乃是因为镇官们打击报复）。此外，还有不少基层官员通过直接或间接的方式兼业，以低廉的成本租用了村民个人或集体的山林、鱼塘、鸭场等，牟取高利，又或者利用权力在农资、建材、餐饮、民办教育等领域垄断经营。

此外，对于与权力无关的财富分层，普通村民的看法也发生了急剧的变化。没有村民会否认，程守义有经营生意的天赋。在程成仁等人还不懂得，或者没有能力通过送礼而获得贷款等重要资源时，程守义已非常熟练地开始用钱开道、“打点”关系。程守义做古董生意，成功的秘诀在于“两面欺诈”。对此，其他村民颇有微词。在他们看来，程守义“黑白通吃”，赚钱方式多少有些不公正。这说明在心态上，社会层级地位低者对于地位较高者的致富手段及其所得财富的正当性，持有强烈的怀疑。更让普通村民对于程守义这样的先富者极其不满的，还在于其花钱方式。他不仅常进城找“小姐”，与有夫之妇保持暧昧关系十余年，以金钱为主、感情为辅包养“湖南妹”数年，还有一大堆堂而皇之的“理论”，用以炫耀性地说明此类行为“合理”。

不过，无论是程守德这样强调心态放宽者，还是程守宽这样平常脾气好、偶尔愤愤不平者，或者程守智、杨显宗这样情绪易激动者，都不会打破自己的日常生活，去轮番上访控告干部或者“报复”富人。程守德主张少管事，多做事，把心放平和一点，养好身体，过好日子。程守宽也强调，只要日子过得下去，“井水不犯河水”。至于杨显宗、程守智，虽然因心里不平衡而“气盛”，但最终也确信身体要紧，关心做好吃的粽子比愤世嫉俗更重要。在这些反应中，当然不无“事不关己高高挂起”的犬儒主义心态。但是，更重要的则似乎是“忍”。当然，在常规致富手段难以追赶先富者的情况下，的确也不乏有人开始追求暴富甚至为求暴富铤而走险。地下“六合彩”、传销泛滥，以及家境困难的程求富被越南新娘骗财后走上贩毒的道路，无疑就是此类畸形心态作俑的例证。

五、信仰

在程村人的口述史中，关于过去及祖辈信仰的描述并不是太详细。但程村留下来的大大小小的祠堂、堂屋，最重要的功能是充当不同层次的宗亲群体的公共场所，从象征性上说则无疑是祖先崇拜的表现。不少物件在破“四旧”的过程中一度被部分破坏，但仍有不少农民将它们拆解了悄悄藏起来，以至于在当下的程村还可见到此类复原的“古”物。农历二月初二的“添丁节”，既是对男丁的重视，更是对祖先崇拜的重视。在“阶级”话语进入程村后，从原则上说，宗亲社会关系网络和祖先崇拜都是被否定的。但是，祖先崇拜形式虽有改变，其内核却并未消失。为了求子，程守宽在他人指点下偷偷祭拜祖先。这一故事表明，此时期绝不止程守宽一家人仍然相信祖先崇拜与“香火”延续之间有联系。

“阶级”话语消退之后，程村人迅速恢复了家中神龛的功能。过程之快，现象之普遍，令人很难想象这是由一个中断了的传统“再生”出来的（萧凤霞，2003）。毋宁说，这是原本“蛰伏”了的祖先崇拜重新“复苏”（谭同学，2010：376）。程守德等人组织续修族谱的活动也开展得异常顺利，甚至连镇干部都“眼红”其动员能力。而实际上，其根本原因是绝大多数村民有浓厚的祖先崇拜意识。当然，祖先崇拜有如此“顽固”延续的一面，并不意味着它从来都没有发生过变化。较之于祖父辈，当下程村人的祖先崇拜已经弱化了许多。

除了祖先之外，不少程村中老年人都会用“举头三尺有神明”的说法，来说明各式各样的自然物都值得信仰。在这方面，从日常生活的衣食住行看，与村民关系最密切的各种故事莫过于关于“风水”的说法。从“古村落”来看，其整体布局便说明程村人的祖先非常看重“风水”的理念。有关“风水”的信仰，即使在“阶级”话语满布村庄的时候，显然也没有被村民彻底抛弃，只是不公开说而已。1990年代起，农民以单家独户为单位讲究“风水”，不仅破坏了村庄整体的“风水”，最终也破坏了自家的“风水”。此外，佛、道、神汉、神婆乃至普通路人，都在某些场合下可能被程村人认为可以与“各路神仙”进行沟通。甚至于，即使在原本只允许唯物论存在的基层“官场”，因为不少干部相信“官运”的说法，为求好“官运”而崇拜神明，也非鲜见。

除了“风水”、神明，在程村人眼里，“报”也是自然空间与时间中弥散着的一种神秘机制。“报”有各式各样的，但基本的预设和“心”正与否有关。在亲属网络领域，“报”是比较具体的，即“报恩”或“报怨”。在亲属关系以外，它则还牵涉“报应”。当然，村民在某种程度上既相信“报”，又并不完全相信。同时，在金钱、权力主导的社会关系中，他们并不能指望“报”改变太多的东西，以让社会更公平。但正如程守德评价程成仁，至死都不信“报”，是很不幸的。因为不信“报”，心里便无法平衡。

另外一些村民（主要是中老年女性），选择了制度性的宗教，如基督教。从自我认知和表达上来说，此类村民都认可自己是基督徒，而不是冒充的身份。但是，若从信仰实践的角度看，其改信基督教以及信仰基督教之后的具体行为，却又有相当多其他因素夹杂在其中。1990年代，尤其是1990年代中期起，才有一部分中老年妇女开始改信基督教。她们的改信，无一不是发生于人生面临重大挫折、变化之时，且与“病急乱投医”式的“灵验”体验有关。可以说，“苦难”是她们走向宗教的社会基础之一，但并非“苦难”本身直接将之推向了宗教，而是在她们必须单家独户甚至个人面对“苦难”时，才真正距离宗教不远了（基督教只是其中的一种选择）。再加上，在男权主义仍比较盛行的农村地区，女性，尤其是中老年女性，在家庭中相对处于弱势地位，这使她们成为对“苦难”最敏感的人群。[①] 这一特点让她们在所有的宗教实践环节中，都带上了“不纯正”的色

① 与此类似，现代女性主义对传统宗教人类学较少关注女性提出了尖锐的批评（鲍伊，2004：109）。

彩。只不过，因为这种行为太过普遍，人们不得不容忍了这些“杂质”。[①]这个宗教“市场”的出现，如斯达克、芬克所强调（2004：44—45），与“供给方”经营得好，吸引到更多潜在“顾客”——信徒有关，但同样绝不能忽视，需求方的角色可能更为根本。而且，在农民的宗教实践中，客观的社会张力与主观上的左右为难有时还会导致新的尴尬。如同佛、道等“三教九流”一样，基督教亦似不可能轻易地在心态上彻底为农民消除悖论。

相对而言，农民似乎更愿意相信“命”的说法。在他们看来，“命”形成于神秘“上天”的主观安排；人无法改变“命”，而只能改变些许“运”，但也有限，因为“运”从根本上受制于“命”。同时，他们并不认为不同的“命”会有同样的人生结局，相反，外界的世事无常只会让不同“命”者的人生结局，差别越来越大。可是，在“命”定条件下，人们还得竭尽全力给自己有限的生命，也即人生，赋予意义。这种悖论在不同类型的村民人生中，均可见一斑。不乏村民认为，程守义的财富是“命”中注定有的。他原本和程成仁一样，专注于乡村政治，但一场挪用公款的风波以及接下来程成仁有意的挤对，让他因“祸”得“福”。与程守义相对比，程成仁也并非没有能力，但在世道激变的情况下，他所有的努力最终只给自己留下一个残缺的晚年。程成信无德而有“福”，唯一能让普通村民认可的“合理”解释便是，他“命”好。而程成信本人不信“命”，却很相信“运”，以至于“吃国家粮”后，他开始热衷于修“香火堂”、拜“太公”和菩萨，注重“风水”。“命”与“运”之间充满悖论。但人生平平的普通村民在力图调和无德有福、有德无福、有德有福、无德无福等人生“命运”现象之间的张力时，有意无意地忽

① 无独有偶，也有研究表明，信教动机混杂往往是常态（参见 O'Dea，1970：243；约翰斯通，2012：87）。

略了这其中的悖论。

对于人生意义，程村年轻一辈无疑与祖、父辈的看法有巨大的差异。他们早已不把过上温饱生活当作人生有意义的标志，而有了更高的要求。但是，让人惊异的是，不少年轻人的人生却又在某种意义上，正在重复着祖、父辈的故事。在常人眼中，当了老板的程福稻按说不缺钱花，但他却清晰地知道，赚钱并不能为其人生找到足够的意义，甚或感叹“心里空空荡荡”，因而对佛有兴趣。可是，尽管感叹“日子过成这样，真没意思”，他却并没有任何中断这种生活的意思。普通年轻人则更倾向于认为，“钱不够花”“没权没势”的人生缺少意义，“没劲”“少点什么”，认为当下农民有“命”但没有“脉”。那些从中学刚刚毕业的、更年轻的村民，更不愿意谈长远的将来，认为人生意义的话题对他们来说太“沉重”，“穿越”官场小说所塑造的另类人生才有意义。当然，也有村民如程敬修，看穿了人生意义本是一场“空”的“把戏”，而采取了无所谓的犬儒态度，以“晃悠”的方式打发人生。可是，要做到“目空一切”似乎并不容易，程敬修也对社会不公仍有诸多激烈的批评。既已认定人生意义本是“空”的，批评却如此激烈，这又何尝不是另一种悖论。

六、人生

从人生历程的角度看，小农无不深深嵌在经济、政治、社会和信仰等结构性因素当中。而且，这些结构性因素本身不是静态的，而是历史积淀的结果。

在经济方面，中国小农几乎耗尽了所有农业剩余补“工”，却在未得到“工”的反哺之时，快速进入了“农”“工”不平等的市场体系。在自然、市场面前，单家独户的农业风险剧增，不少小农的低迷人生由此被“注定”。而“你不种，人家会种”的格局，则又使得竞争更加无序化。它虽发生了资本密集化的“隐性革命”，但远未构成真正的“历史性契机”。在“半农”与“半工”的摆动中，“半工”的作用主要在于提高收入水平，而“半农”则是小农家庭降低生存风险、保命的底线。小农从“被土地束缚”的状态转向“半农半工”，“消遣经济”也转向了满足不断膨胀的欲望“需要”的“消费主义经济”。他们“拼命”地榨取土地资源，但悖论在于，纷纷提高生产效率，实际效果却是“同根相煎”。即使小农把握住了极其稀少的机会，实现了资本积累，脱离了“农”，而彻底转为“工”，却也并不见得能更好地化解以“消费”为中心的经济悖论。当资本积累进入每天不是“算计”他人就是防止他人“算计”时，空虚就产生了。而且，这种空虚并不能阻止“消费”欲望，反而会使之加速膨胀，甚至滋生出只在乎“消费”那一瞬间体验的心态，分不清哪个是真实的“我”。[①] 这种欲望也深深渗透到了基层政府的行为逻辑当中，“发展”由手段变成目的，以“断子绝孙”的方式“千方百计为子孙后代谋发展”的悖论随之产生。

在政治方面，乡村基层告别“双轨”及“长老”，追寻现代“民主”，无疑是其主线索。但在“人民当家做主”的政治框架下，普通农民却以一种拟制亲属关系和伦理政治的想象，将此视作“父母官”“为民做主”的表现。后来的村民自治，无疑更加贴近现代意义上的程序“民主”。不过，在以“半农半工”的混合经济为基础的中度发展地区，普通农民注意力最集中的事情并非村务之治理，而是依然寄希望于政治精英“为民做主”。同样，镇级治理也严重依赖于“掘地”。通过包括上访在内的办法向一层高过一层的官僚体系“讨说法”，便成为普通农民的重要选择，可惜大部分普通农民并不谙熟

① 这种由对比而产生的欲望本质上是“模仿的欲望”（基拉尔，2006：17），或者说是一种系统结构强加于人的“仿真”（波德里亚，2006：115），而并非真实的社会日常生活需要。

“抵抗的艺术”，常以失望告终。另一方面，基层官员本身日子也并不好过，他们在“官场”中个体竞争不力，便转而依靠亲属，尤其是同学、战友、老乡和拟制亲属关系，或借由资本作为中介形成的利益网络，“互惠”而成派系，以满足相互间的信任与“默契”。这不仅与现代“民主”精神相悖，而且作用有限。“官运”仍是他们难以摆脱的一个“紧箍咒”。

在社会层面，近代程村宗亲内部确实存在贫富分化，但社会分层标准并不只有财富。在家庭内部，父权和夫权居主导地位，强调孝道中心、忍让、勤俭等，也与老一辈学者的分析大体相仿。当“阶级”话语进入乡村社会后，它将政治身份和权力在社会分层中的重要性提到了空前的高度，但它远没有达到将乡村社会彻底“细胞化”。农村改革后，财富作为一种社会层级结构的标志受到了人们的重视。1990 年代后，社会分层更趋向于财富单一标准，优势群体获取财富的方式也发生了重要的变化。在心态上，社会分层中居不利地位者，逐步产生了一种“富人所得正是自己所失”的“零和博弈”看法。在核心家庭内部，“温情脉脉”仍是主旋律，因此不宜笼统地用所谓的“个人主义”或“自我阴影之下”来概括农民的人格。货币以冷冰冰的方式，快速地渗入了家庭之外的社会关系中。不过，农民仍在有意无意地尝试着将“冷”与“热”、“表达性”与“工具性”、“使用价值”与“交换价值”、利益算计与“义气”等原本截然相反的维度糅合在一起。当然，悖论也就在于，要想将这些完全相悖的因素很好地糅合在一起，做到“八面玲珑”，并不是一件容易的事情。于是，悖论的张力常会以充满讽刺、尴尬、犬儒抑或直接冲突的方式显现出来。

在信仰方面，在程村农民各式各样的信仰变动中，祖先崇拜的变化最小。民间信仰，如“风水”“报”等观念，依然常被村民用来解释、安排自己的居住空间和人生。不过，在民间信仰与地方社会相结合的过程中，国家始终是在场的，排斥国家的“市民社会”并不存在。反过来看，国家对民间信仰的影响也有一定的限度，既没有能够真正做到以唯物论替代祖先崇拜，也未能让农民整体地放弃民间信仰。反倒是作为“制度性宗教”的基督教，在乡村社会出现了一个快速传播的过程。在“核心家庭本位”的乡村社会结合机制下，农民家庭在遇到人生不利境遇时，诉诸国家、宗族甚至大家庭而都不得，导致中老年妇女基于“过日子”的逻辑，选择了基督教。此外，的确也有部分农民认为，享用物质、及时行乐即是人生意义，抑或感觉生活“没劲”、有“命”无“脉”，长期犬儒。甚至于，在基层“官场”中也弥散着此类心态。但是，由此就急于断定当下乡村社会中人们的信仰已经彻底“坍塌”，普遍陷入“虚无”，显然还是太过武断、片面。虚无和超越这两个截然相反的维度，在当下农民的心态中同时存在，构成了其人生意义上的重重悖论。但是，悖论也为人们以犬儒或者包容的方式，将日常生活好好过下去，提供了基本的理由。

一句话，当代中国农民身处的经济、政治、社会和信仰等环境都结构性地出现了悖论。不过，农民绝不只是被动的结构性存在。相反，他们对身边的经济、政治、社会和信仰结构，以及自己的人生，有一整套充满主观能动性的解释和态度。

这里说的主体性、能动性，不是从由哲学角度将人与（动）物相对的抽象意义上来说的，也不是从由心理学角度将所有中国人与潜在的外国人相对意义上来说的。在乡村社会的田野工作中，当我们去追踪、阅读农民的人生、欲望与社会心态时，尽管所有的人生经验都不是孤立的，而是人与人在社会结合中互动出来的，却总会比较具体、带有情境。而若论及以人生经历来陈述其所处时代的政治、经济与社会文化状况，其渊源可溯及太史公司马迁以本纪、世家、列传的手法写史（司马迁，2013）。从文本来看，《史记》就是一部由人生史汇聚而成的历史。它最终呈现出来的当然绝不只是无数个体的人生故事，而是一个有机整体。这部由人生史入手写就的历史，主旨在于通过“究天人之际，通古今之变”（司马迁，2014），追寻“正统”，也即政治合法性的奥秘，为“苍生”，也即普通人的人生，谋福。

近代，陈寅恪试图在司马迁式人生史学对“正统”的关注，与融入了现代史观的人生史书写之间，架起一座桥梁。其所著《柳如是别传》叙述的主线索，即是明末清初名媛柳如是的人生史（陈寅恪，2009a）。崇尚“人文史观”的潘光旦（1994：327），运用社会结构与性心理分析相结合的方法，考察了明末女子冯小青短暂的人生史（1993：1—66）。其弟子费孝通继承了他由社会结构与文化相结合的手法，用以分析人生欲望，认为“消遣经济”下的传统式中国农民对待人生有“知足常乐”的心态（1999g：387）。这里所说的“足”，并非人的欲望全部都得到了满足，而仅仅是满足依靠勤俭文化训练出来的、得到了部分限制的欲望（梁漱溟，2006b：177）。人们在人生上注重“向里用力”，强调反省、自责、克己、让人、学吃亏，以及勤俭、刻苦、自励与进取（梁漱溟，2006b：177—181）。麻国庆具体分析了儒家文化在塑造家族社会时，所形成的“类中有推，推中有礼”（1999：219）、“类以群为本，推以家为轴”的心态秩序（2009：73）。王铭铭在考察人生史时，则主张重在把握生命的意义，这个“生命”既是个体的，也是社会的、世界的（2010：7），而非与社会相对立意义上的个体。[①] 吴飞从（自杀）“死亡”的角度，

---

① 王铭铭还建议，选择一位重要但不是路人皆知的“非常人”为对象，研究其整个人生（2010：5），并以司马相如的人生史做了一个分析示例（236—339）。这无疑有其洞见。不过，笔者在本书中并未完全遵从这样的建议。其考虑有三：对当下存世者的人生史考察，难以划出终点；社会结构、文化与心态都是逝者与生者不断接续的过程，似不必强求以人生终结划界；人生及其所涉的社会结构、文化和心态都是众人互动出来的，同时考察具有互动关系的多个人生史或可能更有社会立体感。

考察了“过日子”在人生史中的意义（2009：117）。

当我们将目标聚焦于人生史及其意义时，不难发现，从文化“理想型”视角看，儒学为传统中国人生树立的最高境界是“圣人”。“圣人”的人生哲学不仅在自己“诚意”“正心”，而且上与“治国”“平天下”，下与“修身”“齐家”都有密切的联系（朱熹，2011a：5）。从先秦封建时期至唐中期，农民在很大程度上依附于贵族或残余的门阀（陈寅恪，2009b：260；杨联陞，2011：1—58；田余庆，2012：315—320）。从宋代开始，乡村基层共同体进入了一个平民化的阶段（许倬云，2006：175—176），商品经济日益发达、土地兼并活跃（梁庚尧，2006：176—190）。面对人们物质欲望快速膨胀的社会现实，理学给出了限制“人欲”、彰显“天理”的方案（朱熹，2011b：79）。而宋、明、清代建设乡约、宗族等，则是将它制度化并加以实践（吕大钧，2011：188—191；王守仁，2011：132）。至近代梁漱溟从事乡村建设运动时，乡约的“圣人”精神仍备受重视。①

也就在这个时代，中国思想界发生过一场科学与人生观大论战。崇尚西方“先进”文化者认为，科学认知可以导出正确的人生观，只有实现个人民主、自由，才是好的人生（丁文江，1997：44）。若追溯源头，欧美这种崇尚个人的人生观，则与基督有关。在基督文化下，人被认为有“原罪”，人生获得意义的过程首先在于寻求基督拯救，并且在“末日审判”中得到最终裁决（奥古斯丁，2009：169—171）。当然，当代中国农民基督徒毕竟是少数，西方文化对其人生的影响，更直接地来自于世俗化的大众文化。在思想渊源上，它所宣扬有主体性的人是不再有“罪”感的“俗人”。最极端也最有代表性的名言莫过于“上帝死了”（尼采，1989：1）。在世俗化哲理中，不管是马克思激进的“政治斗争”哲学（2000：62），涂尔干各

① 以至于梁漱溟被称为“最后的儒家”（艾恺，1996）。

安“天命”（分工）式的“职业伦理”（2001：9—12），还是韦伯的个体“责任伦理”（2004a：272），抑或齐美尔略具悲剧意识的个体“生命伦理”（1991：44），自近代以来在中国都有一定的市场。此外，参照那些批判当代社会病态的理论，我们不难发现，它们所影射的“病人”在当代中国乡村也不乏踪影。例如，法兰克福学派的代表人物之一马尔库塞曾批判道：当代人“不再想象另一种生活方式，而是想象同一生活方式的不同类型或者畸形”（2006：55），拯救这种“单向度的人”的希望在于流浪汉、局外人、失业者等边缘群体——“大拒绝的人们”（234）。他引用本杰明的名言做结论：“只是因为有了那些不抱希望的人，希望才赐予了我们”（马尔库塞，2006：234）。后来，福柯更激进地认为，在无孔不入的权力规训下（1999：219—255），具有主体性的“人”也“死”了（2010a：26；2010b：97）；波德里亚则认为，资本在满足人的基本欲望后，会大规模制造欲望（2006：45），使得消费进入无主体性的“仿真”状态（103）；Derrida 表示，在“逻各斯中心主义”中（2001：246），做得多、错得多，劳动“终结”之日才是有意义的人生开始之时（236）。然而，在齐泽克、Lacan 看来，这一切都是徒劳：在资本制造的“幻象”中（齐泽克，2014：144），“自我”只是“精神错乱的主体”（Lacan，1988：66），“病”若不除，人生意义将只是奢谈。

当代中国农民的人生，与“圣人”相比无疑是俗的。但若让其自认为“罪人”，则也不易，倒是“俗人”更受欢迎。然而，强调“俗人”“私”欲，任其无限膨胀，则又易变成“病人”。究竟如何在俗世中安顿人心，确立人生的意义，获得好的人生，仍是一个开放的问题。

从本书“文本”部分的经验材料来看，几乎每个农民的人生史都充满了变化，有的甚至还很剧烈。不少农民对人生做出选择，不乏彷徨、矛盾和悖论。在本章经济、政治、社会和信仰等维度的理论“有色眼镜”透视下，也不难发现，农民人生选择中的彷徨、矛盾和悖论并不是简单的个体心理习惯，而是有着深刻的经济、政治、社会和信仰根源。由此，在反思农民人生史的时候，立足于他们自己看重的日常生活“哲学”概念，从人与物、人与人、人与心、人与国、人与史、人与命等角度审视这些悖论，对其中同时存在的、两个相反的维度，必须予以同等重视。

第九章　天人之际

一、物理

对于如何处理人与物的关系，乡土社会中的农民有一套自己的道理。从农民的人生史看，这套道理虽然远没有达到“存天理、灭人欲”的“圣人”标准，却大致可以“知足常乐”或“天人相协调”概括之。有了“天人相协调”的世界观，有了“知足常乐”的心态，即可顺理成章地主张尽可能地适应自然本身的规律，对之加以利用，以满足人的需要。这固然有其客观原因，譬如利用大自然的科学技术手段不足，但也有主观原因，即主动调整自己的欲望，以适应大自然能提供的可用之物。

这套对待物的道理，在土地利用过程中有着鲜明的表现。农民并非没有得到更高产出的欲望，但依照传统却秉持一种观点，即土地与女人一样，只有得到一定的养护，才能有更好的产出，而不能无限制地榨取。在土地可持续地依照自身规律得以养护、提供产出，与农民提高产出的欲望之间，毫无疑问有矛盾。为了尽可能地化解这一矛盾，农民做出的文化选择是勤俭，即一方面抑制欲望，另一方面投入更多的劳动力，以尽可能地在不破坏土地自然循环能力的前提下，满足自己的欲望。这种经济，在现代经济分类中属于小农经济。这种文化，也便被现代人认作为小农文化。或许不无争论，但也并非全无道理，正是因为有了“天人相协调”的世界观和“知足常乐”的心态，那些破坏自然自身循环原理的科技即难以成为人们追求的重要对象。[①] 如果不顾土地自身循环的规律，拼命榨取，一是可能遭到自然惩罚，未必能得到好生活，二则从道德上被认为“心术”不正，有违人们待物的道理。

一旦人口多起来，主观上不愿、客观技术上也不能压榨自然之物，物质财富的调节就变得十分重要。农民或许并不懂得太多“圣人”之“礼”，但并不代表他们不懂得“圣人”之“理”。其应对之策有二：一是尽量不将与他人攀比财富作为自己人生意义的核心内容；二是依据人伦原则相互周济与扶持。前者针对欲望结构的调整，后者针对自我与他人的关系。强调兄弟互帮互助有好“报”的故事，从客观功能上说即是农民以人伦关系，合理解决其在物的方面面临的困境。当然，此类应对之策的效果也不应被无限夸大。事实上，宗亲内部的财富分化终归是明显的。从这个角度而言，通过“革命”改变物的关系，同时也即人的关系，并不是没有基础。只是，它并不是农民改变人与物的关系所持之常理。

可是，农民这套对待物的道理终究还是受到了根本上的挑战。征服自然，并借此征服他者，作为一种“先进”的待物之理，成为摆在追求“先进”的现代知识分子面前的“事实”。一方面，农民在现代科技的帮助下，利用物的效率确实大幅度提高。具体而言，通过改善水利条件，采用更好的种子，农民改造自然的能力显然大大提高。这虽是改造自然，却仍是循自然自身之理为之，是值得肯定的。农民对物的欲望有了进一步的增长，但仍是在适应物的自然规律条件下增长。不过，事情也出现了走过头的一面。自上而下推行的一套新的待物之理，出现了违背自然规律的倾向。其中，“人有多大胆，地有多大产”的说法即是最典型的例子。其背后折射出来的，

---

① 以至于，改造物的科技在达到一定高度后，即发展缓慢下来（李约瑟，1990：18）。

是一种对物超常的欲望。

除了少数政治精英无保留地接受了这种待物之理外，普通农民并不认可这种人与物的关系。甚至于，他们完全知道这种欲望所支配的待物之理，是错误的，也是损害自己利益的。但在“集权”体制下，迫于“阶级”话语压力，即使有不同意见，却也少有人敢发表出来。实践证明，这种“超自然”的欲望以及对待事物的道理，最终带来了灾难。不得已，“三级所有、队为基础”之后，农民正常待物的道理才又受到尊重。不过，农民的“私”欲并未同时得到尊重。由此带来的问题是，对物的生产回归了理性欲望，开始尊重自然规律，也即物的自然之理，但对物的分配，也即物的社会之理，仍倾向于抑制家庭和个人之“私”欲。

在家庭和个人的“私”欲得到肯定之后，原本依靠自上而下推动以征服自然的欲望为基础的、“先进”的待物之理，终于被农民主动接受。受到鼓励的“私”欲被运用到待物的道理中后，出现了一个在物质上，而不是在道德上“比上不足、比下有余”的攀比过程。新涌现出来的物质财富确实在相当程度上满足了农民这种欲望，且在物质标准差别并不特别严重的状态下，无论是富者还是贫者，均能以积极的心态面对。不过，不管怎么说，“知足常乐”的心态还是在农民日常生活中，而不是在此前那般自上而下的政治动员中，开始受到挑战。越来越先进的利用物的技术迅速被运用到待物之理中，典型的如化肥、农药投入剧增，成为农民向自然界索取更多满足欲望之物的重要手段。

进而，在物质标准上，不同农民间、农村基层政府间的差距日益显著时，“先进”对“落后”的压力急剧增加。对于农民，这成了人生意义的主导内容。对于农村基层政府，这成了最核心的“一票否决”。与此相对应，人们对物的欲望急剧膨胀。作为公共事务治理的主导力量，基层组织的逻辑却变成了“政商”。可是，在中度发展地区，“政商”并没有更先进的利用物的技术，可以在并不违背物的自然规律的前提下，满足急剧膨胀的欲望。相反，“政商”与农民处于相似的“技术”水平，主要的手法也是“掘地”。由此，“政商”的实践陷入了悖论，为子孙后代谋发展，在某些时候却是以“断子绝孙”的方式在推进。发展原本是为了人而去创造更多的物质财富，但因为欲望过度膨胀，其结果在基层实践中表现为，让人以牺牲健康甚至生命为代价去将就物。

农民和基层干部对此并非没有反思。但其反思却是有限度的，即以不牺牲自己的欲望为前提。基层干部反思，但绝不主动改变此格局，且在上下级间围绕着物的利益，形成了一个压力场。如此一来，为人的发展在某种程度上成了为物的“发展”，与此标准不相符的基层官员被更适合它的官员替代，谓之“不换思维就换人”。其实质则是经济体系根据资本取得利润的需要，来选择主体，是典型的“人挡杀人，佛挡杀佛”的逻辑。农民对这类欲望超常的现象也不乏反思，但在自己的土地上，却也照样压榨土地，而并没有比基层干部更珍惜土地。甚至于，不少农民还越过道德底线和法律限制，力争获得更多财富。在物和德的标准面前，物的标准占据了主导地位。德虽非完全不起作用，但逊色于物的重要性。

既然得到更多的物作为一个目标的重要性，超过了道德评价乃至法律限制的重要性，不同的价值也就被拉平了。因为，这意味着在物的面前，人人“平等”。只不过，与法律面前人人平等略有不同的是，以物为中心的平等，不仅意味着“私”欲得到肯定，而且意味着包括法在内的规则也不如物重要。那些绕过土地、环保法律的非正规经济，正说明了这个对待物的道理。在这里，“存天理、灭人欲”不仅得到了最彻底的反思，而且在肯定“人欲”之后，甚至完全颠倒了过来，“人欲”即是“天理”。此间，反思这种新的“天理”者，即属于“落后”“呆板”“不懂得变通”，甚至是“封建”反动，而肯定者则是“以人为本”、符合“人性”，居于“先进”之列。

可是，作为物的符号的货币，其特性除了体现为盈利和拉平所有价值之外，还有重新制造等级的功能。只不过，这种制造方式是以它自身为媒介来进行的。这表现在年轻农民对时尚和审美的判断上，即货币不断地告诉人们，什么才是时尚，什么才是美。这里所谓的“时尚”和“美”，在此前、此后都不会被认为是“时尚”和“美”。在一轮又一轮的“时尚”及附着于“时尚”的“美”当中，拥有足够货币，居于引领位置者，方是社会中的佼佼者。从这个角度说，货币一面在摧毁原有血缘的、农业审美的社会等级，趋向“人人平等”，另一方面又无时无刻不在制造新等级，让富者和贫者以物为象征，相区别开来。又尤其因为“半农”“半工”经济的影响，绝大多数农民虽能满足温饱的基本欲望，却从根本上被决定了不可能十分富裕，达到满足引领潮流者所制定、宣扬的欲望标准的要求。由此形成的社会压力，使得寄希望于在常规劳动之外暴富，成为一种常见的心态。

笼统地说，这或也可称之为“拜物教”或者“拜金主义”。但实际上，与它们有所不同的是，这里待物的道理，崇拜的并不是作为实体的物或货币，而是欲望。例如，在说粤语的过程中加入几个蹩脚的粤式英文单词，从直接关系上看并无关乎物或货币。它并不能让粤语在客观的、物的意义上变得更动听，也不意味着花更多的金钱才能买到这样的发音。但是，它暗示着一种社会等级，让不会在粤语中添加英文单词者，让听不懂的年轻农民，认为自己的人生白活了。这即一种担心自己“落后”，追求“先进”的欲望。它顶多是一种物的象征，并不与物、货币直接相连。对欲望的膜拜，无疑需以物为基础，但它更是一种不对等的感觉。在欲望取得宗教般地位的社会中，大部分人爱钱，因为它是物及其背后所代表的欲望满足的象征，但也不乏有人爱性爱、爱毒品，甚至爱花钱的瞬间感觉。

这表明，对欲望的崇拜是一样的，欲望的内容却可以不同，“拜物教”或者“拜金主义”只是诸种以欲望为中心、对待人与物的关系的道理中的一种。

在这个过程中，乡村社会中的政治、经济和文化经验行为实践，而非口头表述，具有重要的示范意义。若其践行的待物之理以“私”欲优先，则即便口头号召他人正确处理人与物的关系，普通农民也必然偏向“私”欲优先，并同时反思精英们“说一套、做一套”的说教。其实践中的待物之理与说教中的待物之“理”完全错位，正如实践与解说原理不相干的巫术。这套“巫术”驱使着绝大多数的普通农民，理直气壮地跟着“先进”的“私”欲，以物欲满足与否为标准，衡量自己人生的成败。人与物的关系，原本是将物内化，再通过实践外化、客观化，只有在产生了过度的物欲，并使之成为奴役人的力量之后，才是异化。而在总的社会格局，即人的欲望普遍扭曲的情况下，无论怎么做人，只要其行为外化，就很难摆脱畸形化、悲剧化的命运。当事人若缺乏反思，往往反倒乐在其中。这是其人生悲剧中最为悲哀的地方。

不过，好在绝大多数普通农民的生活“哲学”毕竟离不开日常生活实践，由此就难以完全回避将日常生活好好过下去的反思。农民对物的欲望尽管膨胀起来了，但为了未来，包括子孙后代未来还能把生活过好，就必须适度克制欲望，而不能任由自己被欲望吞没，完全为物所役。由此，即使有的农民沉迷于性欲的满足，但也可能为子孙后代而对之予以克制。在“掘地”的过程中，农民也在反思究竟该如何把握尺度。农民虽也可能变成没心没肺的“奸商”，但毕竟大体上还保留了一个不能“断子绝孙”地故意在食品中下毒的禁区。那些受了更高教育的城市经济精英，在最符合现代经济学理论的股份公司里，在牛奶中下毒，即被认为比一般的农民“奸商”丧心病狂得多。在此类大恶面前，农民那点图小利而产生的“奸诈”

和小“恶”，简直就是非常的“善良”。由此可见，“人欲”即“天理”的公式，作为一套新的人与物的道理，以及“私”欲优先的现代经济学巫术，并没有把农民彻底吞没。对于人与物的关系，农民部分地放弃了老道理，也部分地接受了新道理，但都不彻底。农民处在了两套道理的张力之中，张力不可避免使之陷入悖论、彷徨。由此，在人与物的关系上，任何只强调农民某个单一维度的说法，可能都不能准确地反映其因两面性和反思，而产生的焦虑与彷徨。

二、治理

有限之物，在与欲望满足有冲突的情况下，如何进行分配，也需要有一套道理作为依据。这套道理的权威化，即是政治的核心内容。[①]通俗点说，即是“治世”需有其“理”。依据“圣人”之说，如理学，“礼”也是治理世界的道理。在乡村基层政治中更是如此，国家正式官僚体系并不直接进行控制，而是将之交给了农民以宗亲网络为基础“自治”。“自治”当然是在意识形态上和律法上都遵从国家的前提下，展开基层政治，而绝非国家控制之外的独立“王国”，甚至与国家对抗的“公共领域”。但是，“自治”毕竟不是国家正式官僚体系强力管治，而是软性的间接治理。由此，其理想形态可谓“礼治”。也即，乡村基层“小传统”与国家上层的“大传统”一样，[②]强调政治的基本依据是“礼”，但比之于上层官僚政治更少依靠强力和律法。

在农民的人生史中，呈现出了比理想型的治世之理更复杂的实践面貌。在宗族主导村庄政治的时代，因为财富上的差别，部分富

---

① “政治”也由此被人定义为“价值的权威性分配”（伊斯顿，1999：26）。

② 参见 Redfield（1958：70）关于“great tradition”和“little tradition”的讨论。

裕村民在宗族中有更多的发言权。若从严格意义上说，村庄政治也并非理想中的依“礼”而“治”。但是，“礼”在村庄政治中的参考作用还是非常明显的。出人头地者依据人伦之“礼”给予宗亲以政治上的庇护，其故事能流传至今，让人不难想象这套道理在当时的村庄中确实有主导性的影响。同时，在村庄内部纠纷处理过程中，依“礼”而“治”也显然是被广泛认可的道理。至于在超越村庄的层面，则已然发生了重大变化。国家在乡镇层面设立了官僚机构、公办学校，其权力的触角正在试图向下延伸。只不过，其规模和深度依然十分有限。而且，从根本上说，基层官僚机构仍无法完全按照它原本宣称的新政治原则，依据国家之法，而进行民主治理。相反，无论是征粮还是派丁，都仍是依靠宗族权力推进。既然这两项最核心的国家目标尚且如此，针对“愚穷弱私”的其他诸多“先进”目标就更无从谈起。公办小学是唯一的例外，但因能吸纳的农家子弟甚少等原因，那些在其中勉强脱盲或仍是半文盲的村民，并未能够将民主、民权的道理，带入到治村（世）的过程中去。

依“礼治”之理而居于乡村政治乃至社会边缘的村民，进驻村庄政治舞台中心，也并不意味着就必然彻底颠覆基层政治中“礼”的逻辑。真正从根本上尝试颠覆“礼治”之理的，乃是“阶级”话语及其主导的国家权力下乡过程。“阶级”话语讲述了一番新的治世道理，国家主权是人民的，人民当家做主同时即需要与妨碍这一目标的“敌人”，如封建地主、资产阶级，做斗争。若将“阶级”话语的治世之理概括起来，即是“人民民主专政”。有鉴于新的国家建构过程曾经历百余年艰难历程，此番治世之理自然有其深刻的历史根据。而且，在乡村基层政治实践中，从总体上它也得到了最广泛的接受和支持。

但是，现实的复杂性在于，即使在阶级“敌人”已被消灭的前提下，治世总是得依靠官僚机器。当国家权力的触角延伸到农民家门口甚至家中之后，尤其如此。官僚机器成为深入乡村、整合乡村社会的力量，即可能发挥正负两方面的作用。在正的方面，它超越了宗族依据人伦关系覆盖治理范围不大的村庄，更好地贯彻国家目标，以适应世界范围内以国家为单位从“落后”向“先进”竞争的需要。在乡村水利建设、教育普及、医疗卫生条件改善等诸种需要超越村庄范围的合作和建设方面，它很显然带来了超常的治理绩效。可在负的方面，它终究未能克服官僚机器理性化带来的官僚主义。在乡村治理中，出现了干部唯上、粗暴甚至谋私利的问题，与人民当家做主的治世之理严重背离。“阶级”话语循其固有的“敌我”区分之理，鼓励更大范围内针对理性官僚主义的政治斗争。既然是针对理性官僚主义，打破程序化设置，让更多“人民”当家做主、打倒“敌人”，也便成了顺“理”成章的选择。

而更复杂的地方还在于，一方面，官僚机器的理性几乎是固有的，若不理性，就不称其为官僚机器。无民主限制即有官僚主义，但民主突破程序化限制后，却将理性化官僚机器所具有的正面社会治理功能也破坏了，其结果并不能得到善治。随之，无论是干部还是普通农民，并不能在此治理格局下获得理想的人生。另一方面，所有官僚机器里的人都是活生生的，有其情感和欲望，有主动选择应对治世之理的可能。高度认可此理者，力图变本加厉地实现自上而下的官僚机器目标，尽管可能因此在实际治理过程中，会破坏村庄团结，违背农民意愿，更不符合村民多少还有些认可的人伦之“礼”。但也有更加关注要把日常生活过好的人，对官僚机器实践的治世之理多少有些怀疑，而在无力公开对抗的情况下，采取了消极抵制的态度。在这个过程中，恰恰是“良心”这一容易被认为有点虚的东西，起到了关键的作用。[①] 而那些唯上、粗暴甚至谋私利的干

① 有研究表明，在更高层面的治理实践中，正是良知让部分官员在面对错误政策时主动选择了抗争、抗命，这对其个人而言则无疑风险很大（李若建，2010）。

部，则被普通农民谴责为“不讲良心”或“利欲熏心”。

“阶级”话语所述治世之理及其实践，使得普通农民在心态上对“自由”的欲望急剧上升。不过，在这里，“自由”并非抽象的政治原则，而是对具体治理实践的经验需求。它只不过是农民把日常生活过得更好一点的欲望，无关乎民主化、自由化之类的治世之理。对于普通农民而言，如果治理实践能达到这一目标，他们并不将区别“当家做主”和“为民做主”作为第一要务。因此，当“阶级”话语在乡村基层政治中消退后，绝大多数的农民对于村民自治，并没有显示出突发的热情。农民反倒是十分关心乡村干部的“心肠”是“善”或“恶”，因为依据他们对治世之理的想象，这将直接关系到干部们是否会“为民做主”，从而也就直接关系到乡村治理面貌的好坏。对于治世之理好与坏的判断，也由此不是与治理形式相连，甚至也不是与治理过程相连，而是更多地看治理结果是“善”或“恶”。质言之，若以形式论，农民所认可的治世之理或许并非民主，而只是寄希望于心“善”者“为民做主”，但若以实质民主来说，却不可否认这种“小农思想”中也有“当家做主”的欲望。

正因为农民有这种日常生活“哲学”，在乡村基层治理实践中，“阶级”话语消退也就并不意味着官僚机器在乡村社会中具有正负两面功能的问题会自然而然随之消失。因为，“阶级”话语消退，并不意味着国家权力一并退出乡村，更不意味着承载着“礼”的乡村社会内生权威，就会自然而然重新兴起。事实上，乡村基层官员仍在平衡着官僚机器的两个维度。

一方面，基层官僚机器被赋予了更大的自主空间，以组织本地资源谋发展，而不是完全按照计划指令行事。无论是从公的层面，还是从私的层面，物质欲望都得到了肯定。财税制度的实践以及以经济指标为核心的政绩考核过程，即是重要表现。计划生育和财税任务虽然同样都在“一票否决”之列，但为了后者，前者可以由目的变为手段，原本是手段的计生罚款反倒变成目的。这不能不说是基层官僚机器为了自我利益，而做出的一种变通。

由此，基层官僚机器也就有了它的另一面。基层官员为达至积累政绩乃至谋私的欲望，而可能牺牲人民利益，既有违“民主”治世之理，甚至也有违农民寄希望的“为民做主”之理。尤其是在中度发展地区，“半农”“半工”的农村经济原本难以支撑得起基层官僚机器及附着于它的官员急剧膨胀的欲望，“掘地”便几乎成了其力图满足欲望的唯一选择。再加上，土地本身能带来的市场价值并不会太高，基层官员便极易倾向于以非正规的方式，如绕过环保、耕地保护、土地交易等方面的正式制度“掘地”。这既损害了公共利益，如耕地保护目标、土地交易税，也往往因压低征地价格而损害了普通农民的利益。作为实践此类治理之策的基层官员则或积累了政绩，或满足了“私”欲，少有人对基层官僚机器的两面性做出深入的反思。

脱离了人民“当家做主”和“为民做主”治世之理的双重限制，基层官僚机器在将发展由公共目的变为“私”欲手段之后，不可避免地面临着双重风险。其一，引发农民不满、指责甚至控诉；其二，上级官僚机器为矫正治理行为，对其进行审查甚至处置。复又加上基层官僚机器虽然理性，但基层官员却与乡村社会中的其他人一样，对私人社会关系网络存在种种依赖，基层官场中具有私人性质的派系应运而生，而其功能也有两个方面，一是满足公共治理所需，二是不可避免地夹杂“私”欲。派系的出现，使得基层官员既难有促进农民“当家做主”的动力，也难有“为民做主”的实际行为。

即使在村民自治层面，这种两面性带来的悖论也同样存在。依照民主选举、决策、管理和监督的“治世”之理，作为公民的农民既可以当干部，也可以让村干部代理自己治理村庄。但是，民主选举尚且不易，民主决策、管理和监督就更难。尤其是在核心家庭分散化之后，一旦村干部并不照此民主“治世”之理履行职责甚或损公肥私，愿意为公共事务去得罪干部、行使民主监督权者，便少之又少。况且，在基层官员仍需要村干部协助方能完成治理任务的情况下，即使有村民想行使民主监督权，如上访，能得到及时、有效支持的概率也不高。换句话说，村民自治亦是需要付出成本的。如果自治成本过高（不仅是金钱、时间成本，也包括破坏原有的社会关系网络），农民寄希望于心“善”者“为民做主”，又何尝不是一种不得已却成本极低的选择。

从基层官僚机器和村庄两个层面看，人民“当家做主”的治世之理在乡村中实践，或许还面临着形式创新的问题。农民并非不懂人民“当家做主”是一套民主的治世之理，但他们之所以还“固执”地希望心“善”者“为民做主”，可能不仅是因为缺乏民主教育和素质。至少就把日常生活过得更好的“哲学”而言，形式固然重要，却绝不比实质更重要。而当下的乡村治理实践，恰恰即缺少了农民所看重的实质民主的灵魂。从这个角度说，以道德色彩为标准的政治和对心“善”者“为民做主”的期望，或多或少留存了依“礼”治世的道理。在“小传统”中，农民强调实质民主，质疑程序民主。而在“大传统”中，持民主“先进论”者极端强调的，则正是程序民主。这种错位很难简单以对错论之，因为双方本身也是矛盾的。它们反映的不仅是当下的冲突，事实上也是转型社会中国家和政治的难题，也即治世之理的转换、错位与冲突。其轨迹注定了忽左忽右，走走停停，左顾右盼。国家既有以威权凝聚资源、排除分歧、快速追求发展的需要，也有完成自身转型，推进“魅力型”“传统型”权威转向世俗化、“法理”化的需要。[①] 处在夹缝中的国家和治理，面临着相当难以超越的内在深层结构性悖论，而乡村基层治

① 参见韦伯（2004b：303）关于权威类型的划分。

理实践面貌的复杂性及种种悖论，只是其中的一个缩影。

三、群理

人与人相处的道理，是所有社会关系中最直接关乎人的，也往往是社会和文化比较视野下特定社会和文化的重要标志之一。当中国学者终于深刻地认识到，我们的社会和文化并非世界唯一的中心之后，遂开始在中西或中外比较视野下反思自我社会和文化的特点。当然，也有学者尝试从中国内部多民族社会和文化互动的比较视野，来审视“圣人”之言主导和影响的社会与文化。不管如何，以人伦关系为参照，作为与人相处的基本道理，大体上被广泛认为是汉人社会的重要特征，则并无疑义。按照这套道理，不仅家庭内部关系以人伦原则相处，也可弹性地沿亲属、地缘网络扩展至很远的范围。甚至完全陌生的人，亦可以亲属人伦类推之。其道理背后的基本精神，也是“礼”。“礼”不仅强调要“克己”，更重要的是以人伦基本原则，处理相互之间的关系。其核心是关系的人伦化，而非仅仅是通常意义上的无私、高尚。因为，以“礼”论之，这本应是日常生活的常态，谈不上是格外的无私、高尚。

在多线条的农民人生史中，其与人相处的经验事实，虽然并非完全符合这套道理的理想形态，也即“礼”，但人伦原则作为人与人相处的基本道理，则处处有体现。首先，村民对人生成败的判断，就不单纯以自我为标准，而是将自我放在祖先与子孙的同一链条当中，以自我对这一整个链条是否有贡献为标准。其次，在家庭中，长者受尊，但也须承担更多的维持整个家庭运转的义务。凡符合此条件者，不仅被其他村民普遍赞扬，甚至也被认为必定有好“报”。与此类似，个人婚姻也不仅是个人的事情，而被认为须有利于整个家庭的发展与和睦。再次，在家庭之外的亲属间，尤其是宗亲间患难相恤，是许多村民在面临人生风险时所依赖的社会资源。最后，在社会层级关系上，也有类似之处。富裕、有文化及其他有威望的村民无疑更受尊重，但前提亦是此类村民须在宗族、村庄公务中尽更多的义务，否则即将被指责为“为富不仁”或“土豪劣绅”。那些游离于正常社会之外的边缘群体，如圩镇赌坊的从业者，一方面为普通村民所鄙夷，另一方面在此类群体内部却也参照人伦原则建立结拜兄弟关系。当然，人伦原则的弹性扩展过程，终究也有其限度。部分一贫如洗的村民陷入人生低谷之中难以自拔，宗亲中尽管不乏富裕者（后来被划为地主即是重要标志），却并不能因此而改变其艰难的日常生活。真正能在财产上日常性地互通有无者，主要还是限于近亲之间。

“阶级”话语进入乡村的过程，实际上同时也是新的与人相处之理改造乡村社会的过程。这套新道理旨在说明，人与人之间的亲疏远近距离不应该根据人伦，而应该根据阶级而定。如此一来，村民原来所持的人与人相处的道理，如重祖先与子孙同一关系、婚姻不自主，不仅被认为没有道理，而且属于需要根除的“封建”礼教。农民对这套新的与人相处之理，采取了选择性吸收的态度。在婚姻自主的问题上，虽然没有立即全盘接受，但确实未花太多时间就从总体上接受其核心思想，几乎在一代人之内就大体上完成了转变。这当然离不开国家权力的推动，但农民主动选择的作用也似乎不宜被忽略不计。否则，就很难解释为何国家权力同样还试图推进落实一些其他的道理，贯彻效果却并不太好。至少在重视将自己的人生放入祖先与子孙同一链条的整体中看待成败的道理，仍然在很大程度上为绝大多数村民所认可。在以生育男孩算“传宗接代”这一点上，农民则几乎是只认“死理”。在亲疏关系认同上，国家权力所贯彻的“行政”单位边界，如大队、生产队，确实对村民的认同产生了重要影响。同属一个生产队的关系，往往被认为比同属一个宗族（房支）的关系更重要。但与此同时，村民对“亲不亲、阶级分”的与人相处之理，却有诸多的保留。那些试图与“阶级成分”不好的亲属保持距离，抑或为在村庄政治权力角逐中向上流动而疏远亲属者，无一例外地被其他村民质疑不会做人，甚至道德品质有问题、私欲太盛。质言之，在“亲亲”的人伦原则上，“圣人”之语为农民从骨子里所遵从，并非来自强力维持，而是人生日常生活基本情感之需要。这一点，即使暴风骤雨般的“阶级”话语和政治运动要触动它，似乎也并不容易。

不过，在“尊尊”的问题上，国家权力主导的“阶级”话语则取得了明显的优势。在这方面，村民主动认同或不得不选择接受了新的与人相处的道理。在人伦原则主导的与人相处之理中，部分社会边缘群体原本远在“尊”之外，但在“阶级”话语下迅速地占据了乡村社会层级结构的上层，而原本位“尊”的宗族精英、富裕农民则瞬间丧失了这种优势。对于这一变化，绝大多数普通农民并没有不同的声音。但是，他们对于依据“阶级”话语而取得“尊”位者，如基层干部，事实上保留了类似于人伦之“礼”的道德期望。当部分基层干部为遵从上级政策，抑或为了私欲，而违背人伦之“礼”，甚至直接损害普通农民利益时，其在普通农民心中的“尊”位则被取消了。只不过，普通农民迫于“阶级”话语压力，并不至于群体性地公开对抗。而消极抵制，甚至个体性的当面批评，则并非鲜见。没有了真正的“尊”位后，这些干部也便成了普通农民心目中，妨碍人们获得“自由”的权力象征。

由此，“阶级”话语消退，在乡村社会中是绝大多数农民真心喜欢的变化。此后，依照人伦之“礼”与人相处，复又变为一种可以公开的行为。农民在计划生育政策下千方百计力图生育男孩，表现出了“香火”意识的韧性。家庭外的宗亲关系网络被重新激活，甚至还形成了宗族活动的回潮，如续修族谱、同宗祭祖等。在“尊尊”

的问题上，由于先富裕起来的村民致富手段大体符合传统的待物之理，而且乡村社会层级间的差距毕竟还有限，权力、经济和文化水平上的佼佼者都获得了较高的地位。

随着乡村社会层级间差距变大，优势群体给普通村民带来了巨大的物质和心态压力。又尤其是，相当一部分优势群体，无论是富裕的老板还是基层干部，获得财富和权力的手段发生了重要的变化。普通村民勤劳致富不仅变得困难起来，而且在与人相处之理中这还被认为是不懂变通的结果，抑或是在信仰系统中被认为是“命”不好，总之与优势群体绕过道德、制度乃至法律的限制谋取利益无关。普通村民当然在某种程度上也确实承认，不懂得变通是能力不足的表现，能力不足和“命”不好，是其人生处于社会中下层乃至底层的原因之一。但是，这并不代表普通农民对优势群体相当程度上得益于“犯规”这一“秘诀”，就一无所知。既然优势群体，在普通村民看来，属于心“恶”，也即违背与人相处之“礼”的结果，在心态上也就不可能真心认为，应该待之以“尊”。相反，很多普通村民在某种程度上都对之表示道德上的鄙夷，甚至不乏“仇富”的心态。而更为复杂和讽刺的地方在于，当绝大多数普通村民并不能通过正常努力，改变这种乡村社会层级结构时，他们在批判优势群体的过程中，却无形中接受了，而不是反思优势群体所持的与人相处之理。一旦能有获得在乡村社会层级结构中快速向上的机会，如进入村干部队伍，他们也一样倾向于突破道德、制度乃至法律的限制。由此，在部分优势群体看来，普通村民之所以批判他们，只是“吃不到葡萄说葡萄酸”的心态表现。

如此，乡村社会层级间超乎常规的竞争，以实践经验的形式，呈现出了另一种与人相处之理。也即，“爬”到他人层级之上的结果远比手段重要的道理。而这无疑又进一步在经济上刺激了以核心家庭为单位的“私”欲，在处理核心家庭以外人与人的关系时，利益原则开始比人伦原则变得更重要。人伦原则沿亲属、地缘关系网络弹性扩展的功能被大大削弱，退回到家庭，尤其是核心家庭内部。究其缘由，除了农民倾向于在日常生活中变得自主之外，更主要是因为纯粹的人伦原则，并不能有效地加强其在乡村社会层级结构中的竞争力。如果核心家庭外的社会关系，也即外力，对这一目标有用，则不仅不为人所排斥，而且会被当作重要“人脉”资源。这说明，人伦之“礼”在很大程度上被排除在与人相处之理之外，主要并非因为自主性的兴起，而是核心家庭之外的工具性关系的兴起。由此，与人相处之理的变化表现在“自我”上，即是在核心家庭之外出现了各式各样的自私（尤须注意，自私并不等于自主），“自我”急剧膨胀，“私”欲突破了人伦之“礼”所能想象的程度。但是，在家庭，尤其是核心家庭内部，“自我”则仍处在家庭“荫蔽”（“阴影”）之下。否则，就难以解释为何绝大多数普通农民仍愿为子女过得更好一些而任劳任怨。甚至于，部分人做“小姐”也是为了把家庭经济条件搞好，而并非纯粹为了满足个人的物质欲望。

当然，在家庭内部，人伦之“礼”的与人相处之理，也并非就一点变化都没有。以人伦之“礼”为参照，至少在夫妇关系上，两性已变得更为平等，并仍正在趋向进一步的平等。在代际关系上，年轻人的地位更是有了天翻地覆的变化，虽未代替老年人变为“尊”，但确实代替老年人在家庭日常生活中，取得了主导地位。此外，家庭关系的变化也并非没有悖论。事实上，性欲望在失去了足够的、尤其是家庭之外的压力后，变成了夫妇必须单独面对的事情。由此导致在两性关系上，出现了人生与日常生活好坏与否的悖论。正是在那些急剧富裕起来的家庭中，男性婚外性关系不仅成为其满足个人欲望的重要途径，甚至也成为其他村民关于财富想象的必然附属物。用农民日常生活用语说，即是“男人有钱就变坏”。而女性则并未能与男性一样“潇洒”地抛掉所有的人伦之“礼”，于是在心态上至少比男性更倾向于维系家庭。此类家庭中的女性，就人生和日常生活而言，在普通村民看来，并不比那些贫困家庭的主妇更好。而从“局外人”眼光看，这也证明，“自我”虽在家庭内部有自私表现，但并非自主或个体化的。如果从女权的眼光看，甚至从一般的男性村民的眼光来看，那些极端沉迷于肉欲的村民人生史无疑呈现出了自私自利的一面，但维系家庭却仍是其重要选择。而其妻子基于日常生活“哲学”的考虑，并未像女权主义者或者抽象的个体主义者所想象的那样，第一时间主张自己的个体权利，然后要求离婚、分割财产，等等。相反，她们更倾向采取包容的方式，即使是畸形的包容（事实上，如果选择离婚，此类家庭中的女性完全有足够的经济资源可以活得下去）。

不管怎么说，有一点是颇有讽刺意味的悖论。那就是，接受了“先进”的与人相处之理的“现代”人，在追求“自我”的过程中，或乐颠颠地，或悲戚戚地，在某种程度上失去了自我。

四、心理

心，是一个很基础的哲学命题。在“圣人”的人生哲学里，成就“君子”人生，首先要诚意、正心，然后才是修身、齐家、治国和平天下。而世道“物欲横流”，则首先也是人的心出了问题。由此，可以说，“礼”也是一套关乎人如何处理自己与内心关系的道理。在通常情况下，乡村的“小传统”一般属于“野”，讲起“礼”来，不比上层的“大传统”。只有当“大传统”中的“礼”丢失之后，才求诸“野”。前文所述各种乡约，既是以“圣人”之“礼”教化乡民、正其心的努力，也不无从乡村中再找回“礼”，以解决世道“人心不古”“物欲横流”问题的意味。

在农民的人生史中，也不乏据“圣人”之“礼”正心的痕迹。

在物的问题上，绝大部分农民依赖土地产出，原本就难以积累起巨额财富，得温饱而足是其常见的心态。它包含两个基本事实：其一，农民日常生活从不排斥物，甚至也从不放弃追求物，也即并非崇尚“空”，“空”并非心之常态；其二，对物的追求主要是基于日常生活需要，并非为占有而占有。从“落后”“先进”的二分法来看，是可谓“小富即安”，“安”指的即是心安。当然，事实上也有极少数富裕农民广置良田，呈现出超过小农所能想象的物欲。但是，这并未导致乡村社会普遍不计代价地追求物的现象。

“小富即安”之所以成为普遍的社会心态，当然不仅是土地产出本身的限制所致。如果物质财富对农民的人生而言是最重要的意义所在，则即使产出有限，也必尽力追求之。恰恰在这点上，“圣人”之“礼”在乡村社会心态上有鲜明的体现。无论是富者还是贫者，受祖先荫蔽，进而延续祖荫，方是人生第一要务。如果达到了这个目标，人生即使可能因为物质上清贫而有所不足，但也会被认为至少有了“及格”的价值。相反，一个农民如果“断子绝孙”，则无论获得多少物质财富，人生都将被认为缺乏哪怕是“及格”的价值。甚至于，它还会被认为是前世抑或今生做过太多“亏心”的、“伤害天理”之事，而遭“报应”所致。有了这人生第一要务之后，物质对于人生的意义，便在客观上受到一定的限制。这表现在人心对超自然力量的崇拜上，首先即是求子孙后代、“香火”延续，次求健康，再次才是物质财富。尽管村民内心所信超自然力量在形式上千差万别，从具体自然形态的石头、道路、河流、树木，到抽象的菩萨和神明，甚至于信奉上帝，所求内容排序都是如此。既然人生欲望和价值实现排序如此，农民对人生能否心满意足，内心能否安定，也就虽然与物质财富相关，但更加与“香火”是否延续、身体是否健康相关。

人总会死，人生总会终结。人心对死亡难免有恐惧抑或遗憾，但若人生的价值和意义是超越个体人生的，心则至少可以略有安慰乃至安定，可从容面对死亡。而对人活着怎样才算没白活，人生如何才有价值和意义这样的命题，“阶级”话语告诉农民的道理，与其长期所崇拜的“圣人”之“礼”，既有相似之处，又有根本区别。相似之处在于，“阶级”话语也强调去掉人的“私”心，要超越自我、克己、爱国，不能只在乎个人现世享受。根本区别在于，它强调的人生价值和意义，首先是为“阶级革命”事业贡献自我，超越自我、克己的根本目的是为国家、集体，而不是为延续“香火”和光宗耀祖。

若人生首要价值不在自我难以控制的祖荫，更不在物质财富，心也就无须信仰超自然的力量。菩萨、神明乃至基督，在农民这里虽不无彼岸世界的意味，但其首要作用却是驱逐妖魔、鬼怪或邪气。而若撇开物质环境和历史机遇的影响不论，农民所谓纯粹的妖魔、鬼怪和邪气究竟在哪里呢？实际上，终究只能就在人们心中。它们是农民对自己经历或所见的种种人生不顺、不幸，在心态上所做的一种牵强的“因果”解释。既然“阶级”话语所述的人生道理，已然主张这些人生现象都不如“阶级”事业重要，农民心中的妖魔、鬼怪和邪气也就不仅不重要，而且是阻碍“阶级”事业及与之相连的唯物论的。

可是，由于“阶级”话语所强调的人生价值与农民认定的人生价值，既有相似之处又有根本区别，农民与唯物论在人心之理上也便既有交点，又有错位。一方面，唯物论和农民都倾向于将人的内心安定，交给现世中看得见摸得着的东西，国家和“阶级革命”领袖在某种程度上即是解救农民于苦难的象征。同时，内心满足与安定，绝不限于自我物质享受。另一方面，通过为国家、集体做贡献来安顿人心的办法，却并未真正被普通村民所普遍接受。除极少数政治精英之外，绝大部分农民仍视延续“祖荫”为内心安顿的第一要务。甚至于，部分政治精英在尝试延续“祖荫”、满足物质“私”

欲方面，表现得比普通村民还更突出一些。结果，人心思定，成了“阶级”话语在农村所践行“集权”模式（尤其是中后期），所面临的一个重要问题。在心态秩序被打乱后，新的心态秩序安排并没有能够解决农民面临的人生以及日常生活问题。由此，人心思定，实际上也就变成了对乡村“集权”模式的反思。

然而，“阶级”话语在乡村消退后，农民面临的人生与日常生活问题并不可能随之消失。同时，由于农民以家庭为单位取得了生产经营自主权，如何面对自然和市场，在很大程度上也变成了单家独户的事情。这意味着，国家作为救苦救难的象征，以及降低农民人生风险的底线保障功能，也同时被弱化。由此，除了以延续“祖荫”作为安顿人心的基本设置之外，农民复又日益依赖亲属网络、菩萨、神明，为自己消除人生中诸多的不确定性。此外，对物质财富的欲望，也因不再有外在的“阶级”话语压力，而逐步在农民心中占有了比以往重要得多的地位。不过，由于乡村社会中关于致富手段的种种道德限制仍清晰可见，贫富分化速度仍较慢，社会层级间差距仍有限，同时人口流动的规模、幅度也仍有限，此时绝大多数农民虽然怀有对物质的欲望，但在心态上仍能相对平和。

其后，随着市场交易的发展及社会层级间差距急剧变大，诸多普通农民认定其阶层地位已“命定”式的无法再上升。再加上，不少乡村社会层级结构中的优势群体，其致富手段并不那么光明正大，甚至完全是违法的。这种社会层级结构及其形成过程，以冷酷的现实“教育”了农民，高的社会地位和好的人生，与心是否“正”，并没有直接联系。由此，除了延续“祖荫”以外，追求物质欲望的满足，成了“醒目”“懂得变通”的人生选择。而与此相对照，“圣人”之“礼”强调从内心超越，实现人生价值和意义升华，则显得不切实际、“书生意气”、“落后”和没用。外物被当作了内心安定日益重要的条件之一。用农民日常生活用语说，也就是“物欲横流”。可是，内心超越、升华人生的路径被否定，并不意味着每一个普通农民在日常生活中，就真的有机会依靠物质欲望的满足，安定自己的内心。其结果是，农民不仅没有因为去掉了“落后”的“书生意气”，变得“先进”起来，而相应地得到更好的人生，反倒是内心世界因此失去了平衡和安定。甚至于，即使那些最“没心没肺”地沉迷于物质欲望和肉欲的村民，也并没有能够真正凭借这些外物，找到自己的人生意义，安顿好自己的内心。相反，其内心实际上充满矛盾，既沉迷于自我当下享受，又在反思中清晰地觉察到，这只是虚假的“自我”，在别处抑或同时就在此处，还有另外一个“真我”存在。只可惜有时候，“真我”与“假我”竟然变得难以区分开来。若从“局外人”视角看，毫无疑问，这正是内心紊乱、不安定的表征。

在欲望有余而实力不足的情况下，安定内心仍是农民不得不面对的重要问题。毕竟，日常生活还得在内心相对安定的基础上过下去。在日常生活中，少去反思、细辨内心问题，成了多数村民在多数情况下最省事的一种选择。在“难得糊涂”的法则下，内心不安定的问题在很大程度上被掩盖起来，而非从根源上予以解决，成了农民日常生活“哲学”的一部分。鉴于从根本上厘清人生是非、成败、得失并非易事，这套模糊处理人与内心世界关系的道理，虽然不无犬儒的意味，却也不失为日常生活实践的“智慧”。事实上，如果人生日常生活的所有细节都需要反思、细辨的话，也未必是好的日常生活、好的人生。

可是，人生无常终究难以避免。社会层级间的巨大落差和压力也不会平白无故地消失，甚至无孔不入的现代媒体还无时无刻不在“教育”农民，唯有富起来才是硬道理。由此，农民在日常生活中避免不了时不时地会被刺痛。于是，将信将疑地把内心托付给宗教或其他超自然力量，就成了比“难得糊涂”更消极一点的选择。农民有了安定内心的巨大、紧迫需要，而国家无法再有效作为救苦救难的象征，各式各样正规或非正规的信仰学说作为“教导”人们处理自己与内心世界关系的道理，便有了社会心态基础。在这其中，“圣人”之“礼”在被阉割了政治和控制社会层级间差距的主张之后，也被当作心灵“鸡汤”在乡村“销售”。这可算是“圣人”之“礼”被重新以世俗化、大众化的方式，拉入了乡村现实世界当中。

从农民的信仰实践来看，他们很显然比基层政策宣传部门和其他意识形态工作者，更切肤、敏锐和先知地感觉到了，乡村社会正急需某种“良药”救治、安定人心。只不过，农民依据日常生活惯性开出来的、能得到的“药方”，并不见得就很好。正式宗教也罢，民间信仰也罢，甚至邪教也罢，未能做出理智上的判断和清理，只是被农民应急地拿来一用，效果当然好不到哪里去。同样，被阉割后作为心灵“鸡汤”的“圣人”之“礼”，似乎也难以被农民真正当作安定内心世界的道理，或者说至少效果有限。尤其是大多数年轻的农民，甚至愿意将内心托付给穿越时空的想象，而非心灵“鸡汤”，更非自我内心的超越。

导致此局面的缘由，其实也并不复杂。归根结底，农民内心不安定，最重要的根源即是社会层级间落差过大，且其形成过程有悖“天理”。农民内心若要安定，最需要解决的问题也便在此。从这个角度看，对于作为“小人”的普通农民而言，人与内心平和相处的道理，可能与“君子”恰好是相反的：国治、天下平，才有家齐和身修，最后方得心正。

五、道理

人事代谢成古今，人生史对于社会史而言，无论如何都只是短暂的。由此，既可谓现世人生渺小、现世欲望就是一场“空”，亦可持只争朝夕、放纵欲望之现实犬儒主义。不管怎样，如何处理有限的人生与“无限”的历史都需要一套道理。而且，它还将直接关系到现世欲望设定和人生选择。当然，这并不是说，农民在日常生活中都是“通古今之变”的历史学家。而笔者虽欲尝试追踪其人生史，亦意不在考究历史本身。事实上，在缺乏史家一样系统文字记录的前提下，农民对于历史的把握，从根本上是依赖世代相传的口述史，在社会记忆中混入个人记忆，而“建构”甚或“想象”历史。如此说，也并非指这种有关人的“历史”就不可信或不重要，而是相反。因为，除了族谱中简略的代际关系记载，以及墓碑上算不上传记的痕迹之外，唯一能“标识”一个普通农民曾经活在这个世界上的“证据”，便是那些支离破碎地散落在旁人和后人口述中的人生“史”。正是在“阅读”这种历史的基础上，农民建立起了一套关于人应该如何处理自己与历史关系的道理，并将之作为世道趋势，认为自己的人生即要跟随这种趋势。对农民而言，这也是一种“通古今之变”并顺应此“变”的办法。为与严格历史研究的“通古今之变”相区别，这里不妨将它称作农民的“历史感”[①]。

在农民有限的生命史中，历史感既被用来当作超越自我的参照体系，也被用来当作衡量人们所处时代世道好坏的参照体系。前者即农民将自己放入祖先与子孙共同组成的历史线条中，界定自己的人生意义和现实欲望。这在前文已详述，不另赘述。这里且侧重于从历史感的角度，对农民关于世道变化趋向的道理认识，略作考察。

在有限可溯及近代的人生史中，农民体验到并经由口述传下来的对其时世道的评价，毫无疑问是“乱世”。在“乱世”中，村民的日常生活受到了各式各样的冲击，既经历了天灾，也遭遇了人祸。

① 杨华在研究女性与村庄关系时，曾将“历史感”与“当地感”组合起来作为一种分析视角（2010），但未对之进行具体界定。观其全文，其意主要指对村庄历史的认同，以与对村庄空间的认同（地方感）相对。

在村庄的社会记忆中，兵事、匪患、旱涝灾害无不构成了日常生活难以承受之重。可是，再怎么艰难，日常生活还得过下去。世道趋向“治”，成为“乱世”中人生不顺者的希望所在。这样塑造的历史感所折射出来的，其实是一种否定当下又在当下坚守日常生活，坚信世道“治乱循环”的道理。“治乱”循环论背后其实又是一套平衡论，对人生而言是“此处多一点、彼处必少一点”，总体人生是平衡的，若现世不平衡，则必与前世或来生总体上构成平衡。人在这一动态平衡中所能施加的影响，即是积德或积怨，在其后的平衡中得“善报”或“恶报”。对世道而言，即是“治”与“乱”总体上平衡。人心如果向善，在这一动态平衡中能施加的影响，即是顺应历史趋势，让“治世”延长，推动“乱世”向“治世”转变。而对居乡“野”的农民而言，“治世”顺应“天理”安排日常生活，“乱世”不与世道随波逐流为恶，即被认为是好的人生。

由此，近代“乱世”之终结，在农民界定的世道之理中，“阶级革命”只是具体手段，其背后深层的“根源”则是世道终于轮到了由“乱”到“治”的大趋势。而“阶级”话语力图让农民接受的却是一套新的道理，即以“阶级”产生、斗争为中心的历史发展规律。依此理，世道变化乃是线性进化，而不是循环的。这对于从“乱世”中刚被“解放（救）”出来的农民而言，虽与日常生活中的历史感并不一致，却也暗合了人心思定的世道变化“趋势”需要。不过，农民的历史感并未因此从根本上得到改造。由此，当农民在参照“历史”来评价世道时，并不完全，甚至主要不是看它是否居于线性进化序列中的“先进”一端，而是非常具体地看日常生活有无变得比以往更好。一旦被长期限制自由后，农民对“阶级”话语下的世道即有了不少怨言，甚至不乏消极的抵制行为。尤其是当日常生活面临严重饥荒威胁时，农民便开始从根本上怀疑以线性进化的眼光将历史区分为“先进”与“落后”的评价世道的道理。以农民日常生活的标准视之，此即是“乱世”，即便时间并不长。在事后的当下，当村民述及此段人生史时，对当时世道的性质判断，仍是如此。

这一次，农民眼中的“乱”在进化论史观中，却只是“革命”前进道路中的“曲折”。然而，世道既已如此，不管是“曲折”，还是“乱”，匡正世道发展方向总是必要的。普通农民和基层干部的历史感原本颇有些差别，但都被号召起来肩负起这一历史“使命”。而完成“使命”的方式，则是“阶级”斗争。各式各样的参与者都认定，自己的历史感才是正确的，所持主张也更符合世道趋向。其结果是，各式各样的冲突不仅没有让世道变得更为安定，发展趋向更为清晰，反倒变得更为混乱。在政治纷争变为武斗时，这种混乱达到了高潮。与此紧密相连的是，无论是基层干部还是普通农民，终究未能得到其所期望的理想人生。倒是在各种纷争都过后，世道趋向反而清晰了起来。绝大多数的基层干部和农民开始重新意识到，将日常生活过好，才是世道向善的根本道理。

毋庸置疑，以家庭为单位的生产方式以及平和的社会话语，更符合当时农民日常生活的需要。对普通农民而言，这些制度设置是更符合线性进化历史的“先进”趋向，还是原本就属于历史循环到了由“乱”到“治”的节点，似乎并不重要。对他们重要的是，重又获得日常生活所需的生产自主和生活自由。由此，农民以自身的历史感为标准，对当时的世道变化是持肯定态度的。而这其中，也包含了农民对此前的“乱世”的反思。这些反思当然未必永远、完全“正确”，但却是其心态基于日常生活“哲学”的真实反应。

面对市场经济兴起后的日常生活，农民对当下世道的评价乃至世道变化之理的理解，都出现了重要变化。从人生史的比较来看，除极个别人生剧烈无常波动者之外，农民当下的日常生活较之于往昔都变好了很多。由此，若以自我人生史做参照，毫无疑问，人生正在变得更好。可是，农民叙述人生史时表达出的主观体验，以及对世道进行评论时，给出的答案却显然更复杂。“端起碗来吃肉，放下筷子骂娘”，成了乡村中普遍的社会现象。前者无疑是农民日常生活变好的标志，而后者则又表明，他们对世道并不满意。在诸种不满意的事情当中，既包括社会分层只认钱，更包括社会层级间差距过大，还包括社会层级结构中的优势群体，即经济、权力与知识精英，获得财富的方式非道德化，乃至非法化。在这一点上，就连那些已经属于优势群体的农民，也多有抱怨。一言蔽之，农民认为当下的世道太过物欲横流、太过不公，绝非个别偶然现象。其背后透露出的历史感对世道的要求，则显然既有张力，又有辩证平衡论色彩：既想物质欲望被世道承认，又想世道留有人伦式的温情脉脉；既想要世道公正，又想要世道自由。而客观的世道变化，却常可能在二者之间摆动不已。

在乡村日常生活中，不少经历过“阶级”话语世道的中老年人，偶尔也不免会将当下世道与之相比较。但在心态上，这往往是复杂的。除了容易受制于常见的“厚古薄今”式的历史感外，普通农民确实能列举出诸多与当下世道不同，与物欲横流相对的历史“铁证”。可是，即使曾在该世道中居于乡村社会权力核心位置的村民，也不乏对它存有反思，遑论普通农民。以最典型的政治纷争的武斗为例，在当下，已没有村民再认为它是世道好的表现。由此，就基本心态而言，没有农民愿意全面肯定1960年代，遑论重回此类世道。事实上，农民对世道变革的心态既是矛盾的，又是朝前看的。他们“骂娘”，并非否定当下世道有“端起碗来吃肉”的好处，而是希望它变得更好，更公正，更有人伦之温情脉脉。

与此相比，反倒是年轻人颇有几分犬儒的心态。这已是当下世道中乡村社会心态的问题所在。那些以打工为日常生活主要内容的年轻村民，既强烈地感受到了以物欲满足程度衡量人生意义的压力，又清晰地体验到了在社会层级结构中实现向上流动胜算无几的苦闷。

由此，在心态上因深感世道不公正而“郁闷”，乃至“仇富”，都是“情理”之中的事情。可是，当“郁闷”“仇富”本身无济于事时，除了会因此而产生对获得财富的日常性焦虑之外，也就只能“顺其自然”。这种“顺其自然”并不是在克己文化熏陶欲望的基础上，顺应世道“天理”，而是在想得而不能的情况下，不得已任由世道变化，在批判、讽刺中不乏犬儒主义的成分。

至于那些“晃悠”的年轻村民，更不用说，早已看清了自己在乡村社会层级结构中的位置，而且认定自己在世道的未来走向中，即使辛勤劳动也不可能从根本上获得比现在更好的人生。于是，一种“得过且过”的心态主导了这类村民“晃悠”的日常生活。甚至还有些年轻村民，虽然人生才刚刚开头，却也清楚地认识到身居社会底层，并且不敢再想象能在现有世道趋向下，实现社会层级大跨越。对于他们而言，俨然批判现有世道并无意义。那些主张将人生史纳入社会和历史整体的历史叙事（如为“江湖”“江山”而侠义），往往被这类村民认为太像历史教科书，太过严肃、正统和沉重。由此，他们倾向于接受一种完全与理性逻辑相悖，却又极端仿真的超现实主义历史感——穿越历史。这实属年轻农民以底层的心态，将自己虚构进上层的生活。可颇为讽刺的是，在此类想象中，世道趋向和变化之理并没有变，唯一变了的只是想象者在社会层级结构中的位置出现了颠倒。这可谓当下农民对于世道趋向之理，在心态上以悖论性的历史感，充分呈现批判与犬儒两个截然相反维度的极端表现。

六、命理

在预测人生未来的意义上，“命理”在中国文化中是一个古老的话题。不过，我们从农民对人生的反思入手，考察其社会心态，着重关注的则不是预测人生的方法，而是他们对“命”的形成“原理”的理解。从心态上说，它与两个方面有关：首先，对人生面临的不确定性进行解释，无灾无难便是“命”好；其次，与他人的人生进行对比，比他人生活得更好则算“命”好。

可是，如果人根本就没有生死，人生时间就会变成无限的永恒，“命”也就无从谈起。所以，“命”的观念实际上关乎人如何对待生死。但就是对“生”和“死”，不同的人生观也有很不同的理解。对于“罪人”而言，万能的上帝控制了由“死”到“(永)生”这一转换过程中的“命”，膜拜上帝即可赎罪，改变死后的“命”(上天堂)。而对于“圣人”，“命”的形成之理却是倒过来的。在这里，人生受制于天命，天命则是世道人心所向，而非神秘的“怪”“力”“乱”。[①] 也即，“命”实际上是由人心在从“生”到“死”的过程中决定的。然而，这并不能解释农民在日常生活中所碰到的那些有德无福、无德有福的人生。针对这一点，农民在自己的“小传统”中除了接受“圣人”之“礼”外，还接受了一些其他的关于“命”的道理，如认为“命”由出生之时的星象之“气”，再加上时间刻度的神秘因素共同决定。

在农民的人生史中，关于“命”的形成之理的解释，也明显混融了对生前、死后及现世的关注。从总体上看，其解释俨然将人生向前和向后延长，并构成了一种循环。但是，由“命”来安顿现世人生，也即生命，却因社会转型而正在发生变化。

对于曾经身处近代“乱世”的老年人而言，几乎都倾向于解释其苦难的人生源于“命”，而“命”又源于神秘的外物。世道之

① 关于“天命”的理解，从孔孟到程朱理学，再到陆王心学，当然也有诸多变化。但就肯定天命根源于现世天下人心的基本倾向而言，则有很强的连贯性。因本书主旨并不在思想史之梳理，且不赘述。

“乱”，远远超出了他们个人的德行和品行所能把握的范围。在有德无福成为普通村民普遍的人生状况下，再加上凭借个人力量，乃至宗族互助的力量，都不能从根本上改变这一状态，作为一种说得过去的解释，从宏观上说乃是世道之“治”“乱”循环更替，而在微观的人生史上即是“命”。尤其就日常生活而言，“命”更是人生史的根本。因为，世道虽“乱”，作为个人却原本未必一定会生于这个时代。宏观的世道并不是为了个人而循环，真正决定个人刚好赶上“乱世”这个“趟”的，是“命”。可是，若完全认“命”，农民在现世当中的努力也便显得没有必要。所以，从这个角度说，即使在极其艰难的“乱世”中，农民为养家，为延续后代，为兄弟患难相恤，而做出的种种努力，表明当时农民在“命”的问题上，多少还是接受了些许“圣人”之“礼”。此时，在社会“大传统”上，“圣人”之理的“天命”早已被打倒，并被进化式的“天演”所代替。农民在“小传统”中保留的“命理”，虽在强调现世这一点上，与“天演”不无相通之处，但从本质上来说却不同。依照进化的观点，“命”是客观历史的必然。但在农民这里，“命”并非单线朝前进，而是在生前、死后与现世中循环。在此循环中，人可以选择积善，在“报”的作用下，为后代抑或自己的来世谋得好“命”。由此，在“乱世”中善行得到善“报”的故事，成为村民十分热衷讲述的关于“命”和人生的故事。

“阶级”话语进入乡村后，“命”在生前、死后与现世中循环的说法，被视作“封建”的道理。依照“阶级”话语，世道之所以不合理，普通农民的人生之所以有德无福，其根源都在于阶级不平等，而无关乎“命”。如果说有“命”，在这套新的道理中，它也应该是由自己，而不是任何神秘的力量掌握。社会边缘群体进入村庄权力舞台中心，以及物质财富上趋向平等的乡村社会生活，算是或多或少“证明”了这一点。从这个角度说，在重视现世社会公平对普通农民“命”的影响上，“阶级”话语又与“圣人”之“礼”强调的“天命”有共通的地方。但是，对于具体的农民日常生活而言，人要掌控自己的“命”，却并不那么容易。尤其是在生产、生活均不能够充分自主的情况下，农民不乏开始埋怨日常生活中的种种困难与缺乏自由有关。在“集权”体制无法为己所改变的状况下，相当一部分普通农民对自己的人生解释，并不是朝前迈进一步，而是“退回”到了原本熟悉的“封建礼教”中，找到了“命”这个说法。以至于，虽然众多普通农民对于“命”为他人掌握而心存不满，但也正因为相信“命”在生前已“客观”注定，几乎无人主动尝试去改变“集权”体制，而只对世道变化持消极等待心态。

同时，即使“阶级”话语带来了物质财富上的相对平均、心态上对唯心论的批判，但仍无法从根本上保证农民在人生中避免所有的不确定性。由此，“命”在生前、死后与现世中循环的“道理”，仍有它存在的“根据”。当农民在生育的问题上面临“断子绝孙”的危险时，将希望寄托于“命”，以及祖先和神明的“保佑”，仍是一种“自然而然”的选择。若得子，除了祖先和神明的“功劳”之外，其中很重要的“原因”即是“命”中注定有。而若不能如愿以偿，却也不能怪祖先和神明不“灵”，因为更重要的“原因”在于“命”中注定无。对待婚姻之类的事情亦如此。那些各项条件都极好的村民最终却错过了婚姻，除与其个人选择有关，往往也被认为是“命”中注定如此。除此之外，在农民看来，现实的社会原因都难以充分“说明”这种人生结果。

“阶级”话语在乡村消退后，农民似乎终于可以掌握自己的“命”了。但农民眼中“命”的形成原理，则变化并不大。那些快速摆脱贫困直到富裕起来的村民，不仅被认为是能力强，也被认为是“命”好的结果。这种说法一直持续到当下。尤其是那些想在乡村社会层级结构中实现向上流动，却无“不劳而获”机会的人，往往强调自己天生就是劳动的“命”。大部分普通村民虽然辛勤劳动，却往往最终仍未能实现向上流动的人生目标。对于这种人生局面，他们也常会用“命”来解释，多少换得一些心态上的自我安慰。毕竟，按照这套道理，“命”中有的终将有，“命”中无的强求不来。

不过，值得注意，当乡村社会层级间的差距日益变大之后，否定“命”在生前、死后与现世中循环的说法，也终于开始有了“市场”。而且，与“阶级”话语在“集权”时代自上而下灌输这套关于“命”的形成原理不同，这回农民乃是自觉地开始接受并运用它来解释人生。其中，典型的表述是“命”由“本性”决定。“本性”当然也是一种模糊的表达，但在日常生活用语中，它除了包括人在出生时即确定性格的含义之外，更偏重于人在成长和处世的过程中形成的人格特质。

普通村民对自己并不太顺利的人生，尤其是自己在以物质财富为标识的社会层级结构中居于不利地位的情形，归结于“本性”太“老实”。言下之意，“命”即是现世的。它肯定现世，似乎与“圣人”之“礼”颇为相似。但是，它又分明透露出了“命”与“圣人”之“礼”相悖的地方。与“诚意”“正心”颇为相似的“老实”，在这里反而意味着与不好的“命”相连。而那些与此相对，并不避讳“欺诈”、处处精于“变通”的村民，甚至于冒着“短命”的风险也要沉迷于肉欲的村民，反而有好“命”。换句话说，“命”源于现世“本性”的说法，在当下乡村社会层级结构中，指向的恰恰是“有德无福”和“无德有福”的悖论。由此，这套“命”的形成“原理”，实际上乃是对乡村社会层级间差距过大，上层村民致富手段有悖于“圣人”之“礼”的反思。只不过，这种反思是自嘲式的，折射出的是对“本性老实”反而“命”不好的人生现实之无奈。

年轻的普通村民对于自己在乡村社会层级结构中的位置，同样也有清晰认识。在层级间差距扩大的情况下，他们从过去的日常生活经验中预感，这将是世道的趋势。对于这种“命定”式的人生，其中一部分村民有直接反思。由此，他们将自己“半工”“半农”的收入称为“血汗钱”，而将“半工”的场所称之为“血汗工厂”。在这种思维下，社会层级结构中的上层之所以居于上层，正是因为吸取了底层的“血汗”。反过来看，“半工”的农民之所以人生不够成功，之所以落得一个不好的“命”，就并非源于神秘的前生注定，而是社会上层有悖于“圣人”之“礼”的赚钱行为。更不用说那些尝试在本地转向“半工”的农民，不得不面对与基层官员及其亲朋好友争资源、机会的格局。而另外一些村民，因为看“穿”了这种“命”的形成“原理”，干脆不愿再做“无谓”的努力，甚至也不愿再做过多的批判和反思，而倾向于以犬儒的心态对待人生。

如果人确实可以穿越时空，回到从前修改一下“命”，或许是一种不错的选择。可问题是，现世人生只有一次，生死之间没法往复。回到从前去改“命”，对于已在乡村社会层级结构中占优势地位的农民而言，纯粹就是一种底层人生自我娱乐的幻象，是“没用”之人认“命”的象征。但是，就乡村社会层级间差距的代际传递而言，却又确实有些“命定”的意味。除了通过辛勤劳动改变人生日益困难之外，乡村教育资源的配置也与社会层级密切相关，这使得普通农民的年轻后代通过教育跻身社会上层的概率大大降低。既然人生的总体方向都是“确定”的，“命中注定”之说也就有其存在的现实依据了。

当然，农民关于“命”的解释总是充满矛盾。但是，正是这些逻辑并不严密，甚至谈不上理性的解释，给了他们一种控制机制，使心态相对平衡。因为，关于“命”的道理，让村民对心存不满的社会秩序和人生际遇，有了一种可让自己确信说得过去、想得通的说法。以历史的眼光来看，社会流动的机会总是有限。但是，村民往往不会从总体上认识社会的整体改善，例如绝大多数村民的日常生活水平都有了提高这一现实，而是习惯于从相对位置上去看待社会的变动。这就触及了一个深层的问题，即社会如何产生区隔、制造不均衡和相互矛盾的社会心态，同时又将这些区隔、不均衡乃至相互矛盾的社会心态，纳入到整体的日常生活当中，维持社会“正常”运转。“命”在相当程度上起到了这种调节作用。不过，这种调节作用绝不可能是万能的。对“命”的反思，完全也可能变为对社会层级结构中的优势群体“宁有种乎”式的质问。又尤其，当现代社会教导人们用理性知识消除“迷信”的“命”时，即使农民依然信“命”，“命”的形成“原理”却既与昔日“大传统”中的“圣人”之“礼”，也与“小传统”中“生前注定”的神秘之理，有了巨大不同。农民对待“命”的心态，陷入了左右徘徊的矛盾境地。

第十章　古今之变

一、双面

基于本书第一至七章的经验叙述，在第八章中，我们以经验与理论分析相结合的方式，对转型乡村中的农民在经济、政治、社会及信仰等方面遇到的矛盾、悖论和左右为难的格局，予以了透视。在第九章中，我们进一步从社会与文化反思相结合的角度，对其在人与物、人与人、人与心、人与国、人与史、人与命等关系上呈现出来的矛盾心态，进行了分析。接下来，我们似乎可以且有必要从转型乡村中农民在“天人之际”诸关系上的两面性入手，对其人生、欲望和社会心态的关系特征与相互作用机制做一个总结。

从日常生活的角度看，转型时代农民与外物的关系进入了一个“动”的过程。在经济上，乡村从自给自足开始成为外界更为宏观经济循环的一部分，进而农民不再被固定在土地上，农户变成“半农”“半工”状态。这种“两栖”式的生活使得农民对于村庄社区的依赖开始降低，但除极少数人外，他们又不可能彻底摆脱土地生存。在“两栖”流动的过程中，又或者即使不进城打工，农民也已成为现代媒体每时每刻灌输“消费经济”意识的对象。小农“消遣经济”日益消失，既是农工混合经济和现代媒体“教育”的结果，反过来又是促使农民进一步面向“消费经济”安排人生和日常生活的原因。较之于自给自足的小农经济，农工混合经济带来了农民物质财富的快速增长。但由于“消遣经济”向“消费经济”转型，农民对于物质财富的欲望增长速度，比收入增长的速度更快。物质欲望与收入间的张力体现在社会分层上，即社会分层标准日益趋向单一，财富成为主导性的标准。然而，对于大多数农民家庭而言，能够完全脱离土地和农业者，仍然寥寥无几。由此，不管主观心态如何，在客观上绝大多数农民都不得不面对的基本格局是：其一，物质财富的多少成为人生成败的重要判断标准；其二，收入增长速度远不及欲望增长速度。

在此格局下，农民待物之理呈现出鲜明的变化轨迹。“拼命”地榨取原本被视作“命根子”的土地，成为普遍的、不自觉的选择。但事与愿违，由于农业本身在现代经济分工中的角色是弱质产业，单家独户竭泽而渔式地向大自然索取，虽然提高了总产量，却并不能直接提高总经济收益。而且，更大的矛盾还在于，发展难以持续。同时受此格局影响的，还有基层政府。作为市场条件下地方经济的强大推手，基层政府的欲望同样也迅速膨胀起来。逼民致富也罢，非正规经济也罢，都是基层官员用来应对此欲望的产物。可是，由于中度发展地区的基础原本只是农工混合经济，除了土地、自然资源和环境容量等之外，并无太多超常规快速发展经济的优势。结果，在“人欲即天理”式的心态作用下，基层政府通过“变通”“打擦边球”乃至违法的方式，绕过土地、环保等相关法律、法规、政策，强推“发展”，已非鲜见。对于未能从此类“发展”中获得收益、相反损失颇大的普通农民而言，这是一种以“断子绝孙”的方式“千方百计为子孙后代谋发展”的悖论。而悖论的基础，即是在基层出现了政商合一的机制。

乡村基层政治转型的过程，大致遵从由“双轨政治”和“长老统治”走向现代民主治理的趋势。但在此过程中，也有不少曲折。国家权力下乡后，既要推进人民当家做主，又得将宗族长老手中的权力集中到国家。普通农民倾向于以新国家干部“心善”“为民做主”的道理，来看待这场变化。当“集权”体制限制了自由之后，重归家庭生产为村民所向往，村级治理变为村民自治。可是，自上而下的乡村治理体系却并未真正改变，治理重担最终落在基层官员身上。基层官员为完成治理目标，以及发展地方经济，不得不依靠村干部。加之，通过常规治理技术达到此双重目的困难很大，由此，包括“掘地”在内的非正规手段大量被采用，干群矛盾不可避免地随之而起。乡村两级组织也有了自我谋利的空间，基层官员普遍兼业以及并不鲜见的腐败现象，引起农民不满。但农民并没有太多的积极民主行动，其有限“抵抗艺术”能奏效的情况，也毕竟是少数。国家推进人民“当家做主”，与农民希望国家“为民做主”之间虽不乏重叠，却也仍有大量错位。

事实上，基层官员道德上的善与恶，当然并非所有乡村治理问题的症结所在。而且，“压力型体制”同样也是他们的“紧箍咒”。在稀缺的政治资源面前，基层官员个体竞争也很吃力。更何况，在并没有足够条件快速发展经济的状况下，通过“变通”“打擦边球”甚至直接违背正式制度的方式，强行推动经济不断“大跨越”，基层官员还须面临一些带有不确定性的风险。基层“官场”很“自然”地出现了依靠亲属、同学、战友、老乡、拟制亲属关系，甚至于因资本作为中介形成的利益网络，而进行乡村治理和政治竞争的现象。这种派系政治无疑有悖于民主。同时，它在实践中能为个体官员降低治理风险和增强政治竞争力的空间，其实也有限。由此，他们还得常寄希望于“官运”。

农工混合经济与道德善恶纠缠的基层政治，成了乡村社会转型的重要推力，同时也在某种程度上为它所限制。从社会结合的纵向维度看，让农民心态上不平衡的因素主要有二：其一，乡村社会层级间差距过大；其二，乡村社会层级结构中的优势群体地位的取得，不乏掺杂非正义的因素。甚至于，反过来，这种乡村社会层级间的差距又被用来证明普通农民原本认可的“老实”乃是“无用”“不懂得变通”的表现。当“诚意”“正心”之类的价值理念不仅不被乡村社会层级结构认可、鼓励，反而被当作反思、奚落、鄙夷的对象时，在心态上，人与物的关系便难免打破“天人合一”“知足常乐”之类的平衡。人与物的关系变动，除了如上文所述催促农民尽力向自然界索取，让基层官场将“发展”推向极端之外，也在某种程度上改变了人与人相处的道理。

当农民更注重争取物质利益，并在以物质财富为主要标志的乡村社会层级结构中取得一个相对较好的地位时，理性算计便融入了自我与他人的关系中。在家庭层面，尤其是核心家庭之外，不管在人伦上相近抑或纯粹的“外人”，凡符合此原则者即往往是主动保持密切往来的对象，相反则不然。能做到或接近于做到此原则的村民，不仅被视作“醒目”、善于“变通”，客观上也确实更能在社会竞争中获益。相反，那些在此原则上做得不彻底的村民，则被认为不够“醒目”，不懂得“变通”，太过“书生意气”。相应地，他们在社会竞争中确实也不如人意。不过，要真正做到这一原则也不容易。尤其是，大多数村民最终并不能在此原则下，通过核心家庭的努力而满足物质欲望。由此，那些尚未完全脱离村庄者，维持基本的人情往来仍是一种日常生活之必需。况且，在核心家庭内部，乃至在主干家庭中的老一辈对子孙辈，人伦义务仍清晰可见。而且，即使那些物质欲望和财富都急剧增长的村民，虽然不乏将他人当作纯粹工具的行为（如将“小姐”当作纯粹发泄肉欲的工具），但亦时而反思究竟何为“真我”。

长期在注重人伦关系和偏向工具性关系之间徘徊、挣扎，农民在心态上陷入了某种程度的自我反思悖论。一方面，有依靠外力实现人生向上流动的“俗人”愿望，将克己、自勉、反省等“圣人”

之“礼”视作落后的、不懂得“变通”的标志。另一方面，又对温情脉脉的人伦关系有着亲和感，甚至也有寻找“真我”和不必算计的日常生活的倾向。已实现快速致富者尚且觉得在日常生活中身心疲惫，人生意义需在物之外重新界定刻度，普通农民则更是在比上不足比下有余的状态下，得在日常生活本身中找到哪怕是自我安慰性质的意义。在注重延续“祖荫”和偏重当下物质享受之间，虽不无冲突，但农民毕竟还在试图兼顾二者，而不是彻底地只要后者。由此，很难说农民的日常生活就已经完全为物欲所役，只顾自己当下，而不顾及其他。

当然，要用容忍、着眼于后代长远发展的心态，充分克服乡村社会层级间的郁闷、愤怒乃至仇怨心态，在日常生活中也确实是个难题。在家庭外的人际关系中，要将“表达性”与“工具性”、“使用价值”与“交换价值”、利益算计与情谊等相反的维度平衡好，同样也非易事。由此，人生除了当下物质欲望的满足之外，尚有何可超越的东西，确实出现了不确定性。依据“圣人”之“礼”，人生的超越乃是在祖先和子孙之间做好中间传承，体现在信仰上是以男性为中心的祖先崇拜，在基层日常生活共同体上即是宗族。后者因经济基础缺失和核心家庭意识增强，在当下并未再复兴至原有水平，而前者则有一定延续，尤其在“香火意识”上表现明显。这或可算“圣人”之“礼”在“大传统”中被消解后，在乡村“小传统”尚有存留的印记。不过，村民所持的民间信仰，并没有“市民社会”式地方感，相反国家在场是其前提。

人伦关系与工具性关系在日常生活中并列，而非由前者主导社会结合的动态过程，由此，宗教就成了农民在人生中心态失去平衡时的救命“稻草”之一。这其中，甚至不乏带有浓厚团体主义、与正式宗教教义区别甚大的信仰体系（含“邪教”）。较之于“三教九流”普遍流行的状况，基督教快速传播尤为引人注目。但从农民基督徒的信仰实践过程来看，其所信仰的对象实则仍处在“上帝”与“祖先”之间，要让农民真正从心态上变成“罪人”，似乎也还有诸多社会和文化上的难题。而最关键者，可能莫过于“祖先”观念的“杂质”与日常生活“哲学”相连。仅靠“罪人”观念超越人生，并不能从根本上解决农民的人生意义问题。尽管各类宗教和民间信仰在当下乡村都找到了一定的“市场”，农民却仍在超越当下肉体享受这一点上，困惑多多。在关于人生意义的心态上，此状态常被表述为“没劲”“没意思”，甚至有“命”无“脉”。由此，指出农民日常生活中在信仰上的缺失和盲点，以及注重当下物质享受的犬儒主义和某种程度的“虚无主义”，都是富有洞见的。不过，值得注意，农民日常生活同时还存在注重家庭人伦、代际传递及超越个人人生的另一个维度。这点亦不宜被忽略。

基于经济、政治、社会和信仰上的两面性，农民对待人与历史关系的心态，也具有两面性。农民的历史感原本注重世道“治乱”之更替，国家权力主导的“进化论”试图改变这一局面，但效果有限。此后，乡村社会层级结构“唯物化”，以及在人与人相处的道理中工具性因素增强，倒是终于将农民的历史感集中到了对当下世道的关注，以至于常“端起碗来吃肉，放下筷子骂娘”。农民对世道趋向的要求，既在公正，又在自由，但二者却常有矛盾。在批判无力的情况下，犬儒抑或想象穿越历史、重置世道趋向，成了部分年轻村民的选择。

在世道大趋势与个人人生走向的张力之间，“命”的形成“原理”也直接与农民的欲望和社会心态有关。在这点上，“圣人”之“礼”对农民的影响在于使其重视现世的人生。但在“小传统”中，农民毕竟还是需要在现世之前找到“命”的根据，在人生终结之后设置“命”的去向，以在面对“有德无福”和“无德有福”的人生悖论时，满足平衡心态所需。“先进”的唯物论进入乡村后，“命”

的观念并未真正被从农民日常生活中剔除。真正开始否定“命”在生前、死后与现世中循环，反倒源自农民在“自由”状态下，被日益扩大的乡村社会层级间差距引向现世寻找“命”的根据。但问题是，现世人生是充满悖论的。由此，农民关于“命”的形成“原理”，也摆动在前世和今生之间。与此相对应，对待现世人生，农民既具有“宁有种乎”式的反思的一面，也有认命、犬儒的一面。

总而言之，将“圣人”作为人生标杆，对颇有几分“土气”和“俗气”的农民来说原本是重要参考，但在日常生活中也不无出入，而在转型的当下更是颇为困难。脱胎于“罪人”的“俗人”，作为一种“先进”的现代人生样本，正在渗入中国农民的日常生活。这其中，也不乏一些“病人”的因素在乡村有了社会基础。注重人伦的“圣人”之“礼”，在人与物、人与人、人与心、人与国、人与史、人与命的关系上原本有一整套道理。而在当下，一套又一套的新道理正在尝试说明，这些关系“理应”不是如此。“理”变了，“礼”也就要变。不过，当下农民生活“哲学”并非就已经彻底异变成了“他者”，人生完全就是“单面的”、“虚无的”、“仿真的”或“病态的”。相反，农民在经济、政治、社会结合和信仰上，以及对待历史和“命”，都具有两面性。在将日常生活好好地过下去的努力下，具有张力甚至截然相反的两个维度，共生于同一人生中，用以调整欲望和社会心态。是可谓“双面人”[①]。

---

① Abner Cohen 曾用“Two-Dimensional Man”（双面人）概念分析如何从象征主义入手，研究复杂社会中的权力。他所说的“双面”指的是在社会（政治）组织研究中，除了有形结构、制度之外，还需注意隐性结构（1974：1—4），以及象征（16—17）。同时，在权力研究中，他主张除了马克思主义的经济分析，还需注意韦伯式的文化解释（120—123），对非洲无国家社会的宗族分析也可应用于复杂社会研究（124—126）。Abner 对隐性结构、象征及文化解释的关注，的确甚具启发。不过，本书并非在此脉络上的延伸或重复，而是关注乡村社会朝向现代性转型过程中经济、政治、社会和信仰上的两面性。二者差别明显，想必无须赘述。

二、圣俗

对于乡村而言，双面人乃社会转型——以理想型而论即从“圣人”转向“俗人”社会——的产物。在转型社会中对个人人生，及其物质欲望与心态的反思，有两种典型的片面倾向。其一，以某种道德制高点为标准，进行全盘批判；其二，以绝对多元主义和自由论为准，全盘肯定，也即“怎么样都可以”。而双面人的形成过程及特征则表明，此类反思很显然还需要辩证一些。

通过克己，具体而言即克制自我欲望，以适应自然循环需要，对物的可持续利用毋庸置疑有好处。但是，传统中国乡村发展的“高水平陷阱”（Elvin，1973：298—299），在某种程度上也因此而造就。农民的人生循环也与此不无关系。一方面，农民既强调顺应物的本性，又强调自勉、勤劳，使土地得以精耕细作，在可持续利用的前提下产出不断接近最大化，劳动边际收益增加的空间最后接近于零。另一方面，农民强调节约、诸子财产均分以及“消遣经济”，使得人口不断膨胀，直至靠勤俭节约也已无法保证温饱的日常生活。更何况，世代更替之间，同一祖先之后代贫富分化、悬殊也是常见现象。从治理的角度看，分工精细的官僚制势必因成本过高而为乡村社会难以承受。由此，在农业主导乡村经济的状况下，中国践行的是“简约型治理”（黄宗智，2007：414）。也即，农民以宗亲关系网络为基础，辅以地缘关系网络，参照国家“大传统”所持“圣人”之“礼”，依靠“小传统”实现基层自治。

这种乡村社会格局，最终以国家权力下乡而被打破。当然，国家权力下乡并不是一个很顺利的过程。因为，国家权力在一开始下乡的过程中，并没有自上而下带来新的治理资源，同时也未能有效组织乡村社会，从自下而上的途径提供更多的资源。此后，这一进程在中国也缺乏足够宽松的环境。新的世界体系形成之后，传统国家不得不卷入以现代主权为边界的竞争过程。国家转型迫切需要权力下乡，以整合更广泛范围内的资源，推进现代化，从而增强主权。由此，当国家终于实现了权力下乡后，迅速集中配置资源，推进乡村经济发展，不仅是农民过好日常生活的必需，也是国家转型的战略需要。事实证明，在没有足够利用土地的新技术的情况下，乡村社会单位化是水利建设、扩大耕地面积，从而提高农业产出的“秘诀”所在。一开始，农民之所以心甘情愿参与这一过程，既有获得土地的实利因素，也有当家做主的意识激励，还有对国家“为民做主”的感恩心态做基础。但是，当农业产出提高后的农业剩余被国家拿走后，又尤其是“集权”体制导致农民不自由后，农民的日常生活终于和“大传统”中的“阶级”话语发生了矛盾。这些矛盾集中在不能够做到“为民做主”的基层干部身上表现出来，他们成为农民反思“集权”体制的具体对象。此外，农民“小传统”中存留的人伦关系也在抵制“阶级”话语实践中起到了一定的作用。这不仅使得“阶级”话语力图将乡村社会变成单一的倾向在实践中受到制约和怀疑，而且也成为此后它在乡村社会中消退的心态基础。

农民的“私欲”“物欲”在一定程度上被肯定，不能不说是一种“进步”。当然，从国家转型的战略背景来看，此时重工业积累已基本完成，国家对农业剩余的依赖确实已开始下降。不过，农民主要是从日常生活来看这番变化的。被压抑的“私欲”“物欲”被承认，温饱变得有保障，无疑是符合“天理”的。而且，由于在农业之外出现了庞大的工业，趋向农工混合经济终于成为可能。这意味着，农民终于有可能跳出因新增加人口“吃掉”乡村经济增长财富的发展“陷阱”。这一切，很显然不是通过克制自我欲望、顺应自然即可做到。在其后，“半工”“半农”已成为农户的经济基础，农民开始部分地脱离土地，以过上更好的日常生活，更好地满足物质欲望，实现理想人生。这其中，心态上有其积极的一面。既然日常生活的“衣食父母”不再局限于土地和村庄共同体，农民不再如祖辈那般珍惜土地，村庄道德体系对单家独户的农民约束力下降，在某种程度上不能不说就是自然而然的事情。

再进一步说，普通农民当下物质欲望急剧膨胀，心态固然颇有失衡之处。但相对于乡村社会层级结构中的优势群体而言，他们的欲望仍有限度，心态失衡实属事出有因。比之于沉迷肉欲者，普通农民在客观上不能不说还（不得不）保留了某些“知足常乐”的心态。比之于那些绕过“诚意”“正心”和国法谋取物质财富者（包括作为“政商”的基层政府），普通农民何尝又不是（不得不）非常的“老实”、不懂得“变通”。有了这些比较，农民心态失衡，自认为人生多不理想，无疑有其深刻的现实根据，而绝不仅仅是物欲急剧膨胀，以至于“人心不足蛇吞象”。从这个角度说，对欲望难实现、治理腐败、人间冷暖、人生无意义、世道不公、命运无常等，绝大多数农民心有不满抑或犬儒，实际上也不乏反思社会转型的意味。虽然其反思未必系统、理性，甚至未必完全正当，但若只对其反思一味做批判，也有失偏颇。

当然，对农民的“私欲”“物欲”从“克己”中走出来做出某种肯定，注意到它有历史合理性的一面，并不意味着就是肯定物欲横流。从“克己”中走出有合理性，并不意味着不择手段索取于“他者”（不管是外物还是他人），就合理。或者说，在难以成为“圣人”“罪人”的情况下，做“俗人”固然有一定的道理，但却绝不意味着就可以俗到“病人”的境地。

可正在这一点上，当下农民确实有“走过头”的地方。物质财富普遍增长，并没有直接让农民从主观上简单地认为，人生变得更理想，日常生活中的欲望得到更好的满足，心态变得更为安定。相反，由于物质欲望上升的幅度和速度大大超过了其在乡村社会层级结构中的位置，不仅普通农民在物欲上出现了更大的沟壑，乡村社会中的优势群体甚至比普通农民对自己人生所获更为不满。人心不安定，更进一步加剧了对现世人生意义的质疑。祖先与子孙构成的链条虽对农民安顿身心仍有一定作用，却又有些不够。“三教九流”、基督、犬儒主义以及“去历史感”（穿越时空）均有了社会根基。但是，这些也同样不能从根本上消解农民对物质财富和人生不确定性的焦虑。从这个角度说，“双面人”确实有其“病态”的一面。

“双面人”的“病态”维度是在社会转型的过程中形成的，或者至少可以说不是一朝一夕的事情。事实上，“阶级”话语下乡后，即与农民日常生活“哲学”有本质区别，并且不乏冲突。“阶级”话语尝试建构的人生与“圣人”有几分相似之处，如否定“私欲”“物欲”。在这方面，它甚至比“圣人”之“礼”有过之而无不及。“灵魂深处革命”，无论如何都比在日常生活中要求“诚意”“正心”更彻底，也更难。当然，这一切皆有其特定的历史缘由，非此处所能简略讨论清楚。但在实践过程中，它对农民确实产生了两个后果。其一，它因太过高调否定“私欲”，而脱离了农民日常生活中家庭人伦之情。这使得部分农民即使在理性上愿意接受，在实践中也几乎很难做到。甚至那些最“革命”的干部，也不乏对“私”（欲）的关系有依赖，同时予以照顾。其二，当农民的日常生活因此而陷入困境，又尤其不少作为“阶级”话语代表的基层干部最终被证明“私欲”不仅尚未被根除，甚至比普通农民更盛时，该话语也便被它自身否定了。结果，一场又一场大规模、激烈的政治运动未能去掉农民的“私欲”“物欲”，倒是部分地去掉了其日常生活中原有的“圣人”之“礼”的根基。

进而，货币被用来衡量所有价值并充当社会交易的桥梁，再次从更深的层面冲刷这一根基。不过，值得注意，货币亦并不能自动发挥这一功能。事实上，让货币这一潜在功能发挥作用的前提，仍是国家和社会的转型。国家在乡村基层的触角，也即基层“官场”在实践中变为“政商”，而非意识形态上要求的那样让农民“当家做主”，也非农民据“圣人”之“礼”所期望的那样“为民做主”。乡村社会层级结构与之保持动态相连，致富目的的重要性压倒了致富的手段。又尤其，当乡村社会层级间的差距日益变大之后，不仅对普通农民，而且也对优势群体，在心态上构成了巨大压力。获得物质财富，而非获得它的手段合乎道德、国法的程度，成为判定人生成功的标志。与此机制联动，有用性原则更大限度地渗入农民日常生活中与人相处的道理。有了这个前提，其关于人与国、人与史、人与命的关系，在心态上出现交错紊乱，乃至“病态”，就更为常见了。

总之，如果以社会大转型的视野，辩证地透视乡村中的人生、欲望与社会心态，或许不难发现，必须注意“双面人”同时存在的、截然相反却又共生的两个维度，而非其中某个单一维度。当代学界诸多倾向于用单一维度的话语，分析农民的欲望和社会心态的做法，或许不无值得反思和补充的地方。其实，若将视野拓展到更长的历史中，“物欲横流”似乎也不仅仅是当下知识分子对当下乡村社会独有的反思。在参照“俗人”标准转型之前，乡村社会其实也充满变化，其中宋代的变化就格外引人注目。宋儒之所以推动乡村转变，其重要目的也是为了在“物欲横流”的状况下，安顿农民的日常生活，从而安定其心、正其心。由此看来，“物欲横流”的格局既然是在乡村社会变动中产生出来的，若对其进行适度限制（而非消除私欲、物欲），也就应当在乡村社会转型的反思中，去寻找思路。既然基层治理和乡村社会层级结构中的不合理之处，是影响农民欲望和社会心态的重要因素，那么，从此入手重构乡村治理和日常生活共同体，似乎才是从“系铃”处“解铃”。与此相对，若仅仅全盘批判抑或肯定它，则似乎既不够辩证，亦难以中肯。归根结底，从农民日常生活“哲学”来说，肯定“俗人”正常的私欲、物欲，而又适度节之以“圣人”之“礼”〔以理想型而论，可谓“即凡（俗）而圣”〕，方可能既不至于太崇高而曲高和寡、难以得到实践，亦不至于太俗而陷入“病态”。

三、受困

尽管导致“双面人”出现的乡村社会转型过程跌宕起伏，但它对于现代性的追求却是连贯的。即使“阶级”话语否定农民私欲、物欲，但其实这也是一种现代性方案。它并非让农民据“礼”克己，而是为现代国家节制欲望、贡献劳动剩余。因此，“双面人”同时也植根在现代性当中。而现代性之所以最终能对农民人生、欲望和社会心态构成弥散性压力，靠的恰恰不是“阶级”话语和“集权”式的简单、直接的身心控制，而是通过赋予农民“自由”，拉开乡村社会层级间差距，进而让标识这些差距的客观工具——货币具有了抽象的魔力。货币机制不仅主导乡村日常生活的经济领域，同时也或明或暗地强势渗透到其他各个领域。换句话说，现代货币机制当然也不是一台可以自我维系运转的永动机。它的动力机制在于，国家在自身的转型过程中，以乡村治理改造基层政治，同时也改造社会。以至于，货币以其独一无二的、一视同仁地对待其他价值的中介机制，主导了基层干部的“命脉”，同时也给每一个普通村民“打分”和“排名次”。

当然，无论是基层干部还是普通农民，都很难说只是现代性的被动接受者、被改造者。在货币中介机制面前，越是有能力的乡村政治精英，越善于“变通”“打擦边球”，以超常地达到“掘地”和接近货币魔杖的目的。在乡村日常生活中，越是“醒目”、懂得“变通”的农民，越能游刃有余地使用冷漠的货币中介机制，压抑“温情脉脉”的人伦关系，以实现快速致富的目的。当然，基层干部也罢，普通农民也罢，从主观上未必就愿意彻底匍匐在货币面前。事实上，基层干部也曾尝试为人民、为“子孙后代”谋发展。只不过，在中度发展地区，这一空间往往有限。在与人相处的道理中，基层干部并非就完全不认可“温情脉脉”的人际关系。只不过，在有限政治资源和“变通”“打擦边球”式“掘地”的政治风险面前，“冷酷”的实利原则不经意间渗入了“派系”的形成和维系过程。至于普通村民，也不无希望将“冷”的货币与“热”的人情结合起来。但是，为了货币积累的需要，在某种程度上却不得不有意识地甄别、建构各类社会关系网络，以便从中选择出有用的资源。

然而，“请神容易送神难”。货币的支配性地位一旦建立起来之后，对人压抑的一面便不可能不出现。相对于货币的支配性与目的性而言，是否依靠劳动，或者劳动与收获之间是否对等，已经变得不重要，获得货币本身才是货真价实的“道理”。可是，在乡村社会日常生活中，直接依靠劳动满足日益膨胀的货币化欲望，往往空间有限。而这又使得人们，不管是乡村社会层级结构中的优势群体还是普通农民，普遍感叹“很累”，失落、苦闷抑或空虚的心态急剧蔓延。又尤其，优势群体所面临的这种心态困境，除了对其“自我”构成压力之外，反过来还形成了直接针对普通农民的压力。它成了后者追求的目标，甚或证明自己有面子、人生有意义的东西。

货币中介机制作为组织经济和社会分层的机制，在此状态下即逐步开始钳闭乡村社会日常生活，形成一个又一个充满两面性的“连环套”。在这些“连环套”中，基层官场和农民个体指向货币的欲望，被前所未有地激发起来，但真正满足这些欲望的机会却绝无可能同比增长。结果，几乎每个个体、阶层都受困。可是，正如越挣扎越紧缩的“连环套”，单家独户的农民以及每个阶层急于求成地以劳动或非劳动的方式，追求迅速脱困的努力，事实上加剧了各自受困的程度。从社会心态上说，这即是一个“受困社会”[①]。

“受困社会”既是“双面人”日常生活实践的结果，当然也就与它因现代性兴起而引发的、注重当下物欲的一面，紧密相连。这正是诸种关于“单面人”、单面现代性的叙述，所批判的焦点所在。但其实，“双面人”同时也对“单面人”、单面现代性的叙述，具有反思意义。

乡村日常生活中的“双面人”，虽在某种程度上不乏“异化”、理性化、客观化乃至“病态化”的色彩，但同时也有挣扎着力图保持“真我”“本性”的一面。即使沉迷于肉欲者，也多少有此类反思。基于亲缘、地缘，以及哪怕是工具性的“人情”而形成的社会关系网络，在货币中介机制兴起的过程中起到了很大的作用。同时，它也为货币中介机制中人生的“失败者”，提供了日常生活的安全阀和减震器。在乡村治理领域，理性官僚制虽在兴起，“传统型”、“父权制”和“魅力型”的权威，却不仅依然存在，甚至也可与基层官场相结合，以完成其治理任务。那些深埋在村民心中、充满矛盾的信仰和人际关系信条，则为宗教、准宗教和父权制的支配方式提供了广阔而深厚的土壤。“当家做主”和“为民做主”之间的张力还表明，现代性兴起，一方面导致了治理领域封闭的可能，另一方面同时也生发了开启治理领域封闭之门的民主参与力量。这是一个双向的过程。

经典社会理论家和当代批判理论者对因现代性兴起而来的“俗人”和“病人”，做出了深刻的批判。这对于反思形式上的“自由”“民主”“平等”“公正”等宏大词语，以及将之视作无条件神圣教条的虚伪性，无疑一针见血。而在“双面人”的日常实践中，其

① 在这里，“困”主要源自分配不公、社会层级间差距和压力过大，与因人均资源极低、社会停滞而造成的恶性竞争之“困”（孔飞力，1999：300），有本质区别。

实每天都在以“乡土”方式编制另外一种话语，诸如讽刺性笑话、顺口溜和戏谑性的打油诗、段子，即是此类话语的隐喻。由此，以“双面人”看来，越是形式化话语具有封闭趋势时，与其相对应的批判性、反思性话语就越是或明或暗地更流行。这个道理就像“哪里有压迫，哪里就有反抗”。现代性导致“俗人”趋向单一化的“病人”，实际上只能产生“双面人”，因为它不可避免地要遇到来自日常生活中的“真我”“本性”的反抗。

由此看来，经典社会理论家们在如何克服现代性之不足的问题上，虽有深刻的一面，却也留下了如何将理论与日常生活实践相连的一系列问题，值得进一步探讨。以现代日常生活为基点，针对“异化”的阶级斗争与政治解放路径（马克思，2000：59），留下了动员性、斗争性体制如何常规化的实践难题。又尤其，在现代性因素积累到温饱有余的水平后，“双面人”往往倾向于以日常生活秩序相对稳定为前提，来反思现代性社会的不足，寻找更优的替代方案。同样，以职业道德教育应对现代性兴起中的社会“失范”（涂尔干，2000：313），也留下了包括异质性的社会在“有机团结”不够的情况下（113），究竟如何才能让道德成为普通人日常生活有机组成部分的议题。而且，职业伦理教育如何跳出“父子同业”的阶级再生产怪圈，从而在日常生活中成就普通人的人生理想，理顺社会心态，仍然是未竟之题。至于以个体恪守“责任伦理”的方式挣脱理性“铁笼”的办法（韦伯，2007：188），则显然更近似于一种道德倡议，反思力量颇为柔弱而分散。与此类似，强调个体“生命伦理”（齐美尔，1991：44），以鼓励人们感受生命的价值和超越当下物欲的人生意义，也有如何在波澜不惊的日常生活中激发积极反思的动力机制问题。

当然，不管怎么说，经典社会理论家们还将反思现代性单面化倾向的希望重点，放在绝大多数的普通人身上。而与此相对，不少当代批判理论者在反思现代性带来“物欲横流”、人性被压制时，虽然路数差别甚大，却不约而同地将希望寄托于主流社会之外的边缘群体及其思想之上。

针对“俗人”被现代理性的一面控制以致成为“病人”的问题，“单向度的人”的替代性方案并未寄希望于日常生活中的普通人，及其自我“拯救”的反思。相反，针对“单向度的人”的反思认定，只有流浪汉和局外人，不同种族、不同肤色的被剥削者和被迫害者，失业者和不能就业者，才有希望通过“大拒绝”（马尔库塞，2006：234），“治”好“单向度的人”的现代性“病”。其反思虽然在批判的一面深刻而有力，但在建构的一面却不仅忽略了普通人的反思能力，也忽略了社会边缘群体承受现代性“拯救”之重的能力和实践渠道。在现代性兴起的社会里，具体的人与人直接依赖程度大大下降，而个人依赖社会的程度却急剧上升（农民从农业转向农工混合经济，只是这其中的一环）。这意味着依赖于私人的联系弱化，依赖于公共的沟通变得更为重要。而“大拒绝”的指向，则很显然与此世道趋向背道而驰。

至于解构中心式、整体式宏大叙事的主张，对揭示弥散性、现代性的客观权力机制规训活生生的人（福柯，1999：353），同样也十分深刻。只不过，“解构”本身并不等于“拯救”。相反，在所有参考价值体系都被解构后，普通人的人生反而会失去定位方向的坐标。纯粹个人化、碎片化的主体性虽然容易得到“爽呆呆”的登峰体验（福柯，2002：591），但“爽”完之后如何回归可持续的日常生活，却往往是个大问题。同样，指出上帝死了，乃至有主体性的人也“死”了，虽对反思现代性虚幻的一面不无意义，但仅靠号召人不再贪婪、正视自我主体的缺席（波德里亚，2006：166），却并不能起到比道德倡议更好的作用。而强调注重“差异”“延异”以帮助人寻找意义“痕迹”的主张（Derrida，2001：112），则不经意间否定了劳动对人生的价值。从日常生活的角度看，其悖论在于，离开劳动，人生也就脱离了日常生活，遑论意义。进而，以精神分析治疗的方案应对现代性社会病（Lacan，2006：80—81），则可能将要面临究竟由谁为谁治病的问题。而且，“病”既然源于系统的现代性，它与个体化的“治疗”之间又岂会没有张力？

认识到现代人具有双面的特征，首先可以否定此类说法：“双面人”只是转型社会的暂时性产物，随着现代性兴起的时间延长，终将转变成“单面人”。进而，针对现代性单面化、压抑人的主体性倾向，“双面人”的启发在于，日常生活中的普通人自身即可，并且理应成为反思的主角。正如“大转型”下的社会在被市场挤压后，会自动开启保卫社会的机制一样（波兰尼，2007：73），克服现代性弊病的药方主要也不在别的地方，而就在现代性兴起的日常生活当中。在这一过程中，国家因具有超越社会的主体性，而更适宜承担起反思和优化现代性方案的先锋。如前所述，国治，方能正民心。正心，尚可齐家、立命。心正，家齐，命立，“受困社会”始有解困的希望。此外还值得指出，既然与日常生活中的现代性相连的是“双面人”，反思亦就不在于“大拒绝”，而在“大对话”。其一，社会话语由对话而多元共存，求同存异而打破意识封闭；其二，社会层级结构由对话而具有弹性、流动性，进而打破阶层封闭；其三，人生价值由对话而多样，进而打破货币中介机制对人生尊严的封闭。

四、治国

在现代社会中，国家无疑是不同群体、阶层进行公共对话、沟通和协调的最重要平台。同时，它又是超越于任何单一个体和阶层的公权所在。尤其对于普通农民而言，国家还是其人生和日常生活的前置条件。转型乡村中的“双面人”对于国家治理的反思意义在于，它呈现了两种极端方向与农民人生及日常生活的张力。

在乡村基层治理中，如果国家片面否定农民日常生活中的物质欲望，所得实践后果往往适得其反。农民因为没有办法做到相应限度的“去私”，而难以实现人生的超越，以至于，不仅无法如国家治理所希望的那样实现崇高，反倒可能怀疑、愚弄崇高，进而更急迫地追求被过分压抑的私欲、物欲。在这样的条件下，国家虽然可以给农民的日常生活提供某种程度上的平等，但是，因农民的私欲、物欲被当成了国家治理的对象，实际上提供的只能是基于私欲、物欲被压制的平等。当然，农民并非就不能为国家更宏大、长远的目的，在日常生活中压制私欲、物欲。不过，绝大部分的普通农民终究不是苦行僧。由此，它需要两个前提。其一，以家庭为基础的日常生活可以正常循环；其二，在乡村社会层级结构中，优势群体的私欲、物欲大体一并被压制。如果普通农民温饱不足，即有悖于前者。而优势群体权力滥用，则有悖于后者。如此一来，乡村社会心态就必然失衡。农民在日常生活中追求基本私欲、物欲满足的意识，就会自然而然地转化为针对基层治理的反思，继而在渴求国家“为民做主”的心态下，期望国家治理转型。在农民日常生活“哲学”中，是可谓世道趋向可顺之而不可逆之。对国家而言，农民认定的世道趋向即是人心。世道人心既关乎国家的合法性，更直接关乎治理的合理性和有效性。由此，普通农民、乡村社会中的优势群体与国家的这场大对话，能否顺利进行，以及基于大对话的沟通、协调能否实现，既关系到普通农民日常生活能否过好、理想人生能否实现，也关系到国家能否实现农民心中的“治世”。

可是，在乡村基层治理中，如果国家片面肯定农民日常生活中的物质欲望，所得实践后果也同样适得其反。尤其在客观上原本不具备快速发展条件的中度发展地区，基层干部将片面强调当下物质欲望满足的逻辑，贯彻到地方发展中，虽可带来物质财富快速增长，但却只能“变通”绕过乃至直接违反宏观政策和国法“掘地”。结果，这种类型的财富增长越快，基层官场的“私”欲、物欲越是得到更好的满足，国法就越是被虚化、破坏。为了在共同应付此类“变通”、违背国法的基础上，争取更多的政绩和官僚制度内的升迁机会，基层的“派系政治”现象就变得日益盛行。在实践中，既然基层官场公权可为地方发展之公共目的“变通”、违背国法，基层官员公权私用的空间也便大大增加。国家治理一旦在基层官场变形，农民不管是通过“当家做主”要求基层官员为人民服务，抑或寄希望于其发善心“为民做主”，都难上加难。最终，基层治理越偏离国家治理的公共目标，农民越难以过好日常生活、实现理想人生，乡村社会心态也就越失衡。

同样重要的问题还在于，国家在乡村基层治理中片面强调当下物质欲望，在客观上造成了乡村社会层级间差距迅速扩大。而且，在乡村社会层级结构中的优势群体，其致富手段也不乏“变通”、违背国法之处。致富而意未必诚、心未必正，却未能遭到国法及时制止、惩处，不仅对看重“诚意”“正心”却身处乡村社会底层的农民人生，构成了活生生的、尖锐的讽刺，而且进一步引发了普通农民更强烈的私欲、物欲膨胀。可是，乡村社会中的资源和机会都是有限的，在中度发展地区尤其如此。当乡村社会分层标准日趋只有物质财富这一“独木桥”时，势必只有极少数农民能通过此“桥”稳居上层，而大部分普通农民则只能望“钱”兴叹。由此可见，国家在推进社会转型中强调“效率优先、兼顾公平”原则时，须有具体可落实到农民日常生活中的机制保障“兼顾”。否则，它就容易在某种程度上被基层治理省略为只有前半截而没有后半截。一旦“效率”有余而“公平”不足，就出现了“谁的效率”的政治经济学命题。在乡村社会层级结构中，如果“效率”只属于极少数优势群体，则无疑“效率”越高，普通农民在日常生活中的人生挫败感就越强，乡村社会心态就越失衡。甚至于，不仅普通农民“端起碗来吃肉、放下筷子骂娘”，就连优势群体也得了便宜还“卖乖”。因其“效率”来得太容易、太不义，优势群体不仅藐视国法，且因私欲、物欲更容易膨胀而与日常生活冲突更大，心更不定，家更不安，人生更难超越。

由此，以日常生活为基准点看，国家在乡村基层治理中既不宜片面否定，也不宜片面肯定农民的私欲、物欲。在这两个截然相反的方向上，任一方向趋向极端，都将使农民日常生活陷入困境，理想的人生难以实现，从而也使得国家在乡村基层的治理与农民“历史感”中的“治世”相悖。换句话说，农民的日常生活和正常的人生欲望，而非片面的“圣人”之“礼”或“俗人”之欲，才是国家进行乡村基层治理的合理参照系。

若进一步细分国家治理，则不难发现，对于作为现代国家治理支柱的法治与民主，转型乡村中的“双面人”也不乏反思性参照意义。

从“礼治”迈向“法治”，向来被视作现代国家治理的重要标志。其背后的人生假设则是“圣人”到“俗人”的转型。预设人可“圣”者，重教化，推礼治。而预设人本“俗”者，则重规范，推法治。在现代性兴起的过程中，“圣人”被认定为“落后”，或者至多只能归之于道德领域，而从“罪人”身份中脱胎出来的“俗人”则属于“先进”“自主”的标志。国家制定“先进”的、基于“俗人”欲望的法律或规范，以代替“落后”的、体现“圣人”人伦的“礼”，无疑就显得非常重要。尤其是，在作为“落后”的典型标志的乡村社会当中，二者之间的张力显得更加突出。撇开这一转型过程须有必要的社会成本做支撑不说，农民法律意识淡薄就是它首先须面对的现实问题。而其实，农民在日常生活中也并不是一切法律的反对者。即使在国法与日常生活中诸多规则相冲突的情况下，农民也不乏积极向国法靠拢的变化。如在男女平等的规则上，即已有了不小改观。甚至于，在某些情况下，农民也积极主动迎接法律下乡，以保障自己的权利。

所以，真正的问题在于，那些与日常生活相去甚远、实践起来至少暂时有难度的国法，须考虑与农民日常生活保持合理的距离。只有稍加改变日常生活，即能够得着的国法，农民才可能沿着法治方向转变。如果国法要农民彻底改变日常生活才能够得着，甚至彻底改变日常生活也够不着，那么它在实践中，要么会被农民当作“耳边风”、形同虚设，要么则变成完全不顾现实的酷法，既不符合人性（要知道人性永远不是抽象的，而是植根于特定社会和文化基础的），也难支撑起农民理想的人生。即使是那些认识到了“圣人”之“礼”对现代社会尚有意义，并试图与之建立起某种传承关系的国法，如距离日常生活太远，也可能只具有“慰藉”现代法治的道德象征性。例如，当“半工”的年轻农民在收入、假期、交通上无法将看望老人变为日常生活时，国法又如何可能让其家庭日常生活变得更有秩序？由此，“礼治”与“法治”并非就是单纯对立，且在“进化”序列上天然的前后替代关系。相反，它们有着诸多交叉的内容。甚至于，某些并不交叉的内容，也未必是对立，而是相互配合的关系。至于那些确因现代性转型必须替代的内容，也恐注定是一个渐进的法治过程。因为，农民日常生活的转型总是渐进的。

再者，更重要的还在于，日常生活中的普通农民并非就真是法盲。虽然法律知识相对贫乏，他们对国法的尊崇和敬畏之心，却比乡村社会层级结构中的优势群体强得多。基层官员违背国法“掘地”、欠债不还钱，企业违背国法污染环境、侵犯农民工劳动权益，个体老板违背国法销售假劣农资乃至有毒食品，“醒目”的农民大到违背国法经营地下“六合彩”、小到出售有毒农产品，不一而足。此类行为往往非但没有被国法制止、惩处，反倒给人们快速带来了超常的物质财富。进而，由此致富者不仅嘲笑国法形同虚设，还嘲笑遵纪守法者不懂得“变通”、思想不够解放。“解放思想”的原则，原本是国家优化治理的“法治”转型机制，在这里却变成了“怎么都可以”。可是，当普通村民力图援用与土地有关的国法，阻止优势群体“掘地”和保护自己权益、伸张村民自治的权利时，从基层官员那里得到的回应却是“别钻牛角尖”，要给官员“面子”，等等。一言蔽之，国法一旦缺乏具体措施保障公正实践，就可能出现选择性执法，而又选择性“失明”。毋庸说，由此带来的问题不仅使得国法在“天高皇帝远”的地方损失威严，而且使得基层官场在某种程度上失去人心。对普通农民而言，国法虽好，但在基层实践中能有效利用国法者，却是“他人”，而非“自己”。在这种心态作用下，他们缺乏法治意识，寄希望于国家“为民做主”，又何尝不正符合日常生活“哲学”。

然而，以现代性方案为参照，农民希望有善心者“为民做主”，却是极其“落后”、需要被改造的思想。这就不免让农民犯难了。如果要在时间、精力甚至人身安全上都付出很大代价，才能实现现代性方案，农民的日常生活就没法跟得上。能抛下日常生活，愿意付出这样的代价，与乡村社会层级结构中的优势群体认真周旋到底者，毕竟少之又少。对普通农民日常生活来说，犬儒，“忍”，茶余饭后做些谴责，然后盼着国家“为民做主”，至少是比较省事的做法。如此一来，无论是在村民自治中，还是在基层官治中，自下而上对村干部、基层官员的权力监督，显然就难有一个比较坚实的社会基础。农民当然并非心甘情愿地放弃民主选举、决策、管理和监督的权利，否则就不会心态失衡了。但是，农民日常生活确实难以承受成本太高的民主权利，除非有更大的、对日常生活有用的收益。然而，“双面人”在基层官场中的表现恰恰是“派系政治”。这不仅注定了普通农民在日常生活中就地行使民主选举、决策、管理和监督并不容易，甚至也注定了他们直接触及国家“为民做主”的机会也不容易。因为，这意味着他们必须穿越基层、县甚至更高的“官场”，方能突破“派系”的范围，找到与基层官场“派系”利益无涉，而能主持“公道”的“父母官”。农民上访艰难，以及大量农民在上访后无果而终、主动放弃，即由此而生。

不过，寄希望于善心者“为民做主”的想法，虽然并不重视民主选举，却很难说就与民主决策、管理和监督没有实质重合之处。它虽然并不符合“俗人”国家治理的“民主”形式标准，但却对“民主”显然有另外一套道理。在农民的日常生活“哲学”中，国家“为民做主”、保证农民过好日常生活，正是人民“当家做主”最重要的表现。相反，国家如果不能保证农民过好日常生活，就是没有很好地“为民做主”。而一旦这样，再多的形式民主，对其日常生活而言也都只是形式化的摆设。在“俗人”“哲学”中，没有形式，实质或许就无从谈起。但对农民的日常生活“哲学”而言，形式只是为实质服务的，实质重于形式，精致的形式不能代替实质。二者当然不乏区别，“当家做主”更依赖于法治之“理”，而“为民做主”则更注重国法实践体现人伦之“礼”。但是，法之“理”与人之“礼”也颇有重叠之处。法之“理”如果缺乏人之“礼”的内涵，即是酷法或非人性的管理制度。人之“礼”如果不能融入法之“理”，即只是道德号召，难在日常生活中实践。无论如何，将二者纯粹二元对立划分，并认定“为民做主”到“当家做主”就是单向的历史必然，都值得反思。

五、齐家

家是人们赖以展开日常生活的平台，对理想人生能否实现，有举足轻重的作用。以一个新的家庭而论，其原初动因常是为情感和性欲望满足，而产生的两人结合。其中，多数为两性结合。家庭成为日常生活的单位，需要有一定的物质基础。由此，无论贫富如何，家庭内部关系总是牵涉着财产关系。财产关系则又包括权利与义务，二者相互依存。在通常状态下，两性结合意味着生育。于是，社会不管以何种形式，都得有实质的婚姻设置，以确保后代抚育顺利进行。这就又引出了代际、宗亲、姻亲等关系，并也或多或少因日常生活而与财产关系有交叉。

日常生活的优点和缺点都在于它是日常化的。它给建立家庭的双方以相对稳定的预期，却也容易使得家庭成立的原初动因逐渐消失。由此，性欲满足之激情并非能够长期维系家庭的稳定力量，而情感满足的动因则显得更加重要。“圣人”之“礼”对夫妇之“义”进行种种规制，其要旨即在节制个人情感的不确定性。这在人们主要靠农业生存，而且高度不流动的社会当中，对整理清楚家庭关系，使之更稳定，无疑起了重要作用。与此对应，无论是夫妻还是代际关系，甚至更大范围内的宗亲、姻亲关系，它们之间的财产关系都被理解成人伦关系，而不仅是物的关系。进而，以宗亲关系拟制形成的各种层次更大的“家”，如家族、宗族，也被赋予了周济家庭困难、调解家庭矛盾、维系家庭秩序的义务和权利。反过来说，这些扩大的“家”既是齐家的保证，也是维系地方社会秩序的民间资源。

在现代性兴起的过程中，“俗人”崇尚个体平等，包括夫妻。被迫追赶“先进”的中国乡村社会，也卷入了这个过程。各种层次扩大的“家”被国家在乡村的基层代理者所替代，两性平等被纳入社会主流话语。但是，对于农民家庭日常生活而言，极度依赖农业，人口高度缺乏流动，这两大基本特征依然没有发生改变。由此，即使女性权利上升，也并不可能构成与男性权利相互制约的关系。家庭不依赖个体权利形成的契约合作，而依赖人伦情感得以维系，仍然不仅是家庭稳定的前提，而且也是乡村社会秩序得以维系的前提。社会主流话语对于“作风”的强调，以及村庄公权调解家庭矛盾，在某种程度上起到了类似于家族、宗族依据“圣人”之“礼”在齐家中的作用。

在农民迈向农工混合经济的过程中，人口流动速度急剧加快。这对家庭日常生活的基本条件而言，是一次重大的变化。同时，随着村庄去单位化，村庄公权调解家庭矛盾的动力和能力都急剧下降。再加上，“俗人”乃至“病人”式的人生观作为“先进”的社会主流话语，既通过“教育”进城农民，又通过现代媒体，快速向乡村传播。农民婚姻中的人伦情感如何得以稳定、持续，也在日常生活中开始面临挑战。

越是乡村社会层级结构中的优势群体，在这点上面临的悖论尤甚。一方面，经历了财富积累过程，女性已丧失大部分或完全丧失了原初维系婚姻的条件。另一方面，男性充分具备获得婚外性关系的物质条件，却前所未有地几乎完全不再受到来自家庭之外的限制。现代性赋予了婚姻中的女性以平等权利的概念，但权利逻辑与家庭日常生活逻辑，却恰恰截然相反。女性积极、正式主张权利，则唯有通过解除婚姻关系，而这意味着家庭日常生活也随之终结。一旦如此，“人”的关系即已不再重要，剩下的只是划分财产、赡养和抚养义务等“物”的关系。再若不然，女性则只有靠着婚姻原初条件中的、已大打折扣的情感，以犬儒的方式维系家庭日常生活。毫无疑问，这样的家庭日常生活关系是不正常的，此间的人，心态难以平衡，人生充满缺憾。女性即使求助于“命”抑或宗教，以达到某种程度的心理安慰，却并不能解决齐家的现实问题，从而也无法实现理想的人生。

普通村民的婚姻关系因物质相对匮乏，在维系过程中，物的关系相对简单一些。不过，这并不意味着它处理起来就更容易。在权利逻辑下，责任关系应该是清晰的。但是，在农民家庭日常生活中，无论是赡养、抚养，还是生产经营，抑或宗亲、姻亲关系的处理，责任都是有弹性的，从而也都有一定的模糊性。在物质条件有限的情况下，优先完成哪些责任，由谁来完成，往往是婚姻关系难以厘清的主要由头。对这些问题，如果以平等权利对抗的“道理”来处理，似乎很难理顺。相反，倒是那些相对有分工、未必充分主张权利平等的家庭，日常生活中的关系理得更顺，心态更平衡，对人生的自我评价更积极。

除了婚姻关系之外，代际关系对于家庭日常生活能否理顺，也有着重要意义。

而在代际关系中，“双面人”带来的挑战，首先在主干家庭中表现出来。年轻一代日益膨胀的私欲、物欲，使得他们向父母的索取多于给予。从总体上说，这种潜在的矛盾因老一代注重以延续祖荫作为人生超越的心态，而得到最大限度的化解。但在家庭日常生活中，这种矛盾并不因此而消失。老一代虽然从理性上和情感上都愿意接受这一家庭关系格局，却同样避免不了心态上的某种失衡，抱怨在所难免。由此，情况严重者导致家事纷纭，亦是常事。遑论有一些做得更出格的年轻人，在最后尽赡养义务的问题上，也不愿承担责任，以致引发激烈的代际冲突。此可谓，“圣人”之“礼”已然弱化，而“俗人”之权利与义务关系仍尚未确立，结果让老一代落在了年轻一代“病人”之自私自利的“欲壑”转型“裂缝”中。

“双面人”给农村家庭日常生活中的代际关系带来的另一挑战，是子女教育问题。在普通农民家庭中，因家庭经济走向“半农”“半工”，强壮劳动力常年在外已是常态。但是，“半工”并不足以让其家庭在城镇抚育后代。由此，部分甚至完全依靠家庭中的老人在农村照料（外）孙辈，变为当下农村的普遍现象。可是，老年人照料好其衣食住行、健康和安全尚且不易，遑论教育。在教育和知识体系的现代性转型过程中，老年人已很难真正扮演好家庭教育者的角色。由此导致的（外）孙辈教育问题和心理问题，已不可谓不严重。

普通农民在此问题上，毕竟因为家庭经济上有“半农”“半工”的两面性，有迫不得已的地方。与此相对照，那些已经在乡村社会层级结构中占据了绝对优势的家庭，还严重依赖家中的老年人照料（外）孙辈并负责家庭教育，则很显然是其当下物欲过盛使然。而更为讽刺的地方还在于，越是这样的家庭，越是担心子女教育出问题，并导致“富不过三代”。

在现代性兴起引发家庭内部关系快速变化的情况下，当下外部制度预设，偏向于直接依照“俗人”的现代权利与义务关系标准，来处理此过程中出现的“病人”现象。其中，将家事尽可能地交给正式的法律，即是此类尝试，赡养（乃至看望老人）、抚养和婚姻的解除莫不如此。但是，在社会转型的过程中，依据正式法律的法治资源供给速度进行优化，毕竟需要一个过程。在此类资源不足的情况下，法治实践不得不放弃了公权督促家事和睦的公共责任。在追求效率的逻辑下，以正式法律整顿家庭关系，日益倾向于将人的关系理解为物的关系。如此一来，对待婚姻解除之事，法治实践趋于尽可能地让当事人尽快、顺利地分割财产，一次性以物的方式结算清楚权利与义务。对待代际关系亦是如此，正式的法规即便可以限定必须看望老人，却很显然忽略了日常生活的复杂性。诸如怎么看、以什么心态看，以及强制代际关系如何处理等问题，即便每一细节做出规定，又岂能真正保证人伦情感的附着？

在正式法治资源不足的情况下，实践中的效率逻辑，当然也有其苦衷。而且，作为家庭正义的底线保证也确实有不可替代的作用。可是，家庭人伦关系虽然往往与物的关系很密切，却毕竟不能完全按照物的关系来处理。在这一点上，“双面人”事实上呈现了事情的另外一个维度。农民虽然因“俗人”私欲、物欲兴起，而不乏出现“病人”的一面，却同时至少还在某种程度上存有“圣人”之“礼”的一面。由此，“治病”的思路不必、亦不可只限于进一步明确“俗人”的权利、义务关系，并以国家强力保证它在日常生活中实践。国家离农民日常生活距离太远，若及时、日常性地帮助农民整理家庭关系，其成本将高得让人无法想象。而“法治”本身的含义，也绝不意味着必须以正式法律的形式治理日常生活的一切。与此相对照，农民家庭的亲缘、地缘关系网络中的他人，则与其家庭日常生活很近。在正式法律确立家庭正义底线的基础上，亲缘、地缘关系网络资源理应、亦完全可以被盘活，用来帮助农民家庭在日常生活中整理家庭关系。如前已述，在当下乡村社会中，仍有不少热心人愿意参与宗亲事务和村庄公务。在不与国法相悖的前提下，此类村民完全可以依托亲缘、地缘关系网络，在自然村或村民小组之类三五十户的规模上，为此做大量的日常工作。事实上，这套机制在某种程度上本就正在发挥作用，只是因为缺乏必要的合法形式，而名不正言不顺，活力难以全部释放出来。

从前文关于道德化政治的分析看，当下村民自治系统之所以难以起到以上作用，主要原因有三：一是因为规模太大、干部太少，从而距离村民日常生活的紧密关系网络——自然村或村民小组，仍太远；二是普通村民难以监督村干部，对其缺乏信任（而参与整理他人家庭关系者，威望是前提）；三是村干部大部分精力用在应付基层官场的任务。由此，有两个思路或许值得探索。其一，将村民自治系统往下延伸，让它建立在自然村或村民小组三五十户的规模上（现村干部承担基层官场的行政任务另交专门代理人处理）。其二，在此规模上，在法治精神指导下以村民理事会或村务理事会等形式，盘活、培育亲缘、地缘关系网络资源，及其帮助农民在日常生活中整理家庭关系的能力。同时，此类资源还当配备微薄的集体财产。至于它是否会如村民自治那样滋生腐败，有三点可能值得言明。其一，三五十户范围内、以亲缘和地缘为基础的民间组织，成员有很强的归属感；其二，成员进行权力监督的可操作性比现有村民自治更强；其三，因担心腐败即从根子上不允许公共财产存在，其实是一种消极思路（依此思路，县级财政岂不也因县官有可能腐败而要取消？），积极思路应是从制度上监督公共权力。

总之，如果一味强调仅仅依靠家庭中的个体，依据“俗人”假设基础上的正式法律界定的权利义务关系，来整理日常生活中的家庭关系，可能是一条“死”路。因为，它至多只能保证家庭正义的底线。当它迫不得已实施时，家庭日常生活和人伦情感也随之终结。[①]在法治保障底线的基础上，从日常生活着手，动态维系家庭成员的合理欲望，不仅关系到家庭关系是否相对稳定，而且关系到理想的个人人生能否实现，乡村社会心态能否相对平衡。在这方面，“圣人”之“礼”以及与之相关的亲缘、地缘关系网络，仍有它们的有用之处。

六、立命

心是人生最终的精神归宿。精神有所寄托，即是立命。在这个意义上，心不是个体的心理，而是复杂社会关系形成日常生活的社会心态。人无法仅仅在个体心理上，而只能在复杂的社会关系中，确立人生的意义和精神的寄托。

在农民的日常生活中，当然也不乏有人将精神的寄托，也即将心，部分交给了宗教或民间信仰。但如前所述，宗教抑或民间信仰同样是一套关于立命和处理心态的道理。由此，实际上，信奉宗教或民间信仰也就是一条立命的道路。据此理，“命”乃取决于基督、神明、大自然抑或前世善恶之行，在人生之外即已确定。人在现世

---

① 从本质上说，它是社会心态，而不是个体心理。因此，它也不是精神病理学可以解决的问题，而只能援引家庭之外但有人伦情感的力量，予以帮助矫正。

中，只需循此类“命定”的因素展开日常生活，心态自然就会平和，精神自然就有所寄托。农民在日常生活中倘若达不到这一境界，缘由即在“心”不够“诚”。在此视角下，通过宗教与民间信仰立命，至少在表面上是条捷径，只要“诚心”，立命的问题便迎刃而解。

只可惜，事实上的情况远没有如此简明。在农民日常生活中，对宗教或民间信仰的崇拜，恰恰就容易在“诚心”这一点上出问题。究其缘由，农民信仰“有”或“无”原本就隐含了矛盾。而在现代性兴起过程中的“双面人”身上，这一矛盾更为突出。一方面，农民信仰在这个世界上“有”某种终极的价值，并且就附着在与现世人心可沟通的神秘力量之中。另一方面，绝大多数农民又在某种程度上相信，这世界上其实并“无”神秘的终极价值，值得以牺牲整个人生的日常生活为代价去追求。由此，对绝大多数农民而言，信奉宗教或民间信仰不仅与现世日常生活不矛盾，并且从根本上就是为了把日常生活过得更好，而不是要成为像僧侣那样完全脱离于日常生活的人。甚至于，在日常生活中私欲、物欲急剧膨胀的情况下，其信奉宗教或民间信仰的初始动机所包含的实利色彩，亦颇为突出。而且，在“实用主义”原则下，同时信奉各种不乏矛盾甚或冲突的宗教和民间信仰，也是常见现象。质言之，“双面人”的存在表明，“心”不够“诚”，仍是农民通过信奉宗教或民间信仰立命，所面临的常见问题。由此，当下绝大多数农民绝难仅靠走这条道路，达到立命的目的。

当然，鉴于这条道路就农民在日常生活中立命而言，并非毫无意义，宗教宽容确实需要得到正视。在农民日常生活有其需要的情况下，“堵”是“堵”不住的，倒是“疏”的思路值得重视。只有正面“疏”，方能让诸“神”浮出水面，以便纳入正轨，依法处置邪教或披着宗教与民间信仰外衣的非宗教“暗流”。二者是一体两面的关系。不过，如果将农民立命的主要希望寄托于此路，或是用它来麻痹其日常生活中的反思精神，则也是剑走偏锋的歧路。“双面人”在现世中“挣扎”的一面已发出激越而沉重的“呐喊”，绝大多数农民立命的根基必须建立在现世日常生活之中，而不是任何别的地方。

在现世日常生活的关系中，与社会心态相关者，主要集中在经济、政治与社会结合三个方面。

在农民日常生活的经济上，立命的问题首先与安身相连。安身意味着物质生活能达到当下社会生活大体可接受的底线标准，除了具有绝对底线意义的温饱和容身之所外，基础医疗、教育等内容也同样重要。在“半工”“半农”的混合经济条件下，与“半农”相连的土地可持续收益权，即底线所在。在当下及未来相当长一段历史时间里，无论是农民从事“半工”所得，还是国家，抑或二者合力，似仍无法确保数亿计的农民可以万无一失地依赖社会保障，过好日常生活。这意味着，一旦在经济上有较大波动，通过种地或其他方式，获得基于土地的、哪怕是极低却是可持续的收入，仍是农民的生存底线。农民当然可以进城，亦可就近入镇，但只要从长期看、而不是从短期看其家庭经济仍具有“半工”“半农”的性质，基于土地的可持续收益在本质上就仍对农民具有安身立命底线的意义。不管农民是被动还是主动，如果进入城镇却不能满足自己整个人生（包括劳动力再生产）的基本物欲，而换来的结果却是失去土地的可持续收益，安身立命的根基就会被破坏。若是如此，其人生就只有在乎当下的一面，社会心态就会陷入幻灭感，乡村社会秩序的底线也势必受到极其严重的威胁。

在安身的基础上，农民过好日常生活显然还有更高的要求。不过，超越生存底线的所谓“高”，并不是抽象意义上的收入多寡，而是与社会比较，也即纵向社会结合有关。前文已述及的农民经济观念和对待乡村社会层级结构的态度表明，他们并非丝毫都不能容忍贫富差距，而仅是热衷于“大锅饭”的绝对平均主义或民粹主义者。

给农民带上此类“帽子”，若非别有用意，至少也是一种误解和偏见。事实上，农民对自由的向往，更胜于平等。他们不仅能心态平和地接受相当程度的贫富差距，而且在贫富差距极大，甚至在不乏优势群体以违背“天理”的手段制造差距的情况下，还在一面反思性批判，一面又努力寻找心态平衡的各种方法，如“忍”“认命”和犬儒主义。这样的事实，岂能用“绝对平均主义”或“民粹主义”的“帽子”遮盖和漠视？由此，从这个角度看，“双面人”对农民在现世日常生活中安身立命而言，其经济意义即在于揭示了调节贫富差距，以及严格控制非法、非道义致富手段的必要性和紧迫性。否则，如果“无德有福”成为农村经济常态，农民在日常生活中心态平衡尚且困难，遑论立命。

对当下大部分农民而言，基层政治仍是其唯一算得上“团体格局”意义上的日常生活。这是一种先有章程、后依章程行事的公共生活，与仅靠亲缘、地缘关系形成的群体生活有差别。前者是公共关系，与之相配的道德是正式规制的权利与义务体系，只要是合法（章程）的成员，其权利与义务即平等。后者相对于单家独户而言，虽然也可算公，但其关系性质却是私人关系的延展，在道德上依人伦关系远近不同，并无普遍标准。基层政治从家族公共生活走向“团体格局”式生活的过程，无疑是现代性兴起的重要表现之一。不过，因农民真正自主参与“团体格局”式生活的经验还有限，以村民自治的方式“当家做主”，仍难以常态化地保证其期望的“好人”，稳立于村庄政治舞台的中心，而且长期不“变色”。村民在抱怨干部们没能够“为民做主”时，将自己“当家做主”的信心也从日常生活中一并消解了。

期望“好人政治”而不得，不仅阻碍了农民将精神寄托于“团体格局”式的公共生活，甚至还导致了社会不公，刺激私欲、物欲进一步膨胀，以及乡村社会心态失衡。在农民由此埋怨世道时，它又不仅阻碍了农民在现代公共生活中立命，也削弱了农民在原有的“历史感”中立命的基础。在道德化政治格局下，将村民自治向下延伸至自然村或村民小组三五十户规模的单位，即是利用尚存的有限人伦关系，与正在萌生的民主原则相结合，抑制政治精英不“为民做主”的倾向。就人生而言，这即是尝试利用“双面人”中尚存有“圣人”之“礼”的一面，与“俗人”政治之“理”相结合，在接续传统资源的基础上，塑造现代“团体格局”式的公共生活。当然，在具体形式上，必定还有诸多其他形式值得探索。但总原则或可概括为，基层政治须同时找到“圣人”与“俗人”的生长点，而非一个代替另一个，农民方可在传统与现代的交错中，找到在公共生活中立命的根据。

与此对照，基于亲缘、地缘而形成的“私人”社会关系网络，对于村民人生的精神寄托，毋庸置疑有着更为直接的关系。一方面，村民在日常生活中就自己在乡村社会层级结构中的位置，与他人进行对比时，直接且重点参照的即是亲缘和地缘关系网络中距离较近者。另一方面，在日常生活中如有困难，乃至人生中遭遇重大不确定性变故，农民首先也是求助于亲缘和地缘关系网络中距离较近者。由此，在“俗人”法治精神指导下，以适当形式盘活、培育“圣人”之“礼”的亲缘、地缘关系网络，使之变为日常性的、有活力的准公共生活，其重要意义亦在于使村民的精神有所托。至于家庭内部关系则更是如此，家庭是村民日常生活的基本单位，对人生意义实现和精神寄托有着非凡的作用。除了以“俗人”为标准的权利与义务体系，明晰和约束家庭正义底线之外，借由亲缘、地缘关系网络半直接、半间接地调解和梳理，以及通过学校教育、媒体加以培育、劝导，或都是值得探索的思路。在这里，与宗教和民间信仰一样，“诚意”“正心”亦是关键之所在。鉴于“双面人”仍在某种程度上将自我人生意义寄托于祖荫之延续，再加上人口结构老龄化之背景，对村民传宗接代之观念，亦似不必再过度地口诛笔伐，[1]或许，尝试倡导女性亦可作为传宗接代之标志，如在财产继承以及仪式象征（入族谱、进祖坟、上祭祀）等方面男女平等，反倒可能是值得思索的方向。

不管怎样，“双面人”的特性表明，绝大多数农民并不能仅靠宗教或民间信仰实现人生立命。他们注定了只能在现世的日常生活中即凡而“圣”。在这点上，“家”有其极为独特、无可替代的意义。甚至于，在转型乡村中社会有其巨变的一面，安身或已可在家外（如依赖社会保障），但立命却仍只能在家中实现。离开家，命就残缺不全。更进一步说，若是世道艰难，又抑或人生不幸，难安身，命也同样还得立。当然，无论家里还是家外，“双面人”都有其经济、政治和社会结合上的根据，其安身立命的出路也应该在这些关系当中，而不是之外。此外，即凡而“圣”也并非易事。人生之中总有欲望与现实相冲突的地方，又或许还难免有意外。这些都是安身立命中的不确定性因素，也是包括“命”的观念在内的宗教和民间信仰得以存在的现实缘由。在变动不居的世界中追寻永恒，或许本就不无悖论。但即便如此，不管是对国、家还是个体，超越当下，却又是不得不为之的事情。

从终极层面看，“俗人”的世界观、宇宙观、本体论无疑可推导出更多有实用功效的科学知识，但也可能伤害到那些曾经凝聚起个人，让个人不至于孤独可怜的社会纽带。当代哲人对“病人”的批判，正是出于对人的关系被物的关系取代，人被物取代，以致心灵流浪于“荒野”的焦虑。与此相参照，“圣人”之“礼”对于克服“病人”难以安心、无以立命的病灶，以及“双面人”内在的人格冲

---

① 反思传宗接代思想的另一重要依据是“俗人”社会的男女平等原则。但事实上，靠宣传男女平等让农民放弃传宗接代思想，效果并不佳。近几十年来，应当说男女平等原则已经有了很大程度的普及，而农民传宗接代思想却并未与之完全相对应地下降。这说明性别和代际关系其实并非完全对立，倡导男女平等的理念未必就要消灭传宗接代思想。

突甚至分裂，或许仍有其独特的价值。

在这其中，“生生和谐”是“天命”和人心的神圣而又平凡境界。在人的关系上，这就是：你要好好活，让人家也要好好活，否则大家都没法好好活。从这角度来讲，立命，绝不是纯粹个人的私事，而是涉及人与外物、人与他人、人与内心、人与国家、人与历史、人与生死等关系的大事。不过，不管是“俗人”之“理”，还是“圣人”之“礼”，都需面对如何将高尚原则，低成本地贯彻到农民日常生活中去的问题。它可能不是单纯靠国法可以办到，亦恐非道德学问、心性教化所能单独了结，而需要在大对话的基础上将两方面结合起来，从农民日常生活中的经济、政治、社会和信仰诸层面入手，去探索治世与安心之道。但不管如何，绝大多数农民在日常生活中得以形成并满足合理的欲望，达至相对平和的心态，既是其人生立命的关键所在，也是社会安定和国治的关键所在。

言及此处，参照马尔库塞针对“单向度的人”所引用本杰明的警句式感叹，我们亦似可针对“双面人”写下这么一句：只有绝大多数普通人能在日常生活中找到希望的时候，希望才真正赐予了我们！

参考文献

艾华，2008，《中国的女性与性相》，施施译，南京：江苏人民出版社。

艾恺，1996，《最后的儒家》，王宗昱等译，南京：江苏人民出版社。

奥古斯丁，2009，《上帝之城》（下），吴飞译，上海：上海三联书店。

鲍伊，2004，《宗教人类学导论》，金泽等译，北京：中国人民大学出版社。

波德里亚，2006，《象征交换与死亡》，车槿山译，南京：译林出版社。

波兰尼，2007，《大转型：我们时代的政治与经济起源》，冯钢等译，杭州：浙江人民出版社。

陈柏峰，2012，“基督教传播与中国宗教再认识”，黄宗智主编《中国乡村研究》（第九辑），福州：福建教育出版社。

陈翰笙，1984，《解放前的地主与农民》，冯峰译，北京：中国社会科学出版社。

陈寅恪，2009a，《陈寅恪集·柳如是别传》（上、中、下），北京：生活·读书·新知三联书店。

陈寅恪，2009b，《陈寅恪集·隋唐制度渊源论稿 唐代政治史述论稿》，北京：生活·读书·新知三联书店。

丁文江，1997，“玄学与科学”，张君劢、丁文江等《科学与人生观》，济南：山东人民出版社。

杜赞奇，1996，《文化、权力与国家》，王福明译，南京：江苏人民出版社。

费孝通，1999a，《费孝通文集》（第二卷），北京：群言出版社。

费孝通，1999b，《费孝通文集》（第十一卷），北京：群言出版社。

费孝通，1999c，《费孝通文集》（第八卷），北京：群言出版社。

费孝通，1999d，《费孝通文集》（第九卷），北京：群言出版社。

费孝通，1999e，《费孝通文集》（第十二卷），北京：群言出版社。

费孝通，1999f，《费孝通文集》（第四卷），北京：群言出版社。

费孝通，1999g，《费孝通文集》（第五卷），北京：群言出版社。

冯军旗，2010，“中县干部”，北京大学社会学专业博士论文。

福柯，1999，《规训与惩罚》，刘北成、杨远婴译，北京：生活·读书·新知三联书店。

福柯，2002，《性经验史》，佘碧平译，上海：上海人民出版社。

福柯，2010a，《不正常的人》，钱翰译，上海：上海人民出版社。

福柯，2010b，《主体解释学》，佘碧平译，上海：上海人民出版社。

弗里德曼，2000，《中国东南的宗族组织》，刘晓春译，上海：上海人民出版社。

格尔茨，1999，《文化的解释》，韩莉译，南京：译林出版社。

葛学溥，2006，《华南的乡村生活》，周大鸣译，北京：知识产权出版社。

郭于华、孙立平，2003，“诉苦：一种农民国家观念形成的中介机制”，杨念群等主编《新史学：多学科对话的图景》，北京：中国人民大学出版社。

郭宇宽，2012，“奢靡消费与商业合作”，郭于华主编《清华社会学评论》（第五辑），北京：社会科学文献出版社。

何包钢、郎友兴，2002，《寻找民主与权威的平衡》，武汉：华中师范大学出版社。

胡卫清，2013，《苦难与信仰》，北京：生活·读书·新知三联书店。

华尔德，1996，《共产党社会的新传统主义》，龚小夏译，香港：牛津大学出版社。

黄平，1997，《寻求生存》，昆明：云南人民出版社。

黄宗智，2003，“中国的‘公共领域’与‘市民社会’？”，黄宗智主编《中国研究的范式问题讨论》，程农等译，北京：社会科学文献出版社。

黄宗智，2007，《经验与理论：中国社会、经济与法律的实践历史研究》，北京：中国人民大学出版社。

黄宗智，2010，《中国的隐性农业革命》，北京：法律出版社。

吉尔兹，2000，《地方性知识》，王海龙等译，北京：中央编译出版社。

基拉尔，2006，《双重束缚》，刘舒等译，北京：华夏出版社。

景军，2013，《神堂记忆》，吴飞译，福州：福建教育出版社。

科大卫，2009，《皇帝和祖宗》，卜永坚译，南京：江苏人民出版社。

科大卫、刘志伟，2013，“‘标准化’还是‘正统化’”，中山大学历史人类学研究中心、香港科技大学华南研究中心主办《历史人类学学刊》，第6卷第1、2期合刊。

孔飞力，1999，《叫魂：1768年中国妖术大恐慌》，陈兼等译，上海：上海三联书店。

李华伟，2012，“苦难与改教”，《中国农业大学学报》（社会科学版）第3期。

李若建，2010，“理性与良知：‘大跃进’时期的县级官员”，《开放时代》第9期。

李霞，2010，《娘家与婆家》，北京：社会科学文献出版社。

李亦园，2002，《李亦园自选集》，上海：上海教育出版社。

李亦园，2006，“中国家族与其仪式：若干观念的检讨”，杨国枢主编《中国人的心理》，南京：江苏教育出版社。

李约瑟，1990，《中国科学技术史》（第一卷），袁翰青等译，北京、上海：科学出版社、上海古籍出版社。

梁庚尧，2006，《南宋的农村经济》，北京：新星出版社。

梁漱溟，2006a，《梁漱溟全集》（第二卷），济南：山东人民出版社。
梁漱溟，2006b，《梁漱溟全集》（第三卷），济南：山东人民出版社。
林南，2005，《社会资本》，张磊译，上海：上海人民出版社。
林耀华，1989，《金翼》，庄孔韶等译，北京：生活·读书·新知三联书店。
林耀华，2000，《义序的宗族研究》，北京：生活·读书·新知三联书店。
刘能，2008，《等级制和社会网络视野下的乡镇行政》，北京：社会科学文献出版社。
流心，2005，《自我的他性》，常姝译，上海：上海人民出版社。
鲁比·沃森，2008，《兄弟并不平等》，时丽娜译，上海：上海译文出版社。
卢云峰，2010，"苦难与宗教增长"，《社会》第4期。
吕大钧，1993，《吕氏乡约》，陈俊民辑校《蓝田吕氏遗著辑校》，北京：中华书局。
马尔库塞，2006，《单向度的人》，刘继译，上海：上海译文出版社。
麻国庆，1999，《家与中国社会结构》，北京：文物出版社。
麻国庆，2009，《永远的家》，北京：北京大学出版社。
马克思，2000，《1844年经济学哲学手稿》，中央编译局译，北京：人民出版社。
墨菲，2009，《农民工改变中国农村》，黄涛等译，杭州：浙江人民出版社。
尼采，1989，《上帝死了》，戚仁译，上海：上海三联书店。
欧爱玲，2013，《饮水思源》，钟晋兰等译，北京：社会科学文献出版社。
潘光旦，1993，《潘光旦文集》（第一卷），北京：北京大学出版社。
潘光旦，1994，《潘光旦文集》（第二卷），北京：北京大学出版社。
齐美尔，1991，《桥与门》，涯鸿等译，上海：上海三联书店。
齐泽克，2014，《意识形态的崇高客体》，季广茂译，北京：中央编译出版社。
荣敬本等，1998，《从压力型体制向民主合作体制的转变》，北京：中央编译出版社。
斯达克、芬克，2004，《信仰的法则》，杨凤岗译，北京：中国人民大学出版社。
斯科特，2007，《弱者的武器》，郑广怀等译，南京：译林出版社。
司马迁，2013，《史记》，北京：中华书局。
司马迁，2014，《报任安书》，习古堂国学网（http://www.xigutang.com/guwenguanzhi/6671.html），2014年12月30日访问。
苏力，2000，《送法下乡》，北京：中国政法大学出版社。
谭同学，2010，《桥村有道：转型乡村的道德、权力与社会结构》，北京：生活·读书·新知三联书店。
田余庆，2012，《东晋门阀政治》，北京：北京大学出版社。
涂尔干，2000，《社会分工论》，渠敬东译，北京：生活·读书·新知三联书店。
涂尔干，2001，《职业伦理与公民道德》，渠敬东等译，上海：上海人民出版社。
托尼，2014，《中国的土地和劳动》，安佳译，北京：商务印书馆。

王铭铭，2010，《人生史与人类学》，北京：生活·读书·新知三联书店。
王宁，2009，《从苦行者社会到消费者社会》，北京：社会科学文献出版社。
王守仁，2011，《王阳明全集》，吴光等编校，上海：上海古籍出版社。
王斯福，1997，“农民抑或公民？”，王铭铭、王斯福主编《乡土社会的秩序、公正与权威》，北京：中国政法大学出版社。
王斯福，2008，《帝国的隐喻》，赵旭东译，南京：江苏人民出版社。
韦伯，2004a，《韦伯作品集 I：学术与政治》，钱永祥等译，桂林：广西师范大学出版社。
韦伯，2004b，《韦伯作品集 II：经济与历史 支配的类型》，钱永祥等译，桂林：广西师范大学出版社。
韦伯，2007，《韦伯作品集 XII：新教伦理与资本主义精神》，康乐等译，桂林：广西师范大学出版社。
吴重庆，2011，《华南古村落：搁浅于时光长河的乡土与人》，北京：北京大学出版社。
吴重庆，2014，《孙村的路》，北京：法律出版社。
吴飞，2009，《浮生取义》，北京：中国人民大学出版社。
武雅士，2014，“神、鬼和祖先”，武雅士编《中国社会中的宗教与仪式》，彭泽安等译，南京：江苏人民出版社。
项飚，2000，《跨越边界的社区》，北京：生活·读书·新知三联书店。
萧凤霞，2003，“传统的循环再生”，中山大学历史人类学研究中心、香港科技大学华南研究中心主办《历史人类学学刊》，第 1 卷第 1 期。
谢继昌，1985，“轮伙头制度初探”，（台湾）《“中央研究院”民族学研究所集刊》，第 59 期。
许烺光，1990，《宗族·种姓·俱乐部》，薛刚译，北京：华夏出版社。
许烺光，2001，《祖荫下》，王芃等译，台北：南天书局。
徐勇，1997，《中国农村村民自治》，武汉：华中师范大学出版社。
徐勇，2003，“村民自治：中国宪政制度的创新”，《中共党史研究》第 1 期。
许倬云，2006，《万古江河》，上海：上海文艺出版社。
薛勇，2009，《仇富：当下中国的贫富之争》，南京：江苏文艺出版社。
晏阳初，1989，《晏阳初全集》（第一卷），长沙：湖南教育出版社 。
阎云翔，2000，《礼物的流动》，李放春等译，上海：上海人民出版社。
阎云翔，2006，《私人生活的变革》，龚小夏译，上海：上海书店出版社。
杨华，2010，“妇女何以在村落里安身立命？”，黄宗智主编《中国乡村研究》（第八辑），福州：福建教育出版社。
杨联陞，2011，《东汉的豪族》，北京：商务印书馆。
杨懋春，2001，《一个中国村庄》，张雄等译，南京：江苏人民出版社。
杨美惠，2009，《礼物、关系学与国家》，赵旭东等译，南京：江苏人民出版社。

杨庆堃，2007，《中国社会中的宗教》，范丽珠等译，上海：上海人民出版社。

伊斯顿，1999，《政治生活的系统分析》，王浦劬译，北京：华夏出版社。

应星，2001，《大河移民上访的故事》，北京：生活·读书·新知三联书店。

余光弘，1986，"没有祖产就没有祖宗牌位？"，（台湾）《"中央研究院"民族学研究所集刊》，第62期。

约翰斯通，2012，《社会中的宗教》，袁亚愚等译，成都：四川人民出版社。

詹姆斯·沃森，2006，"神的标准化"，韦思谛编《中国大众宗教》，陈仲丹译，南京：江苏人民出版社。

张厚安，1992，《中国农村基层政权》，成都：四川人民出版社。

张鹂，2014，《城市里的陌生人》，袁长庚译，南京：江苏人民出版社。

张先清，2009，《官府、宗族与天主教》，北京：中华书局。

张永宏，2009，"地方治理的政治"，《中山大学学报》（社会科学版）第1期。

赵鼎新，2006，"社会与政治运动理论"，《学海》第2期。

郑振满、郑莉，2012，"莆田侨乡的跨国文化网络"，中山大学历史人类学研究中心、香港科技大学华南研究中心主办《历史人类学学刊》，第10卷第2期。

朱熹，2011a，"大学章句"，《四书章句集注》，北京：中华书局。

朱熹，2011b，"语录五十二则"，张文治编《国学治要》（第四册），北京：中国书店。

庄英章，1972，"台湾农村家族对现代化的适应"，（台湾）《"中央研究院"民族学研究所集刊》，第34期。

庄英章，1981，"社会变迁中的南村家族"，（台湾）《"中央研究院"民族学研究所集刊》，第52期。

Ahern, Emily Martin. 1973. *The Cult of the Dead in a Chinese Village*. Stanford: Stanford University Press.

Baker, Hugh. 1979. *Chinese Family and Kinship*. London: Macmillan.

Bossen, Laurel. 1999. "Women in Development". in Robert Gamber. *Understanding Modern China*. Colorado: Rienner.

Chan, Anita, Richard Madsen and Jonathan Unger. 1984. *Chen Village: The Recent History of A Peasant Community in Mao's China*. California: University of California Press.

Chau, Adam Yuet. 2006. *Miraculous Response: Doing Popular Religion in Contemporary China*. Stanford: Stanford University Press.

Chu, Julie Y. 2010. *Cosmologies of Credit*. Durham and London: Duke University Press.

Cohen, Abner. 1974. *Two Dimensional Man: An Essay on the Anthropology of Power and Symbolism in Complex Society*. Berkley and Los Angeles: University of California Press.

Cohen, Myron L. 1976. *House United, House Divided*. New York: Columbia University Press.

Croll, Elisabeth. 1981. *The Politics of Marriage in Contemporary China*. Cambridge: Cambridge University Press.

Daves, Deborah and Stevan Harrell. 1993. *Chinese Families in the Post-Mao Era*. Berkeley and Los Angeles: University of California Press.

Dean, Kenneth. 1993. *Taoist Ritual and Popular Cults of South-east China*. Princeton: Princeton University Press.

Dean, Kenneth. 1998. *Lord of the Three in One: The Spread of a Cult in South-east China*. Princeton: Princeton University Press.

Dean, Kenneth. 2003. "Local Communal Religion in Contemporary South–east China". *The China Quarterly*. (174).

Derrida, Jacques. 2001. *Writing and Difference*. Translated by Alan Bass, London and New York: Routledge.

Diamond, Norma. 1975. "Collectivization, Kinship, and the Status of Women in Rural China". in Rayna Reiter. *Toward An Anthropology of Women*. New York: Monthly Review Press.

Elvin, Mark. 1973. *The Pattern of the Chinese Past*. Stanford: Stanford University Press.

Gallin, Bernard. 1966. *Hsin Hing, Taiwan: A Chinese Village in Change*. Berkeley and Los Angeles: University of California Press.

Gates, Hill. 1989. "The Commoditization of Chinese Women". *Signs*. 14 (4).

Johnston, F. Reginald. 1910. *Lion and Dragon in Northern China*. New York: Dutton.

Judd, Ellen. 1989. "Niangjia: Chinese Women and Their Natal Families". *Journal of Asian Studies*. 48 (3).

Lacan, Jacques. 1988. *Freud's Papers on Technique*. translated by John Forrester, Cambridge: Cambridge University Press.

Lacan, Jacques. 2006. *Écrits*. translated by Bruce Fink, New York and London: W. W. Norton & Company.

Liu, Xin. 2000. *In One's Own Shadow*. Berkeley and Los Angeles: University of California Press.

Madsen, Richard. 1984. *Morality and Power in a Chinese Village*. Berkeley and Los Angeles: University of California Press.

Nee, Victor. 1985. "Peasant Household Individualism". in William L. Parish ed. *Chinese Rural Development*. New York: M. E. Sharpe.

Notar, E. Beth. 2006. *Displacing Desire*. Honolulu: University of Hawaii Press.

O'Brien, Kevin and Li Lianjiang. 2004. "Suing the Local State: Administrative Litigation in Rural China". *The China Journal*. (51).

O'Dea, Thomas. 1970. *Sociology and the Study of Religion*. New York: Basic Books.

Osburg, John. 2013. *Anxious Wealth: Money and Morality among China's New Rich*. Stanford: Stanford University Press.

Redfield, Robert. 1958. *Peasant Society and Culture: An Anthropological Approach to Civilization*. Chicago: The University of Chicago Press.

Pasternak, Burton. 1972. *Kinship & Community in two Chinese Villages*. Stanford: Stanford University Press.

Potter, Jack. 1970. "Land and Lineage in Traditional China". in Maurice Freedman ed. *Family and Kinship in Chinese Society*. Stanford: Stanford University Press.

Sangren, P. Steven. 1987. *History and Magical Power in a Chinese Community*. Stanford: Stanford University Press.

Shue, Vivienne. 1988. *The Reach of the State: Sketches of Chinese Body Politic*. Stanford: Stanford University Press.

Siu, Helen F. 1989. *Agents and Victims in South China*. New Haven: Yale University Press.

Stacey, Judith. 1983. *Patriarchy and Socialist Revolution in China*. Berkeley and Los Angeles: University of California Press.

Stafford, Charles. 2000. *Separation and Reunion in Modern China*. Cambridge: Cambridge University Press.

Steinmüller, Hans. 2013. *Communities of complicity: Everyday Ethics in Rural China*. New York and Oxford: Berghahn.

Tan, Chee-Beng. 2012. "Shantang: Charitable Temples in China, Singapore and Malaysia". *Asian Ethnology* 71 (1).

Tan, Tongxue. 2016a. "The Ironies of 'Political Agriculture' : Bureaucratic Rationality and Moral Networks in Rural China". in Steinmüller Hans and Brandtstädter Susanne ed. *Irony, Cynicism, and the Chinese State*. London and New York: Routledge.

Tan, Tongxue. 2016b. "Social Ties and the Market". in Wu Chongqing ed. *Mapping China*. Leiden and Boston: Brill.

Wolf, Margery. 1985. *Revolution Postponed: Women in Contemporary China*. Stanford: Stanford University Press.

Yan, Yunxiang. 2014. "The Moral Implications of Immorality". *Journal of Religious Ethics*, 42 (3).

Zhang, Hui. 2010. *Windfall Wealth and Envy in Three Chinese Mining Villages*. London: Dissertation of Anthropology, London School of Economics and Political Science.

初版后记

九年匆匆而逝，终到书稿付梓之时。曾想过千言万语，却不知从何说起。一半是忘记，一半是疲惫。在这喧嚣的时代，知识生产“工分化”“麦当劳化”的速度，已远远超出了我这样的年轻学者（如还可如此称呼或自称的话）可以追赶乃至所能想象的底线。可是，或许人生总该有些时光和作为，无关乎会计式的算计。又抑或，只是找点适合自己的乐趣，给心灵留一方可以休憩的空间，一如乒乓球迷即便去赶飞机出差，还忘不了随身带个球拍。于是，有意无意间，这成了一项跟任何项目、考核无关的研究。所有调查费用，来自工资（出版环节得到中山大学部分资助，谨表感谢），除 2008 年和 2009 年夏分别有过连续两三个月调查外，其他情况下多是三五天的短期访问（2010 年任教后时间常身不由己，好在田野点不算很远）。

开始两三年，从未料及这项研究会拖这么久。后来发现，进展极慢的缘由，除了所谓“没时间”之外，更重要的在于，知识结构、理论视野都要面临重大调整。于我而言，要尝试所谓的创新，每一丁点，似乎都举步维艰。兴致高而不忍弃，可要新学的东西又实在太多，深受折磨。中间两年，曾一度很焦虑何时能有个结果。甚至于，还不乏一两次有过转瞬即逝的念头：前有诱惑之名利，后有考评之压力，何不多生产些轻车熟路的东西，而非要限于狭路与现实和自己过不去？

倒是后来因为进展越发缓慢，只好干脆放弃只争朝夕的念头。

既然是随兴的研究和作为学者人生的体验，不如顺其自然罢。2014年腊月初稿出来后，不少师友善意劝我尽快出版，以急职称晋升之所需，我只好带着谢意婉拒（所幸次年底靠其他微薄业绩，职称如期晋升）。如今看来，最后的坚守还是有些价值，书稿与初稿相比有些实质性的改进（尽管可能在他人看来依然很拙）。

九年前开始这项研究时，刚刚来到中山大学人类学系做博士后。一路走来，合作导师麻国庆教授在研究上给予悉心指点，生活上提供帮助，点点滴滴，已远非言语讲得清楚。博士后出站后，我很幸运地获得了留下来任教的机会，得以与麻老师共事，在研究、教学和学术活动中多有合作，从中同样获得了各种难能可贵的帮助。由此我方逐步熟悉人类学的学术脉络，开始研究少数民族乡村社会，尝试思索人类学、民族学本科教育转型，等等。

中山大学人类学系为我提供了良好的研究条件。感谢周大鸣、张应强、郑君雷、刘志扬等领导，以及刘昭瑞、王建新、张振江、朱爱东、陈志明等老师，前前后后为我的研究提供了不少帮助。中山大学华南农村研究中心是我另一个从事研究和寄托情感的地方。感谢该中心的梁庆寅、吴重庆、张慧鹏与韩琪等师友，为我提供的诸多帮助。中山大学历史地理研究中心的吴滔、谢湜、林耿、于薇诸友，则常是我自勉的标杆。

没有“三人行”读书会萧楼、丁卫、胡宜等挚友的支持和鼓励，我可能早已完全失去了将这项研究慢慢磨下去的信心和耐力。十多年的读书会，有时想想，让人惊讶的可能尚不在情谊长存，而在激情依旧。较之许多明白人，我等实非聪慧之辈，无奈对此有着准宗教般的痴迷，只好用勤来补拙。我深知，慢如蜗牛摸索前进的方式未必一定有好结果，但此中有真意，权作共勉罢。类似的精神激励和直接帮助，还常来自高朋、黄志辉、张亮诸贤弟。唯独可惜，他们自中大毕业后亦纷纷离去，一如当年之萧、丁、胡，别梦依稀，聚少散多。

九年间，为本研究提供过各式支持的人，将是一串长长的名单，实在无法一一列出。择其要者，如董磊明、黄海、冯钢、刘志伟、甘阳、王铭铭、吴飞、刘新、何明、张佩国、朱晓阳、陈少明、何艳玲、余光弘、孙兆霞、毛刚强、曾芸、李焯锋、张少春、陈岱娜、赖立里、张慧、张宁曦和王丹夫妇、石汉（Hans Steinmüller）、冯珠娣（Judith Farquhar）等师友，都曾给出过学术指点、参考资料或实地调查的大力帮助，一并衷心感谢。尤其是吴飞教授，不仅是研究上的榜样，每次长谈都让我受益匪浅，还欣然抽出宝贵时间为拙作赐序。

感谢国家留学基金委给予资助，让我2014年得以前往伦敦政治经济学院人类学系访学一载。在英期间，曾得到石汉、石瑞（Charles Stafford）、王斯福（Stephan Feuchtwang）、吴迪、林春、项飙、周越等人在学术或生活上提供的诸多帮助，深表感谢。拙作初稿的主体部分，是我利用假期在塞利格曼图书室（Seligman Library），即人类学系的Seminar Room（研讨室）里写就的。那间房不大，也无半点豪华，但其从容宁静而有学术传承感的氛围，却让人在各类知识生产“大跃进”的丛林中倍感怀念。

拙作的调研，曾得到“渡桥镇”及“程村”众多镇村干部和村民的支持，让我十分感动。只可惜，为保护被调查者隐私需要，此处仍无法提及他们的名字。最近一次到“程村”，是今年8月下旬。回城前，“程守德”老人坚持送我一篮红薯。9月初，我尚未吃完那篮红薯，却接到他驾鹤西去的消息，实在让人唏嘘。据说，他是在如往常一样进入洗澡房准备洗澡时摔了一跤，未留下任何遗言即走了。年近八十无疾而终，用他当年的话说，该算是“最大、也是最好的‘报’”。人事总会有代谢，如此看，无论是“渡桥镇”还是“程村”，于我终将有一天会变得再陌生……唯愿那里的人们，生活越来越好！

最后，感谢学友杨震林为拙作出版所做的各种努力，虽因种种缘由进展不顺，但足可见其学人情怀依然不减。感谢曹义恒、吕霞云等编审、编辑为拙作的出版付出了大量细致的劳动，让拙作增色不少。当然，因本人水平所限，拙作肯定还有很多不足的地方。欢迎读者不吝指教（tantongxue@163.com）。

今日恰逢三十又八，依古人语，当近不惑矣。无奈书稿搁笔，却是困虑更深。学海无涯，轻舟难泛，加上自从故乡深山出，客观起点即低，主观心性又钝，实不知能在这条航道上走多远。还好有往世贤者为范，当代知己为伴，终可安顿微若浮尘的身心，寄托凡俗如初的人生。且将旧诗作新调，自立云帆向沧海：

曾有一片云，闲步盛夏的高原
世间万千，尽在天边
人生时光本如梭，故史哪堪详细说
无数次要去忘记，却常不经意想起
他乡田野，那山如黛
岁月无痕，波澜不兴
轮到秋霜起，无悔下弦月
幸得有同伴，亦算是风景
尘世多少平凡聚，依稀仍是旧模样
很长的故事，很长的心绪
任凭君倾诉，皆入醉花溪
清得见心底

谭同学
2016 年 10 月 13 日
谨识于中山大学马丁堂

再版后记

拙作在面世近五年之后，能得到一个再版的机会，对作者无疑是一种莫大的安慰和鼓励。感谢三联生活书店及曾诚、李方晴等编辑为拙作再版做出的努力。

较之于初版，再版删减了约 10 万字。其缘由，似乎应在这里做些交代。

考虑之首，是为进一步贯彻本书的初衷。效法《史记》笔调，从多年实地调查所得资料中筛选出若干人生史作为拙作之主干，原本即为保持经验的开放性。尽管经验材料的呈现，不免要经过作者思考而排布，但如何“阅读”和“反思”它们，读者可以有自己的看法。初版以来，曾收到不少师友和未曾相识读者的反馈意见，在不少地方，他们有与作者很不一样的看法。因此，这里不妨将作者所谓的理论表述，限制在更短的篇幅内完成，留出更大的空间让“史记”表述其自身。

当然，其他考虑也是有的。例如，前年，劳特利奇（Routledge）出版社决定推出拙作英文版，但为成本和与英文学界的对接考虑，表述更简略些或许更合适。另有非常俗的原因是，初版价格偏高，这回再版，想将拙作变得更轻便些……而这些变动，也刚好为其所纳入的丛书风格所需。至于因出版口径变动而做的一些技术性调整，想必亦不难理解。

五年里，世事变化甚多。从世界风云巨变到抗击“新冠”疫情，不一而足。渡桥镇和程村自然也不例外。2016年9月程守德去世后，弟弟程守智整个冬天郁郁寡言，次年立夏因脑溢血而逝。守德次子程敬道重新装修了父亲留下来的老铺头，但杨显宗、程守宽等人很少再去那里喝茶、聊天。守智的儿子程敬山盖了一栋漂亮的新房，但让他无可奈何的是，母亲李静坚持住在老宅，不愿离开。守智的女儿程敬娴在梧城一家超市里找了一份工作，从早到晚在店里忙活，而她丈夫李生因近年珠三角房地产业略有降温、渡桥镇石材加工业相应遇冷，也选择了进梧城打工。同样在2017年，端午后不久，程秀因胃病复发突然走了。2019年仲春，在我准备离开广州到昆明工作前夕，再去拜访了一次程守义。他的音乐茶室已废弃不用，小游泳池也放干了水，填了些土，在养花。我们一同坐在院子里的波罗蜜树下，他说起，程秀去世后留下两张银行卡，一张原用于平时买菜、只有几千块钱，一张存着她攒下的20多万元零花钱。因为不愿注销银行卡（注销手续非常复杂），儿女想从手机银行将这些钱转到他卡上。儿女用她生前常用的密码即打开了买菜卡，但零花钱卡却连试了好多个密码都不对。隔了好些天，最后还是他悟到了正确的密码，那是一串数字，是他们结婚——但在家里早已不再为人提起——的日子。"哎呀，这个老太婆……"，说到这里，程守义似乎陷入了沉思，没再说什么，又或是轻声嘟囔了一句旁人根本不及听清的话。我没再追问。从社会调查的角度来说，他说或没说什么，可能是一个有差别的社会事实。但作为一个部分融入他们人生情境的朋友，我欲辨已忘言。人生五味，何必，抑或岂能，一一辨清？很多人，很多事，或许本就早已注定，终将随风远去，掩映在我们来过，却无从留下足迹的历史之中……

谭同学

2021年9月13日于昆明金竹林书社